U0149270

青春一九八〇

張堂錡著

文 學 叢 刊
文史哲出版社印行

國家圖書館出版品預行編目資料

青春一九八〇 / 張堂錡著. -- 初版 -- 臺北市：
文史哲,民 101.02
　　頁；　公分（文學叢刊；264）
　　ISBN 978-986-314-010-8（平裝）

848.6　　　　　　　　　　　　　　101002424

文 學 叢 刊　264

青春一九八〇

著　　者：張　　　堂　　　錡
出 版 者：文 史 哲 出 版 社
http://www.lapen.com.tw
e-mail：lapen@ms74.hinet.net
登記證字號：行政院新聞局版臺業字五三三七號
發 行 人：彭　　　正　　　雄
發 行 所：文 史 哲 出 版 社
印 刷 者：文 史 哲 出 版 社
臺北市羅斯福路一段七十二巷四號
郵政劃撥帳號：一六一八〇一七五
電話886-2-23511028・傳真886-2-23965656

定價新臺幣四二〇元

中華民國一百零一年（2012）二月初版

著財權所有・侵權者必究
ISBN 978-986-314-010-8　　　08264

青春一九八〇

目　　次

輯　一
小說・檔案

青青校樹

一、

夕陽的餘暉只剩游絲般的一小縷光亮在天邊兀自掙扎著,四周巨大的黑暗正伺機隨時將它吞沒。校園裡,學生大多已快走光,方才降旗典禮回來後的吵鬧及大掃除的紛紛擾擾,也都已隨天色的黯淡而逐漸平靜了下來。

陳翔瞥了下教室門口,握著書包帶的手心不禁微微沁出些汗水來。

「班長,去看一下啦!」站在旁邊的吳政雄低聲地建議。隊伍裡有的人等得不耐煩,開始騷動起來。

奇怪,老師和黃有德在說些什麼?陳翔思索了一會,準備去看看。才一移步,一個略呈擁擠的影子伴隨著一個瘦小的影子突然出現,五十多雙眼睛的游移不定一時都收了回來,專注地向前看,很迅速地恢復了整齊的隊形。

黃有德慢跑著竄入隊伍後面,書包盪來盪去,像驚弓之鳥不停地拍著翅膀。陳翔趕緊跑到隊伍前方。

「立正！」

他向老師行禮，返頭之際，偷偷瞄了下老師，老師正面無表情地看著他，他心一驚，匆匆跑回。

「回家的路上，要走整齊，路隊長確實帶好，不要到處亂跑，好，沒事了，解散！」

陳翔將路隊旗舉起，「忠義里」三個字頓時招來了十幾個人。才步出校門口不遠，大家就像記者般向黃有德圍攏過來。

「欸！老師說什麼？」

「是不是又講那個？」大家七嘴八舌地問著。

「是啊，她要我不要到姚老師那裡去，叫我去她那裡。」黃有德面有難色的說。

「跟我昨天講的一樣？」李火土急急的問。

「嗯，不過，我也沒有答應她！」

大家頓時睜亮了眼睛，一臉欽佩的表情。有人拍了拍他肩膀，他不好意思的咧嘴笑了。

「那怎麼辦？每個去的人都會被老師問，說不定，明天就是我了！」膽小的銘仔低低地說著，這話立即引來了鄙夷的眼光。

「管她！要去那裡是我們的事，她愈強迫，我們就愈不去！」

「大砲」終於發威了，他給大家帶來了士氣。

「反正老師也不敢對我們怎麼樣，對不對？」

大家有一句沒一句地搭著，不時還爆發出一兩句歡呼的笑聲，可是，走在前頭的陳翔仍憂心忡忡地，他想起剛才老師看他的眼神，一種莫名的恐懼感襲上了心頭。

明天要不要去呢？

二、

空氣是異常地窒人地沉悶。

陳翔低著頭，怔怔看著教室前面灰白色的牆。壁上有很多石灰已脫落，幾個球鞋印隱隱點綴在上頭。

「老師上學期因為要生產，當然不能夠教你們，那時，老師是希望先介紹你們到姚老師那兒一段時間，等老師生下孩子了，你們再回到老師家來補習。」

老師的臉微微脹紅著，誰都可以看得出，她正在發脾氣。陳翔小心翼翼地看了下旁邊的同學，一個個呆若木雞地坐著，有幾個還故意裝出悲傷慚愧的臉孔，像是隨時都可以落淚的樣子。

「老師絕不是在罵你們，或是強迫你們，絕對沒有！這點你們要搞清楚。老師只是希望，既然要補，那麼同班同學在一起，可以互相照應，而且老師也比較好教，這比到別班老師家補要好多了，是不是？老師可以少收點錢，可是，老師希望你們的成績是真的有進步！」

老師一隻手肘在講桌旁，桌上的茶杯因為她的激動而微微顫動著。有些女生似乎在輕輕啜泣。陳翔突然不經心地發現老師的絲襪不知道讓什麼東西刮破了一個小洞。隔壁七班正在上算術，陳翔不禁想起有些算術題目，老搞不清楚，平常考試時，有很多同學都寫錯了。每次打手心，都要在教室前頭橫排兩列才行。大家你推我擠的，有的人渾水摸魚，只有手的邊緣被打到，有的人卻被打得掌心紅腫，尤其是到姚老師那兒補習的同學，老師似乎下手總重些。

「老師上學期末，介紹你們到姚老師那裡的時候，是不是有

跟你們說過，叫你們先到他那兒補，等下學期老師生孩子了，再回到老師這裡來，是不是有這麼說過，有沒有？」

大家都噤若寒蟬，不敢亂動一下，唯恐稍一不慎，就會「成千古恨」。

「吳政雄！」

吳政雄嚇了一跳，趕緊站起來，椅子往後一碰，發出很大的聲響。

「你說，老師有沒有講過！」老師用兩眼狠狠地瞪著他，似乎要將他看穿一般。

「有……有。」吳政雄囁囁嚅嚅，好不容易擠出個字來。

「許碧珠！」

「有。」她的聲音細得只有一個人聽得見，那就是她自己。才說完，她就忍不住哭了出來。

「賴阿嬌！」

「有說過！」

老師韓信點兵似地一個個叫起，每個人都點頭說是，女生更是頻頻拭淚，哭聲此起彼落，交響樂般地互相呼應著。

「陳翔！」

他站了起來，望望班上站著的人，他試圖定定地注視著老師，可是才一抬眼，便不禁收回了視線。

「有。」他不得不如此說，連「大砲」也是這樣！

「既然有說過，為什麼你們還這樣！啊！」

老師重重拍了下講桌，茶杯裡的水潑灑了出來，女生們哭得更大聲了。

三、

　　每次到姚老師家，陳翔都會很高興。他總愛到樓上老師的書房裡看書，像安徒生童話啦、天方夜譚啦、封神榜啦、丹麥神話啦，每次都看得津津有味，老師見了也會借他帶回去看。下課的時候，他們一群人會跑到附近的一個草坡上玩耍。有時候，他們會比賽從高高的斜坡上滾下來，那最刺激了。陳翔翻呀翻的，最後躺在一片青草地上，讓根根細草輕輕撫觸著自己的臉、手，那真是一種神奇的體驗。不然，他們就去捉青蛙或小蟲來嚇女生。有時，他也會一個人靜靜坐在山坡上，口裡輕嚼著青草梗，看夕陽是怎樣一寸一寸淡掉的，看風是怎樣頑皮地和稻浪追逐嬉戲。陳翔記得有一回，大家在這裡唱歌，唱得興起，姚老師跑來喊他們去上課，結果反被他們拉住了，也和他們一起唱、一起吼，那時他們覺得姚老師真好，上課生動，不會擺架子，不會責備他們，還會帶他們去郊遊。所以，這學期他們還是要到他那兒補習，不料，竟使得班導師不滿，讓他們遭受了不必要的困擾與煩惱。

　　「趕快進來，今天師母準備了一些熱騰騰的包子給你們吃，快點進來！」

　　才進門，姚老師便笑容滿面地迎接他們，如果是以前，他們一定會大笑大鬧地一湧而入，可是，今天不同了，早上導師的一番話，使得他們如有一塊大石頭壓在心上，怎麼也開朗不起來。

　　「怎麼啦？」姚老師似乎察覺了氣氛的不對勁。

　　「老師，我，我不想補了。」

　　銘仔幽幽地說，一臉哭喪。

　　「為什麼呢？家裡人不肯嗎？」

「不是的。」

「是我們老師啦！」「大砲」又一鳴驚人。

「蔡老師？是蔡老師不准你們來補？」

「沒有！沒有！」陳翔連忙否認。

「班頭，跟老師講有什麼關係，反正，遲早老師會知道的。」「大砲」似乎決定要說出，陳翔也無法阻止他。

「我們老師希望我們到她那兒補，今天早上，她發了好大一頓脾氣，我們都嚇死了；而且，她對我們似乎有敵意，常藉機會處罰我們，又打得很重很重，害我們手都腫了 ── 」

「大砲」把手伸了出來，甩了甩，咬著牙，裝出一副痛苦狀，使得旁觀者都笑了出來。姚老師則一逕沉默地站著，鏡片後的眼睛似乎有股殺氣要衝出。

「不過，我們要來補，她也不會強迫我們的！」陳翔看形勢不妙，試圖緩和姚老師隱藏在內心即將爆發的憤怒。

「好，你們都回座位坐好，包子沒吃的，趕快吃完，我們開始上課。」

大家相互看了看，大惑不解地走回座位。

銘仔站著，沒有返回座位。

「我……」銘仔低下頭來。

「沒關係，雖然你不想補，不過，今天既然來了，就一起上吧。」

銘仔眼睛紅紅的，像要哭，他趕緊向姚老師行個禮，便匆匆走了出去，而他們手上的包子也早已冷了。

四、

　　果然，第二天早上，上完社會課，陳翔把地圖送回辦公室時，便看到姚老師和導師站在門口，不知道在說些什麼，他直覺必是跟補習有關。他悄悄溜到附近偷聽他們的談話，只見姚老師不時攤開兩手像在解釋什麼，而導師的高嗓門則連珠炮似的直轟向他，兩人似乎在互相指責對方的不是。但因距離得遠，陳翔也聽不清楚，他猜測，必然是「大砲」昨天的一番話，姚老師來找她理論。他心知不妙，風也似地溜掉。

　　隔壁七班的同學也真是猴急，還早得很呢！每次上音樂課就在唱畢業歌，唱得人心惶惶的，也不知道他們安的是什麼心。陳翔想，待會兒要上音樂課，索性也要求老師教我們唱畢業歌，跟他們別別苗頭。

　　老師一進門，陳翔就知道今天是唱不成了。

　　她的臉一陣青一陣白地變化著，抿緊了嘴，眼睛裡像有隻利刃，隨時會疾射而出，一刀殞命。同學們看情形不對，頓時提高了警覺，一個個坐得端端正正的。

　　她重重的把風琴前的椅子拉出，蓋子打開，大家隨著她的一舉一動而心驚肉跳著。她也不說話就用力按下琴鍵，不協調的音響，直要將人的耳膜刺破，大家皺緊了眉頭，但仍不敢稍動一下。

　　突然，她站了起來：

　　「值日生是那一個！什麼風琴不好抬，偏抬這個音色差的，什麼意思啊你們，還不趕快去換一台！」

　　火土和政雄趕緊跑出去，戰戰兢兢地把蓋子放下，抬起轉身便往外走，不慎碰到了前門，砰的一聲，他們二人像打破了碗盤

的小孩，一臉驚惶失措。

「不會小心點，死人啊！」

老師大聲罵了一句，全班同學同時都低下頭來。

「老師辛辛苦苦教了你們四年，結果呢，你們處處跟我作對，叫你們抬個風琴，偏給我抬個壞的來！叫你們用功，考試還是輸給七班，老師是那點對不起你們，還是我虐待了你們，竟然有同學到別的老師那兒說我不是，你們說，你們到底想要老師怎樣！啊！要怎樣！」

糟了，箭頭又指向我們了，陳翔想，今天恐怕要遭殃了。

「老師對你們太失望了，老師以前的心血都白費了，教出你們這些，喔 —— 你們行是不是，你們行就不要來了！」

她蓬鬆的頭髮一顛一顛地像在發抖，頭髮下則是一張令人退避三舍的臉，她的眼光咄咄逼人，逼得大家的臉都跟桌面平行了。

「抬起頭來！怎麼啦，老師長得難看呀！好！你們不想看沒關係，老師不教了！」

大家一時都驚詫地抬起頭，一些女生剎時淚如泉湧，哭聲震天。

老師氣沖沖地踏出教室，很多女生都不約而同地趴在桌面上哭了起來，一起一伏的肩膀，使得陳翔心中亂成一團，不知如何是好。

沉默了一會，有人說話了：

「班長，要不要去請老師？」

他知道推不掉，便起身回答：

「老師可能是一時氣憤，也許下節課就會來了。」

「是誰去打老師的小報告？」

　　一小撮人的竊竊私語，隨即影響了大家，不久便議論紛紛吵了起來。

　　「不要吵了！吵的人登記名字！」

　　陳翔的警告，班上立刻鴉雀無聲。時間一分一秒地過去，下課鈴響，可是全班沒有一個人敢走動。別班的同學經過時都以怪異的眼光往裡瞧。

　　鈴聲再起，走廊又恢復了寧靜。

　　但老師還是沒來。

　　「班長去請老師好不好？」火土打破了沉默。

　　「副班長也去！」政雄隨即附和著。

　　「我看，每排排長也一起去好了，這樣比較有效。」

　　副班長也不甘示弱，一下子拉了那麼多人。

　　「好，副班長跟各排排長，我們一起去。」

　　每排排長心不甘情不願地慢慢走了出來。

　　「我也去！」陳翔一看，原來是黃力贊，他有個疼愛他的祖母，每次過年過節都會送一大包禮物給老師，拜託老師好好管教他，其實是希望老師放他一馬，不要為難他。而他呢，成績偏偏不好，但他家裡有錢，所以老師一直對他特別照顧，今天如果他去了，由他出面，可能會有幫助，陳翔想想，便叫他一起去。

　　偌大的辦公室裡，只有幾盞電風扇上頭無奈地旋轉著，導師和七班的廖老師相對而坐。他們魚貫而入，幾個女生在前頭。老師絲毫不理會他們的到來，一直低著頭「專心地」批改作業。

　　「請老師回去上課好嗎？我們知道錯了。」

　　女生又嚶嚶啜泣起來，如喪考妣。

　　「我們知道錯了，請老師回去教我們。」

可是老師仍視若無睹地繼續揮動著她手中的筆，氣氛一時僵凝住了。

「蔡老師，妳看，他們已知道錯了，妳就原諒他們好了。」

廖老師試圖打圓場，可是卻好像沒有效果，遂把話鋒轉向他們：

「你們怎麼可以惹你們老師生這麼大的氣，老師教書已經夠辛苦了，你們不知道尊敬她，還要氣她！」

這時，黃力贊突然從後面鑽了上來，噗通一聲跪倒在地！

「老師，我們錯了！請老師原諒我們！回去教我們！」

他的哭聲很大，眼淚啪嗒啪嗒地直落，後面的女生哭成一團也跟著跪了下去，陳翔及其他男生也只得跟著跪下。

「蔡老師，我看妳就原諒他們吧！他們不懂事嘛！」

老師用睥睨的眼光瞥了一下，這才悶悶地說了一句：

「回去吧，老師會去上課。」

同學們如接聖旨，但還是不停用手帕衣袖拭淚，黃力贊的膝前不知何時出現了一灘水。在後面的陳翔想，他從水面的倒影中看到自己這個模樣不知會怎麼想？他低著頭，用衣袖輕輕擦眼睛，但始終擠不出一滴淚來。

「你們起來吧，趕快回教室去，安安靜靜地等老師，快起來。」廖老師安慰他們。同學們這才起來，垂頭喪氣地離開。

回到教室，同學們都迫切地想知道事情的發展。陳翔面色凝重地向大家宣佈：

「待會兒老師會來上課，大家一定要安靜。」

同學們聽了都趕緊攤開書本靜候。黃力贊忽然站了起來，把椅子推進桌子，在桌旁跪了下來。有人見了，也跟著跪了下來，

不多久，全班的學生都跪在地上，一片愁雲慘霧。

五、

中午時分，太陽火烈烈地燒得人要發昏。只有大榕樹下會有涼爽的風，但卻是沒力氣似的，一陣一陣溫吞吞地摑得人愛睏。陳翔坐在樹底下休息，教室前面的廣場上，有同學在玩「過五關」，有的在跳房子，拉橡皮圈，走廊上則是火土、政雄在玩紙牌，一來一往直殺得天昏地暗。

陳翔仰頭看了看純藍的天空，一片白雲都沒有，連鳥兒也不飛了，他不禁出神遐想，也許有小鳥會「暈機」，突然從天上掉下來，他可以「守株待鳥」，然後和「大砲」他們一起去「小鳥燒」，那一定很夠味道！他閉上眼睛舒服地想像那誘人的肉香，鼻子忍不住抽動了幾下。

突然，吳政雄沒命似地跑了過來，用力把他搖醒。

「班長！班長！教室裡有人在吵架，你快去看看！」

陳翔忙不迭地起身，邊跑邊聽吳政雄的「簡報」：

「為了補習的事啦，龍祥發他們幾個人在欺負林桂枝，說她是什麼『叛班賊』，她都快哭了！」

陳翔進到教室，果然看見林桂枝唏唏嗦嗦地在低泣，一副受了委屈的可憐樣。

「幹什麼？」陳翔趨前問。

「他啦！他啦！都是他啦！」幾個人退了出去，只剩下龍祥發一人。

「什麼，你們還不是都有！」龍祥發沒好氣的對離開的人吼著。

「我只是覺得，你們不應該到別班老師那裡補習，害老師生氣，你看，班上十幾個人到他那兒補，又有十幾個人要到老師那兒補，好像分成兩派一樣，所以，我想拉她到老師那兒去補，誰知道，好心都給狗吃掉了，她還說什麼，錢是她的，她要去那裡就去那裡！」

「本來就是嘛！我為什麼一定要去你們那裡！」

林桂枝打斷他的話，理直氣壯地說。

「我又沒有一定要妳來，我只是希望妳『棄暗投明』而已！」

龍祥發不知那裡來的火氣，出口傷人。

「龍祥發，都是同學，不要這樣講！」

陳翔心中雖不滿，但也不願事情擴大。

「反正，我覺得我們六年八班的人就應該到我們六年八班的導師家補，如果你們要到姚傳盛那裡，乾脆轉到六年一班去好了！」

林桂枝一聽，哇的一聲哭了出來，眾目睽睽之下，淚眼汪汪地就跑了出去。

「龍祥發，你太過分了！」

有幾個同學說了話，龍祥發看苗頭不對，也自知理虧，便趕緊回座位坐下。大家一哄而散。陳翔到校園裡找林桂枝，陽光下沒有她的影子，他心中隱隱掠過一絲不安。走過三年級的教室，他忍不住停了下來，那些學生正在高高興興地遊戲追逐著，他心裡驀然興起一份羨慕之情。記得以前沒補習時，八班一直是很團結的，男女生感情又好，掃地時也會互相幫忙，不像現在的男女生壁壘分明，而且為了補習的事彼此敵對起來。

已經上課五分鐘，林桂枝的椅子上仍空著，紅色的書包孤獨

地掛在桌沿。班上同學隱隱約約地流露出惴惴不安的神色，尤其是龍祥發，他不時裝出一副無所謂的態度，卻又一直偷偷瞥視林桂枝的位子。

陳翔心想，會不會是出事了？她的功課不錯，姚老師常誇她，老師也很器重她，上學期還是班上第二名呢。他回頭狠狠地瞪了一下龍祥發，龍祥發似乎察覺了，倏地將頭縮在他人的背後。

老師的高跟鞋篤篤地響在走廊那一端時，陳翔便開始設想待會兒老師詢問時的答話。

但是，出乎大家意料的，老師卻帶著林桂枝走了進來。

陳翔一顆忐忑不安的心終於平靜了下來，但他隨即又被一種新的恐懼籠罩住。

「林桂枝，妳先回座位去。」

老師用手輕輕拍她的肩。看老師的模樣，似乎沒有一點慍色，相反的，卻有一種少見的溫柔和藹，而且臉上也出現了許久未見的笑容，大家一時怔住了。看看林桂枝，再看看老師，好奇心都寫在臉上那睜得圓大的眼睛裡。

「各位同學，嗯，老師有話跟你們說。」

她停了會，眼睛很快地環視了班上一圈。龍祥發依然縮著脖子低著頭。

「老師沒想到，為了補習的事，竟使得你們之間鬧得不愉快，今天中午，林桂枝到辦公室來找我，一邊哭一邊說：老師呀，我不要讀了！我不要讀了！」老師邊說邊模仿林桂枝的動作，惹得大家都笑了，班上氣氛頓時改觀。

「其實呢！老師也是為你們好，所以才希望你們去補習，至於你們要去那裡，老師並沒有強迫你們一定要到老師這兒。這點，

希望你們知道，像林桂枝，雖然不在老師這兒補，但她的成績一直很好，這樣就行了，她就是不補也沒有關係，對不對？」

林桂枝端正坐著，臉上已無淚跡斑斑。

「希望，以後這種事不要再發生了，知道嗎？」

「知道！」

同學們興奮地提高了音量回答，他們知道班上又可以恢復以前的融洽，補習的事終於完滿解決了。陳翔看著老師臉上的微笑，沒想到事情就這樣簡單過去了，他不禁也輕輕笑了起來。

六、

下了課，大家都興高采烈地跑到操場上打躲避球，或者在走廊上跳橡皮圈，一派和樂。

浸浴在陽光裡的感覺真棒，陳翔覺得，好久沒有這麼暖和過了。雖是短短十分鐘，幾星期來的憂慮都一掃而空，他又可以常常到榕樹下躺著「守株待鳥」了。

鈴聲一響，大家就趕快回到教室，拿出課本、參考書，以愉悅的心情準備上課。

老師春風滿面地走進來，身後卻尾隨了一位矮胖的中年男子，西裝革履，儼然一副暴發戶的派頭。

「各位同學，跟你們介紹一下，這位呢，是本市最富盛名，升學率最高的『勝利補習班』的唐主任，今天我特地請他來跟同學們聊聊，我們鼓掌歡迎他！」

教室裡頓時響起了一陣如雷掌聲，雖然大家不知道他葫蘆裡想賣什麼藥。

那名男子拿出手帕不停地擦拭額上的汗，但汗水很快又冒了

出來，他很客氣的鞠個躬，笑得像彌勒佛似的。

「嘿，各位同學，大家好！這個，嘿嘿，蔡老師告訴過我，說你們呢，程度呀，在六年級裡面是最好的，而且都很用功，所以呢，今天我就特別啊，到貴班來，向各位報告一下我的一些看法，希望能提供各位同學做個參考。」

他頓了下，嚥下一大堆口水，看看老師，很詭異地笑了笑。

「各位同學很快呢，就要畢業了，這畢業後嘛，當然是升國中啦，然後是高中，依照各位的程度，都是希望將來能考上一所好高中，再上大學，然後到美國留學，對不對？」

大家互相看了看，不曉得如何回答。他看大家沒反應，趕緊接了下去：

「因此呢，國中三年是各位一生的關鍵期，而這三年中，又以一年級的打穩基礎為首要，像英文、數學，如果一年級基礎不好，以後升上二年級就會聽不懂，因為這課程是連著的，一開始沒學紮實，以後一定是愈讀愈沒信心，愈沒信心就愈不想讀，這樣下去，當然是考不上好的高中了！」

此時，同學中有幾個開始若有所悟地點點頭。

「我本人的『勝利補習班』，在本市呢，一直是以服務青年學子為我們終生的天職，每年在我這裡補過而考上一中、一女中的太多了，不信，你們可以到我們補習班來看看，或去問問已經畢業、考上高中的學長們，你們就會了解，『勝利補習班』的學生，只要是肯認真學的，聯考絕不會失敗！每年高達九十幾的升學率，便是最好的鐵證！」

他又停住，像在期待掌聲，可是同學們都楞楞地看著他口沫橫飛的演出，他好像開始擔心起來，馬上又拿出油漬點點的手帕。

　　「你們蔡老師呢，跟我是好朋友，所以呢，如果你們要到我這兒補，我唐某人向各位保證，給你們最大的優待，七折！打七折！噓——你們可千萬不能傳出去喔！這種優待是給你們的，因為你們程度高，我才這麼做，別人我可是一分錢都不少的嘞！」

　　他一邊說，一邊從手提包裡拿出了一些簡章，原本站在一旁的老師迅速接了過去。她把簡章一一發下，隨即又拿出一張表格。

　　「你們現在在那裡補都沒有關係，但是老師希望你們畢業後能到唐主任那兒去。他們教的好不好，老師最清楚了。如果有同學打算要去的話，可以到老師這裡登記，不用繳錢，只是先了解一下狀況而已，這樣，唐主任也比較好辦事，因為每年要到他那裡補的同學太多了，我們先登記，先預約，以後額滿，那你們想進都進不去了，懂不懂？」

　　老師又把表格在空中揮了揮，陳翔突然覺得像一個誘騙魚兒上鉤的釣餌。

　　「蔡老師！蔡老師！有督學來查了！趕快把參考書收起來！」

　　「呀！毒蛇來了！」

　　老師驚呼了一聲，學校職員面色蒼白地又跑到別班去了。她趕忙叫同學把所有發下的簡章收回來，並且示意唐主任儘快離開，唐主任連連欠身，一口略略泛黃的牙齒很囂張地展示出來。他向同學揮手道別時，也像個凱旋歸來的英雄般，臨走還跟老師交頭接耳的，不知道在面授些什麼機宜。

　　「各排排長，趕快把全班同學的參考書都收齊，用蒸籠裝好，擺在老師的講桌底下，快點！」

　　全班頓時一片混亂，花花綠綠的參考書一本一本地出現，每

個書包突然像是洩了氣的汽球，乾癟癟的很是虛弱。陳翔把書一本本塞入籠中，副班長則在後門張望著。但有的同學卻像看戲一般，不時露出笑容，更有的趁機渾水摸魚，說話，打來打去，鬧哄哄的亂成一團。

「來了！來了！」

副班長壓低了嗓子疾疾警告，幾個同學手忙腳亂地將籠子放到老師講桌下，並用茶壺、椅子將它掩飾好，急急跑回座位。老師連忙從袋中拿出「生活與倫理」課本，大聲唸了出來，陳翔慌忙中抽出課本攤開。一群西裝筆挺的人前呼後擁地從窗戶旁走了過去，皮鞋落地鏗鏘有聲，但卻連看都沒看他們一眼。陳翔微微覺得有點失望，他低下頭，才發現自己桌上擺著的竟是「國語」課本，他忽然有種想大笑的衝動，而隔壁七班又傳出了畢業歌聲：

青青校樹，萋萋庭草，欣霑化雨如膏……

「他們也真是猴急。」他心裡輕輕咒罵著。

檔　案

　　因為不是一個記憶力很好的人，所以我吃了不少虧，譬如考試、討債、復仇等，但是在愈來愈成長的年歲裡，十分慶幸的是，有很多可憎的人與事，我均能設法很快的加以遺忘而使生活過得還算快樂。然而我的好朋友 —— 范人傑 —— 一個我從小就十分欽佩的人，即使是現在，隔了十年的距離再回頭看去，他的容貌身影，一言一行，仍是那麼鮮明清晰地烙印在我的腦海裡。雖然自問我並不算很了解他，但是我們曾在一起相處一段不算短的快樂日子，就因著這點，當我獲知他目前的遭遇時，內心便不由得如刀割般的難受和悲傷了。

　　小學二年級，他轉到我們學校，站在班長的立場，我經常主動接近這位新來的同班同學。起初他有些陌生，對我們的友誼顯得不安與猶豫，但次數多了，他便開始加入我們的玩耍遊戲群裡。他的身材雖不高，但頗魁梧，膽子也大，學校附近的黑森林和雜草叢生的廢池塘 —— 平常我們不敢接近的「禁區」 —— 他卻勇敢地帶領我們去探險，這「壯舉」使他的身旁頓時多了不少朋友。而且，當月考考卷發下時，更是令我們大感意外，對一個中途才

轉進來且平常也不曾看他安安靜靜地讀書的人，第三名似乎是不可思議的。即使他對準備功課不很熱衷，但是往往我們必須絞盡腦汁還不一定想得通的算術問題，他卻能很快的領悟，這使我們大感佩服。此外，他的多才多藝也令人心服口服，學校每年舉辦的各種比賽，如演講、作文、朗讀、畫圖等，他經常名列前茅。每當他捧回一張獎狀時，我們老師 —— 一個師專剛畢業不久，年輕而貌美的女老師 —— 便會笑得合不攏嘴。有一次，他一口氣連拿三項學藝競賽的冠軍，在朝會時的頒獎典禮中，他是全校師生注目的焦點，校長還特地說了一些「一分耕耘，一分收穫」、「成功者背後的努力精神才是大家應該學習的」等稱讚他的話。回到教室，老師更興奮地在他臉上用力親了好幾下，這使得他臉紅耳赤，但大家卻笑得直拍桌子歡呼 —— 除了有著被冷落感覺的我。但我的忌妒心立刻得了報應 —— 第二年的班長便換了他。老師的器重及他優異的表現，使他很快的成了全校的風雲人物。我說過，我不是一個記憶力很好的人，報仇雪恨的念頭很快的便被佩服取代，我們仍一直是很好的朋友。我記得很清楚，每當放學走過公佈欄，我都會看到他那張全校模範生的放大照片，微笑著享受每位同學羨慕的眼光，「品學兼優」四個用紅色簽字筆寫的大字，更是高高在上，光彩奪目地殷勤閃耀著。

◆

姓　名：范人傑
性　別：男
年　齡：十九

◆

　　其實我早就不叫「范人傑」，我已經改名為「范人」了。是一個被禁囚在層層銅牆鐵壁的監獄，連曬太陽都是夢想的犯人！一個被壓得扁扁，喘不過氣來的可憐蟲！你懂了吧，我不是「人傑」，我是「范人」！我想，我老爸會對我的傑作舉雙手贊成的，有這麼聰明的兒子他應該感到驕傲！哈哈……。喔，對了，問你個問題，你看過太陽沒有？當然看過？不不不，我是指白色的，不是紅色那種，說出來也許你不相信，聯考的前一天，我卻在頂樓上觀測太陽，「日光浴」？哈！你真幽默！一個虛弱蒼白的太陽是發不出光熱的！我是在複習功課，算太陽跟地球的距離，地球跟我的距離，我把幾十本課本、講義、參考書都翻遍了，找公式、定理、規則出來演算，醫生，那是一項偉大的工程，比你算人體的神經還複雜的！答案？你問我答案？嘿！不瞞你說，我只算出一條而已，那就是，聽好啊，太陽跟地球的距離等於我跟聯考的距離！你滿意這個答案嗎？不過，當我正在百思莫解的時候，我老爸突然出現，他劈頭就罵啦，說我怎麼還在醉生夢死，明天就是聯考了，還不進房間去讀書！嘻嘻，你猜我怎麼回答他？我大叫一聲：我算出來了！原來我跟太陽的距離是我跟我老爸的距離！哈哈……。我捧著書回到房間，看到牆壁上的愛因斯坦皺著眉頭，一隻手支頤托顎地正在沉思我的新發現呢！愛因斯坦你認識吧！他真是有智慧的人。為什麼？因為他曾經說過：如果 A 等於成功，那麼成功的原理可以用 A=X+Y+Z 這一公式來表現，其中 X 等於工作，Y 等於遊戲，而 Z 呢！就是：嘻嘻，閉起你的嘴巴！嘿嘿，你說，鮮不鮮啊這傢伙。而且，最重要的一點是：他是從不穿襪子的！你知道嗎？有一陣子，我也天天都不穿襪子，結果，我那個馬子，竟然以為我買不起襪子，特地去買了兩

雙，還挺貴的呢！像是患難夫妻般的送給我，哎，真是偉大的愛情！更感人的還有呢！她說：只要我考上國立大學，她願意嫁給我，結婚以後，她還願意天天替我洗襪子！嘻嘻，醫生，你該哭的，亂感人一把的，不是嗎？她？她現在？哼！女人嘛！現在搭上了一個醫學院的，聽說是如膠似漆，難捨難分！你也該知道，聯考落榜，不僅是家裡蹲而已，有時候，它更可能會使你失去女朋友的！哈哈⋯⋯。

◆

上了國中的范人傑，盛況已不如小學，但仍是各項活動中的佼佼者，而且繼續當了二年的班長。我們班是「貴族班」，很多議員、校長、老師的兒子，人不多，但儼然是全校的菁英，學校格外的禮遇我們，師資課程的安排都是經過深思熟慮的堅強陣容。我很高興我們仍在一起，可以常常聊天，但我覺得奇怪的是，他似乎從未談過他的家庭。因此，他家中的情形，身為好友的我卻不甚了解，只聽說他的父親挺有錢的，擁有兩家規模不小的公司，但是我毋寧相信他是憑實力進到我們班的。

他那時開始迷上籃球，常常下課後和一大票人霸佔了學校僅有的籃球場。他的身體比以前結實，人也長高了些，後來進入校隊，替學校爭取了不少榮譽。他還是參加演講、作文比賽，但是名次都落在四五名，以後便很少再參加這類比賽了。

國二下，他的性情似乎有些許轉變 —— 這轉變並不容易察覺。憑著和他六年的交情，我看出他臉上懾人的光采減少了，走路也不再抬頭挺胸昂然自若，而且，開始喜歡一個人靜靜地靠窗

坐著，有時怔怔看著窗外，有時用手蒙著臉像是陷入了冥思的深淵。這情形在午睡時最常見。當大家趴在桌上睡死時，我總會從後面小心地偷偷看他，我似乎可以看到他心中不欲人知的隱隱愁苦，但每當我們獨處，話題轉到他的家庭時，他就會不安地顧左右而言它，或是逕自站了起來走出去。所以我的嘗試始終無法成功，而他的內心世界也仍像個不可知的謎，吸引著我，也困擾著我。當然，我的觀察是極其細微而小心的，我相信別的同學絕不會發覺他的異樣。在團體裡，他仍是意興風發，不可一世，球場上的衝鋒陷陣，開會時的滔滔雄辯，及前幾名的成績，在在使得老師及同學對他讚譽有加。常常，在鼓掌叫好裡，我會以為他是一個不會失敗，不會流淚的英雄，甚至把我認為他心中可能有愁思的念頭也斥為無稽之談。

　　升到國三，他突然堅持辭去班長職務，座位也調去後頭；此後，他就像是天上一顆光彩耀眼的星星，突然間黯淡了下去。尤其當我無意中看到，他和別班幾個成績不好的同學躲在車棚後面抽煙時，他在我心目中的形象便整個粉碎了。我驚訝、難過，但我無能為力。他的成績仍能維持水平，在班上的舉止仍和以前一樣，所以導師不知曉，同學們正全力準備聯考，每個人背後都肩負了一個沉重的枷鎖，更不會分心去管他。至於我之所以無法改變他，是他將我和其他同學一視同仁，認為我是一個重成績不重友情的書呆子，所以我便不知該如何來解開他，或者說是我心中的結。

　　有時清晨在上學途中遇見，我幾乎一眼就看出他的眼眶紅腫，不是熬夜，而像是哭過的痕跡，但是他的嘴角卻會掛出勉強的笑容，使你無法捉摸他的情緒。只有一次，我邀請他到家裡來

玩，當我送他搭車回家時，他突然低下頭，幽幽地說：你家真溫暖，如果我也有一個這樣的家，那該有多好！車站裡人很多，廣告牌的霓虹燈閃爍不定地明滅著，望著他剪影在燈火迷離裡的側臉，我覺得他竟是那麼孤獨的一個人！當他的身影消逝在黑暗中時，我忽然不自主地感到一陣悲傷襲上心頭。

◆

出生年月日：Ｘ年Ｘ月Ｘ日

籍貫：Ｘ市人

血型：Ｂ

◆

我們物理老師說過，Ｂ型的人都有神經質的傾向，我想他是說對了。高中時我也去看過精神醫師，他給了我一些藥囊，是可以使精神穩定的。可是我一顆也沒吃，我把那些花花綠綠的藥囊，一顆一顆地拆開，倒出裡面的藥粉，然後一邊查閱藥典一邊分析研究。你要知道，讀甲組的人是必須要有科學家的態度，要有實驗研究的精神才行的。說到我們物理老師，他很鮮，每次上課一進來，他就會說：唉！你們這些可憐的高三人，一個個面黃肌瘦，無精打采，要死不活的樣子，我看了都替你們悲哀，你們還是聽我勸，趕快休學回家去休養吧！每次上課前他都要來這一段「精神卸裝」，現在想想，還挺有意思的。還有我們的國文老師，你知道，都已經高三了，還每次考試都叫我們默書，簡直是存心跟我們過不去！每課都要背，我們還有數學、物理、化學，誰有那麼多閒工夫！而化學老師呢？則是每回上課就閒聊，跟我們「親

切話家常」，說什麼爲最近會錢還沒交啦，南陽街的錢不好賺啊，並且常常給我們「打氣」，說憑我們學校的招牌，考大學根本不成問題，叫我們要多出去走走，呼吸大自然的新鮮空氣，享受美好的人生。哼！全是鬼話，不過，我們倒蠻喜歡他的，因爲他有時會提起華西街的那個小翠，香豔、刺激，而且是歷歷如繪哪！嘻嘻……。他在「地下杏壇」聽說是很賣座的王牌，常常隨身帶一瓶蜂蜜好潤嗓子。不過我沒去他那兒補，因爲他的笑話在學校就講過了。我去的是一家數理化的家教班，有很多女中的女生在那裡，可以互相「切磋切磋」……。下課後，我有個習慣，就是喜歡搭公車在市區內亂轉。你知道這其中有何樂趣嗎？你當然不知道，你的工作太乏味了。輔導人？嘴巴說說啦！其實你們自己心裡也苦悶得很對不對？說真的，我倒很同情你，整天跟那些神經兮兮的人交談，有什麼意思！我教你，你只要上了車，選個視線最佳的位置，然後把自己想像成是古代的帝王出巡，不然就是青天大老爺出來探察民隱，包準你不會寂寞而且會樂此不疲！我高三時就常和一個同學這樣。不過，他見到我要先向我敬禮。說到我這個同學就一肚子火，什麼高三了，上課可以不用聽，只要照自己的計劃，讀自己的書就夠了，我還把他當志同道合的朋友呢！結果不出一個禮拜，他就捧著參考書去問老師。哼！倒戈將軍！這個世界上沒有一個人是可靠的！只有自己！就像高中課本裡的，什麼，世界上偉大的人物，常是在時代前面的人物，因此常常不能爲他同時的人所了解，而且往往爲他同時的人所忌恨。你知道，我就是這種人。嘿嘿！我發現我的記性還真不錯。高中國文，我只喜歡「范進中舉」——胡屠戶說：打了天上的星宿，閻王就要拿去打一百鐵棍，而且會發在十八層地獄裡，永不得翻

身！連胡屠戶都懂得這個道理，而你們，你們這些人，卻把我關在這裡，我是文曲星下凡啊！雖然我沒上大學，可是，以後我要自己辦一所大學，校長兼訓導長兼教務長！哼！你們這些大學生，自以為多讀了一點書，就很了不起是嗎？坦白告訴你，醫生，我瞧不起你！我打心裡瞧不起你！

◆

他考上了台北一所很好的高中。放榜後，他邀我到國中導師家去拜謝。那晚聊天時，他始終面帶微笑，神采奕奕，而且兩腳還在地上不停地輕輕打著拍子 —— 這小動作只有我才會注意，因為我只考到本地一所升學率不高的學校。騎著單車回家途中，他突然很激動地告訴我：他的爸媽好高興！我抓住機會問了他一些問題，但他立即心存戒備般避重就輕地回答。我僅獲知他的父親是台北某大學經濟系畢業的高材生，一直希望他能考上一所好高中，以後讀大學，甚至出國留學，因此，他的心理負擔格外沉重，現在總算對得起他父親了。他說得很快而且有些得意，但我發現，他的臉上並不如話語中所呈現出的喜悅，隱隱約約地透露出一種不屑的神色，尤其當提到「父親」的字眼時，聲音竟變得很奇怪，說不上來那種感覺，像是憤怒又像是冷嘲熱諷的味道。不過，聽他一路上輕鬆的口哨聲，我想，我或許是太敏感了。

那次見面後不久，他們家就遷到台北去了。此後，他就像是一隻斷線的風箏，飛離了我的世界。兩年多的時間沒有再見到他，我也不會特別去想他，我有我的日子，他有他的生活，很多心情在讀書考試裡便顯得並不重要了。

　　高三下，我正全力準備學校的模擬考。一天夜裡，他突然來找我，當他削瘦的身影黑暗裡幽靈似的出現在我眼前時，我不禁驚覺時光竟會使人有如此大的改變：昔日的魁梧成了瘦弱，鼻樑上也架起了一付度數極深的眼鏡，更叫人詫異的，是他鏡片後的雙眼，竟是那麼空洞，渾濁而無一絲光采。

　　在附近的公園裡尋一處草地坐下，他只訥訥的說，好久不見了，然後問起我的近況。我讀的是社會組，有興趣也讀得不錯，他聽了輕喟一聲便不再開口。一種奇怪的念頭倏地自腦際飛過，但他很快便打斷了我的思維，他開始興奮地談起小學時的種種。我很訝異他竟能將小學時的趣事及每個人的姓名都記得一清二楚，時間地點絲毫無誤。他說：他很懷念也常憶起小學時無憂無慮的生活。至於他的現況，他只垂頭喪氣地告訴我：他已經休學了。我想追問為什麼，但話到喉嚨，他又開始把小學同學的名字一個個提起，使我無法探出個頭緒來。他的話有些語無倫次，黑夜裡，他怔怔地望向不可知的遠方，似乎根本無視於我的存在，我覺得納悶，但他一直自顧自地說著，時而自己笑了起來，時而長嘆一聲，像是只說給自己聽一般。最後分手時，他又說了些很奇怪的話，像「小學同學裡只有我們兩個讀高中，以後就靠你了。」、「我會過得很快樂的。」等。那夜，我的夢裡始終無法揮去他落寞、孤獨、漸漸消失遠去的背影。

　　後來，由其他同學口中，我才知道他的精神已有些異常。在學校裡，他總是一個人，不是捧著課本猛背，就是不停地自言自語。不久，老師發現了他的異狀，趕緊找來了他的父親，起初，他父親堅持不讓他休學，和導師在辦公室裡吵了起來，而他則站在旁邊，置身事外地呆呆看著。當他父親提高了聲調說起他某大

學經濟系畢業的學歷時，范人傑突然間像著了魔似的叫了一聲，又哭又笑地衝了出去，老師們唯恐他發生意外，立刻全體出動去四處搜找，最後才在一座土地廟裡把他拖了回來。他拿著一把香，哭著跪在神位前，嘴裡喃喃地不知道在唸些什麼，而且一直不停的磕頭，連額頭上都微微沁出些血絲來。

　　第二天，他父親就來學校替他辦了休學。臨走前，他父親還向老師吼說：都是學校教育害了他兒子，在家裡他一樣能教好他，他一樣能考上大學！事實上，當范人傑清醒時，也是一意堅持著要參加大學聯考，每天仍埋在書堆裡直到深夜二三點鐘。我聽了，胸中只覺一陣難受窒悶，像有層層巨石重重地壓著，使人喘不過氣來。我不知道，范人傑是怎樣承受這些來自四面八方的壓力，以及他是否能撐得下去？望著桌上也像層層巨石堆積的課本、講義、參考書，我不由得想起了，小學時那個笑得很得意，很神氣，經常上台領獎，不讀書也能拿個前幾名的范人傑……。

◆

父親：范大鵬
母親：林美枝、陳麗娜
兄弟：無

◆

　　很抱歉，我可能太激動了，不過，我希望你明白一點，不是來這裡治療的全都是笨蛋！你懂？我想你應該懂，你有一張聰明的臉。醫生，你也該結婚了吧？我就知道，大學畢業的人是不怕娶不到老婆的。嘿！我老爸就常對我說：只要你考上大學就可以

要什麼有什麼！只要考上大學，只要考上大學！去他媽的大學！我老爸，一個經濟系的高材生又如何？不錯，兩家貿易公司，他錢是有了，可是他的人性卻沒了！憑什麼他要看不起媽！什麼叫無法溝通！什麼叫言語乏味！我媽雖只是高中畢業，可是她起碼比我老爸還像個人！你懂嗎？人！

　　國中時，他開始變了，不關心媽，不關心家，整天在公司忙業務，說什麼全是為了家，希望我好好讀書，將來能像他一樣有成就！哈哈哈，funny！It's funny！你知道嗎？他竟然去和公司的女秘書同居！同居！醫生，我知道你根本無動於衷，我看得出你在冷眼旁觀，你只是把我的情形記錄下來，只是一個案例，一份過幾天就鎖在櫃子裡、不起眼的檔案而已！因為這是別人的事，不是你，沒關係，我原諒你。

　　我不是聽了父親的話才讀高中，才想考大學，我是為了我可憐的媽。如果當時她去跟我老爸吵，那我心裡可能會好過些，可是她不，她總是夜裡一個人偷偷地哭，把一切一切的痛苦都往肚裡吞，她根本不關心自己，生病了也不去看醫生，只希望我老爸回來看她，可是一天天的等待換來的是什麼？是一連串無情地打擊、侮辱與失望而已。你知道嗎？她每天都把三餐飯菜煮好，擺在桌上，替我老爸添好飯，挾好菜等他下班回來。常常我放學回到家，看到我母親一個人打扮得漂漂亮亮的，癡癡坐在飯桌前，似笑非笑地用顫抖的手把菜挾放進一個不會有人來吃的飯碗裡！醫生，你受得了嗎？有時我老爸突然回來，可是除了拿錢給我，叫我看書準備聯考之外，他就像個陌生人般的冷漠、遙遠。嘿！很像偶而在路上看到一個可憐的小乞丐，不屑地扔給他幾個銅板一樣。

　　高三下，我辦了休學。但是，為了替媽爭口氣，我相信我可以考上的，可是沒多久，媽死了！我唯一依靠的人竟然不聲不響地就一下子消失得無影無蹤。呵呵，你不覺得很可笑嗎？昨天還好端端活著的人，一覺醒來，你發現她已經吞了藥，身體僵硬得像塊石頭一樣，你想喊她，可是她永遠不能再回答你，永遠不能了！我突然很想去上學，像以前一樣背著書包上學去，可是要出門時，我竟又回頭叫了聲：

　　媽，我上學去了 ──

　　哈哈……我才知道，媽已經不在！已經不在了！可是，我哭不出來，一滴眼淚也流不出來，我還是像往常一樣，拿出課本準備早上的考試，但是當車子停在校門口時，我卻不知道該去那裡了，真的，我從來沒有那麼孤獨，那麼無助過！我拚命地眨著眼，看窗外熙來攘往的車子，看每個人匆匆忙忙的腳步，看電影廣告板上朝著我笑的妖艷的女人，還有電子座鐘上不停跳動不停跳動不停跳動的數目字……我坐車在市區裡轉了一天，一班車換一班車，一班車換一班車……

　　我老爸不久搬回家，每天都逼我看書，可是聯考那二天，我卻偷偷跑去媽的墓地，一直守到天黑才走，反正一切對我而言，已經是毫無意義了。我老爸知道後，氣得說不出話來，把我硬是從墓地拖了回去，當我和他一起回家時，我才發現，另一個女人已在家裡取代了媽的地位！醫生，但願你能夠了解我當時的感受，但願你能夠！我不是故意要殺人的 ──

　　誰叫他要把那女人帶到家裡來，你能忍受一個不三不四的女人在你母親的靈位前對著你喊：兒子嗎－喲－都長這麼大了－來來來－兒子－兒子－去去去－去叫媽－她就是你的新媽媽－媽媽

── 媽不是死了嗎－不不不－以後她就是你媽了－快快快－叫媽叫媽－爸爸的好兒子－爸－媽一直很想你－她一直希望你能回家－我不是回來了嗎－可是媽卻走了－媽死了－死都死了－還提她幹嘛－以後我就是你媽－來來來－兒子－快快快－叫媽－叫媽──

不！

◆

後來，我就看到社會新聞版上那排醜陋而令人心驚肉跳的黑色大字了：

驚人血案！青年揮刀弒父殺母陳麗娜三刀殞命，范大鵬生命垂危，兇嫌范人傑坦承行兇不諱，已由警方收押偵辦中

真的，我一直無法把這樣悲慘的事跟「范人傑」三個字聯想在一起，我甚至於不敢正視報紙上他那張垂著頭，臉上微微露出睥睨、兇狠目光的照片，然而，當想起他那孤獨的身影及他深邃而茫然無助的眼神時，我又不禁感傷命運無情的作弄了。我常想，他的名字不該出現在這裡，應該是在放榜名單中才對。他應該是個大學生，而且可以是個優秀的大學生。當我走在杜鵑繽紛的椰林大道上，我內心是多麼希望，他也能有這個機會，我相信，我們還可以像小時一樣，是很要好的朋友。雖然我不是一個記憶力很好的人，可是，在今後漫長的歲月裡，因著曾共有過的一段快樂時光，我必然會常常記起一個人，一個曾經熟悉、佩服的人。

很久以前，他有張全校模範生的放大照片，在公佈欄上，微笑著享受每位同學羨慕的眼光，下頭「品學兼優」四個用紅色簽字筆寫的大字，更是高高在上，光彩奪目地殷勤閃耀著……。

◆

　　病歷：嚴重精神恍惚、分裂，性格異常，有弑母傷父之犯罪事實，目前在精神療養院中接受長期治療。

老師的蘭花

王乃燊天不亮就到學校了。

四年級的教室靠近圍牆，牆外一條不算寬的馬路仍靜靜的無車囂馬喧，倒是窗外榕樹上幾隻鳥兒一早醒來便不安分地呱呱噪啼，使得這所略呈古老的國小憑添了幾分年輕的氣息。

王乃燊急急地拉開教室門，將書包隨意掛在桌旁，又趕緊跑了出來。操場不大，他很快走過來，繞過垃圾堆，穿過學校後門，轉進一條小路，路旁一排眷村的門緊緊關著。摸摸口袋裡的鑰匙，他放心地慢慢跑起來。頭上鬆垮垮的黃帽子，帽緣微微翻起，隨著腳步一上一下地跳動著。

在一扇極為醒目的紅門口，他停了下來。掏出口袋裡因不時抓握而有些汗漬的鑰匙，輕輕將門打開，一座雖不大卻植有各色花木的花園使他不由得睜亮了眼睛。

「哇，好多花喔 ── 」

他低低讚嘆起來。杜鵑花有這多的顏色還是頭次看到呢！雪白的、粉紅的、殷紅的，一簇一簇恣意地綻放著，叫人眼花撩亂。杜鵑旁邊擺了二、三十盆榕樹盆景，用鐵絲扭曲成各種不同的形

狀，盤盤錯錯的極盡天工之巧。此外還有牽牆掛籬、扯個沒完的牽牛花，九重葛及牡丹、茉莉、茶樹等，配上一逕綠油油的草坪，整座花園看起來極為賞心悅目。他不禁用力滿滿吸了一口氣，是深覺責任重大而準備大展身手的信心百倍。

提起澆花的綠壺，嘩啦嘩啦灑滿了水，兩手使勁地支撐著，卻還有些許的水珠晃盪地潑濺出來，將鞋子、褲管沾濕一片。可是他似乎毫不察覺，一臉慎重如臨大敵的神情，小心地一棵棵樹，一盆盆花鉅細靡遺地淋灑過去。

「王乃燊！」

一個男生背著書包籬笆外向他打招呼。他抬起頭，停止澆水。

「王乃燊，那朵蘭花是不是開得更大了？」

「我還沒到那裡澆水，不知道，回教室再跟你講。」

「好。」

那個男生說完就走了，他朝著漸漸遠去的背影做個鬼臉。那個男生是班長，只有班長可以不用來澆水，而且昨天的算術考試，以班長的分數為準，害他被打了好幾大板，手心還有點疼呢！又被老師臭罵了一頓，說什麼 IQ 笨蛋一個！

「哼！」

今天可要好好表現，不能出差錯，免得老師罵、同學笑。其實澆水很簡單也很好玩嘛！每次同學回去，都要大吹大擂一番，說什麼那朵花已經開了，發現一隻什麼蟲的，尤其是阿龍，還蓋說有一隻大黃狗跑進來要吃花，被他用嗶剝筒打到眼睛，夾著尾巴沒命似地溜了！真是亂蓋，騙死人的。可是一天有一天新的消息，早自修時還是會造成一陣不小的騷動。

他仍舊專心地淋灑園裡的花花草草。附近的人家漸漸活動起

來，鬧鐘的聲音前呼後應，喧天價響，直像遇見鬼的夜行人沒命地尖叫。他利用盛水時，看了看自己一個早上的成果，覺得花園裡的一切都變得更嬌豔美麗了。飽滿抖擻的花，綠得耀眼的葉子，都因著他的一雙手而獲得滋潤，煥發出無限的生機，他心中感到莫名的自豪。

接著今天的壓軸好戲 —— 暖房裡的蘭花。昨天陳俊英發現開了一朵，老師在教室裡就重重拍了拍他的肩膀，高興地稱許著，陳俊英也在一旁得意地笑著 —— 可惡！為什麼不今天開！他提起滿溢的水壺踏進暖房，迅速地瞥了一眼，發現還是只有昨天那朵而已，他不禁微微感到失望，但是很快又打起精神來，小心翼翼地開始淋灑。

小心點啊，這幾十盆蘭花是老師最心愛的，千萬別弄砸了喔！這是昨天陳俊英將鑰匙交給他時一再的叮嚀。他想想，更加躡手躡腳起來，生怕將土地也踩痛了。

澆完了水，他將水壺掛好，疲憊地靠在花架旁，一面休息一面欣賞。

「只有這朵花漂亮而已，其他的有什麼好看？」

他忍不住彎下腰，覷著眼仔細瞧瞧看那朵綻放的蘭花，白色的花瓣，中間冒出幾絲花蕊，隱隱透露出甜淡的香氣，很討他喜愛。是今年的第一朵蘭花也！難怪老師那麼高興了。他像個經驗豐富的花匠，專心地注視著。突然間，他發現蘭葉上有不少細細的斑點，黑黝黝的，像被啃嚙過的痕跡。葉下有幾隻螞蟻來回地爬動。

「一定是螞蟻咬的！」

他捲起袖子，擦乾了手上滴滴答答的水珠，然後用手將螞蟻

一隻一隻彈開 ── 彈得老遠老遠。花瓣上有好幾隻，真笨 ── 還在吃，死到臨頭了還不曉得。五隻、六隻、七隻，這隻是算術，那隻是國語……彈 ── 彈 ──

「哎呀！」

他趕緊抽回手，突如其來的變化使他嚇呆了 ── 小小白白的蘭花殘骸似地躺在地上，幾片花瓣零落地緩緩飄落，爆裂的花粉粒子空氣中瀰漫著………。

「有沒有澆水？」

「有。」

「有沒有什麼事？」

「沒……沒有。」

「好，回去座位。」

教室裡，老師例行公事地問他。一下課，陳俊英走了過去。

「花開得更大朵了吧？很香喔？」

「嗯。」他有些心虛地回答，口氣細弱得像個病懨懨的患者。

怎麼辦？老師中午回家吃飯時定會發現的，怎麼辦啊 ──

「有沒有什麼新發現呀？」

班長也興致勃勃地關心起那朵蘭花，似乎蘭花已成了整個世界注目的焦點，可是，那朵花已經被他 ──

「有很多螞蟻，想吃蘭花。」

「真的？」一夥人好奇地圍攏過來。

「嗯，不過，都一一被我收拾得乾乾淨淨了，連個洞都沒留下。」

他鎮定的神情使人家放下心來。

第三節考算術，他又挨打了。劈劈拍拍，他的手心又多了幾

條血痕。可是不痛的。他想到老師發現花被他不小心打落了，便覺得眼前這處罰根本不算什麼了。他內心不安地反覆思慮，時間一分一秒一分一秒地折磨著他。

就說有隻大黃狗闖進來咬壞的，他拚命地擋了一會兒，還被牠咬了一口，大腿這裡，他可以自己咬，老師看不出的，這樣老師就不會責怪他，或許還會像陳俊英那樣獲得老師的嘉獎呢 —— 不然，就說有個小偷溜進來好了，想偷花，他勇敢地抵抗，把小偷趕跑了，可是他的頭卻被打了一記腫起來 —— 只要朝牆壁撞幾下，也可以瞞得過老師。

可是不行呀！早自修時還是好好的啊！

是蜜蜂咬斷的、老鼠啃的、蟑螂踩的，都不是 —— 都不行！

唉 ——

老師可能只打手心，也許罵幾句，也許罰站，都沒關係，就是不要用藤條抽小腿，穿短褲誰都會看到，回家媽媽要問，鄰居的女生看了也會笑，他到底要怎麼辦嘛！

「噹噹噹」悅耳的鐘聲響起，可是卻像催命的喪鐘，他絕望地收回了思緒。

很多同學戴上帽子回家吃中飯去了。值日生抬蒸籠回來，大家一窩蜂地湧上，各自拿起筷子湯匙開心地享受豐盛的一餐。

「王乃燊，這個便當是不是你的？」值日生將最後一個便當高高舉起，大家的視線一下子都集中到他身上。他趕緊出去領回，可是卻無心打開，一個早上的折騰，總覺得很多的淚水和口水一直往肚子裡吞，所以現在一點也不覺得餓了。他看看窗外，榕樹上的小鳥好像都不叫了，不曉得去了那裡。遙遠的辦公室那頭，老師正關上門準備回家。他把便當一把收進抽屜裡，趕緊走了出去。

老師大踏步地走回家，他卻閃閃躲躲，賊似地跟在後頭。

回到家，老師脫掉外套，餐桌上，師母高興地說起家裡一些瑣瑣碎碎的事，老師挾著菜大口大口地吃飯，一面漫不經心地應答著。他悄悄地躲在窗下，由窗口一側小心地打量屋裡老師的一舉一動。看到老師碗裡那塊肥大的雞肉，他才發現肚子正在咕嚕咕嚕地叫著。

「花園裡的蘭花開了，我昨天中午去看的，又大又白，還挺香的，待會兒要不要過去看看？」

「晚上才去看好了，洗完碗筷，我得到黃太太那裡，她說有什麼事要跟我商量的，大概是她女兒今年要考高中，太緊張吧！想聽聽我的意見。」

「哦，那我自己去看好了。」

他在窗外，一顆懸宕不安的心開始往下沉墜⋯⋯

一隻蝴蝶飛呀飛的，停在他的肩上，他舉起手作勢要將牠趕跑，可是想了會，放下手來，任牠停靠。

老師出門了。

一定是去看蘭花，可是，花不在了，一定會勃然大怒地跑到教室把他揪出來狠狠痛揍一頓，像把蘭花一片一片撕成粉碎般，一邊打還一邊罵：

要死了你！連老師的花都敢偷摘，你是吃了什麼熊心豹子膽是不是！是不是！

老師走進花園。

擔心的事終於來臨了！他忽然覺得天整個灰掉了，暗掉了，黑漆漆的濃濃一片，什麼都看不見，一股寒流冷颼颼地從腳底竄上來。突然間，一朵一朵細細小小的蘭花向他飛來，打在臉上成

了一灘血，他用手掩住臉，可是一滴一滴紅血千萬朵花似地不斷朝他疾射而來，頭上、頸間，點點駭人的血紅黏滿了身體，順著脊背滑了下來……

「我不是故意的！」

他脫口嚷起來，定神一看，才知道自己已汗流浹背，衣服都濕了一片。

老師會原諒他的，他要跟老師說，他不是故意的，是好心要趕螞蟻，老師會原諒他的！

他推開門衝了進去。

「老師 ─ 」

老師猛地回頭，小小的蘭花屍體僵冷地躺在他的手心裡。空氣一瞬間凝住了。老師的臉色隱隱泛出鐵青，王乃燊抓緊褲縫的雙手微微顫抖著，似乎一切都靜止了，連心臟砰砰的跳動聲也無法感覺到。

「是你弄的 ─ 」直硬硬的語鋒像打手心時狠狠的力勁。

「嗯。我不是故意的！我是看到有很多螞蟻，想把牠打下來，不讓牠咬葉子，不小心才會 ─ 」他低泣起來。

「好端端的花，弄成這樣子 ─ 」

「對不起，我很笨，才會弄成這樣，老師打我好了。」

王乃燊伸出手來，眼睛裡閃著晶瑩的淚光。兩人怔怔看著破碎的蘭花，靜默中彷彿有一絲冷香浮盪在僵硬的空氣裡，掙扎著要突破。王乃燊雙手並攏著。早上因算術考試挨打的紅色血痕，仍清晰地在瘦弱的小手上蠕動著，老師緊握的拳頭漸漸鬆弛了……

「回去吧，今天老師不處罰你，明天你再來澆一次水。」

花非花

　　謝家的紅門嘎地推開，我把沖好的牛奶咕嚕喝下，順手抓了書包上肩，蹬蹬蹬跑下樓，天明的曙色裡，她果然在那頭。

　　她今天紮著兩條小辮子，油黑亮麗地垂掛在肩上，乾淨的制服雪樣的白，紅紅的書包在她腰間晃來晃去，像清晨小鳥的跳盪，那樣輕盈，那樣自在。我遠遠地跟在後頭，不敢出聲也不敢超前，生怕她會突然回頭而發現了我。其實，她是知道的，只是我們像有默契般地誰也不願打破這之間的寧靜。

　　記得半年前，父親因經商失敗而從台東搬到這裡，初初到這條街，我就被對面謝家的前院深深地吸引住了。那是一個美麗的小花園，可是除了幾叢杜鵑外，其餘的一逕全是茉莉花。白白的花朵枝椏上滿滿地掛著，芬芳都漫溢了一街。街頭巷尾，人人都誇謝家的茉莉花開得好，路人經過也都會忍不住停下來滿足地吸口氣才往前走，那濃郁是叫人久久都不願輕易吐出的。

　　我的房間正好面對著謝家前院。每天晚上我在樓上做功課時，就會有縷縷淡雅的香氣拂過窗子。伴隨月光、蟲鳴和微風一起落在我的房間裡，書桌上。我總愛靜靜地趴在窗口看這個美麗

而神秘的世界。

　　一日清晨，朦朧中我被斷斷續續的水聲和歌聲喚醒，趕忙跳下床來，推開窗子，灰濛濛的晨色裡，我看到謝家院子裡，一位小女孩正在輕輕地哼唱一些我不知道的曲子，她邊唱邊提著水淋灑院子裡的花花草草。她是那樣的小心翼翼，像個溫柔的小母親照顧著懷裡熟睡的嬰兒。她的神情安詳而愉快，歌聲也很婉轉動聽，那是個自然美好而近乎永恆的畫面，我是一輩子也不會忘的。

　　她澆完了水，就坐在石凳上，兩手托著腮，定定地看著一樹樹的茉莉，有白蝴蝶在她身旁飛來飛去。晨光乍現裡，她的臉上總會輕敷上一層朝霞的紅暈，那情景叫我想到漫遊仙境的愛麗絲。此後，每天天快亮時，我就起床，她看著茉莉花，我看她。

　　她總是一大早就出門上學，這半年來，我也跟著天天早早就起床，母親以為是剛轉學，生活學業還不習慣使然，其實媽一點都不了解她的兒子，倒是隔壁的李媽媽，到我們家串門子的時候，總誇我聰明，一副伶俐相，和謝家的莉莉一樣討人喜歡。李媽媽說：謝家只有一個女兒，和我一樣也讀小六，父親是國中校長，母親則在一所私立中學教英文。當我知道「莉莉」就是她時，我像是發現了一樁大秘密，興奮地關在房間裡，一遍又一遍的用筆在紙上寫她的名字，我寫得真好，一筆一劃像是電影明星的簽名。每寫一次，我就要仔細端詳許久，口裡輕輕地唸著唸著，有時自己都忍不住臉紅地笑了。

　　我也試著用鉛筆畫她，幾個鐘頭下來，我手都酸了，還是畫不成，因為都被我畫醜了。

　　夜裡，涼風一陣一陣吹來，藍藍的星空裡，好多眼睛眨呀眨的，我抬頭望望她家，雖然見不到她的人，可是只要燈火亮著，

我就會有種說不出的滿足。不知道她現在在做些什麼？她可知有個人在這兒努力地寫她、畫她嗎？我向風、星星、茉莉花溫柔地道聲晚安，靜靜走入了夢鄉……。

星期天不上課，附近的小孩總要聚在一起玩耍。小小的街巷，嬉鬧聲高得要入雲。鄰居們有時煩不過，少不得要探出頭來呵罵幾聲，可是，我們橡皮圈照拉，紙牌照打，官兵依舊抓強盜，因為，我們是不受「威脅」的 —— 但我們可以被「利誘」。謝媽媽有時就會拿出些水果來，請大家吃，要我們小聲地玩，別吵了要寫稿的謝伯伯。每次她出現，這些蘿蔔頭們就高興得拍手歡呼，口水都淌了出來。可是我總站在一旁不想吃，因為吃完後，謝媽媽就會帶莉莉回家，不和我們一起玩到太陽下山。但謝媽媽的話，我還是如接聖旨，牢記在心。有人聲音過大了，我一定向他噓幾聲要他安靜。我是六年級，所以他們都聽我的。

莉莉不喜歡玩跳房子、橡皮圈，每次我們邀她，她就搖搖頭，只在旁邊看。可是，她卻喜歡玩一二三木頭人。每次我都叫了好多人來玩，而且，我都故意裝得笨手笨腳被抓到，然後做鬼。做鬼的時候，我會聽她的腳步聲，等她移動了，我就喊一聲，猛回頭，她會突地停住，拍拍胸脯，臉上紅通通的，吐著舌頭說好險，然後是一臉的笑，笑得好開心，頭髮都微微揚了起來，我最喜歡她笑的模樣了，我發誓，以後一定要常常做鬼來逗她笑。

一回，當我們玩得正起勁時，小傑說我和莉莉是男生愛女生，呸呸呸不要臉，我立刻就撲上前去，和他打了起來，直到他求饒為止。我的足踝淌著血，一拐一拐地走回家，莉莉突然出現在我身旁，也不說話，只是低著頭，靜靜地陪我，我心裡忽有種異樣的感覺，暖暖的，說不上來，她的側臉剪影在黃昏的光影裡，我

眯著眼看她，我想，這輩子就是這樣了。

莉莉也愛吹笛子，而且總在陽台上。我呢，總是在樓上窗口做她最忠實的聽眾。有時聽得入迷，也不管媽媽在樓下叫嚷著要開飯。她吹得極好，笛音很嘹亮，興興頭頭地撩撥開來，彷彿是天籟，夜裡聽來格外的動人。陽台上有風，會把笛韻送到很遠很遠的銀河裡去，飛不上去的，我全拾了擺在我的房間裡，夜裡也做個飛天的好夢。

她似乎特別喜歡「茉莉花」這首曲子，總要吹上好幾遍。當美妙的旋律天水般地流瀉時，我會不自禁地唱和著，有次唱得忘了形，歌聲硬生生地掐斷了她的笛音，她突然停下不吹了，兩眼直往我這兒搜索，我趕緊把頭縮進窗裡，屏著氣不敢出聲，直到笛聲再度響起，我才敢覷著眼從窗縫裡偷偷地看她。

日子在長長的笛聲和淡淡的花香裡流過，可是，我和莉莉間的距離卻沒有改變過。她還是早早就在院子裡看花，又早早就上學，我還是在上頭看著，後頭跟著；她還是不愛玩橡皮圈、跳房子，我也還是不喜歡謝媽媽的水果。我一直想和她說說話，或者就送她一朵茉莉花，唱一首歌給她聽，可是，我就是一直提不起勇氣。即使如此，我仍覺得我們彼此是懂得的，雖然我們並沒有說出口，雖然我們之間的沉默從沒有打破過。

可是事情似乎有了變化，我已有二天沒見到她了！

昨天我打開窗子，發現整個院子靜悄悄的，沒有歌聲，沒有嘩啦嘩啦的澆水聲，更沒有她美麗的影子，好多好多不安的念頭倏地掠過腦際，是莉莉病了？還是發生了什麼事？我趕緊跑下樓去問媽媽，媽媽說：干你什麼事！我朝她扮了個鬼臉，頭被敲了一記。我又跑去問李媽媽，她也說不知道。還是問小傑吧，但他

的頭只會左右地搖著，像個白痴。

　　上課時，老師說我發楞、不專心，叫我起來唸課文，我連連唸錯了好多字，老師罰我站到教室後頭，我低著頭難過地站著，好想哭。

　　好不容易捱到放學了，我急急忙忙往家跑。門前一條睡著的小野狗嚇得一溜煙就不見了，也沒聽得吠一聲。兩步三步跳上了樓，推開窗子，除了幾隻昏昏的白蝴蝶上上下下的飛著，整著院子是一片窒人的死寂，幾片落葉隨著風胡亂地飛舞著，莉莉家裡沒有一星點的亮光，黑黝黝地有些嚇人。我頹喪地把書包放下，支著下巴呆呆地望著窗外，西方圓燦的秋陽，慢慢熔進了無盡燦紅的晚霞裡。有幾朵雲天上懶洋洋地走過，斜斜迷迷的陽光一寸一寸地移到窗前、桌上，然後又一寸一寸地淡掉了。

　　我覺得好累好累，打了個呵欠汪出些淚水來……

　　突然，一陣笛聲緩緩地響起，彷彿來自天際，很細微，很渺遠，但卻好清楚，好熟悉，是「茉莉花」！是莉莉！我猛然抬起頭，看到了，真的是她，她在陽台上吹著笛子，風把她的衣襟吹得一拍一拍地響，長髮輕柔地飄了起來，她在笑，笑得好適意，好亮麗……我也朝她咧嘴笑了笑。她垂下手中的笛子，向我揮揮手，一臉的粲然，然後款款地返身步入了屋裡……。

　　我亢奮極了，衝下樓要告訴媽媽，告訴小傑，可是樓下客廳裡，李媽媽的大嗓門卻尖銳地傳了上來：

　　—— 怎麼就這樣死了，這麼乖巧的一個女孩子……

　　—— 其實先天性心臟病也不是什麼絕症，怎麼就這樣不注意……

　　—— 可憐謝家就這麼一個女兒，以後該怎麼辦才好？

　　我覺得自己像混沌中被人從背後狠狠地擊了一掌，我只有倒
下，只有倒下，不知招架也不能招架。我更像個靶，直直地立在
空濶的大地上，四面八方的箭無情地一枝枝疾射而來，心上插滿
了千千萬萬枝的冷箭，可是我卻不能喊聲痛。我的嘴唇苦澀地牽
動了一下，不知道該哭還是笑。窗外的世界一下子變得好小好小，
幻幻渺渺的……。

　　沉沉的夜，沒有風，沒有蟲鳴，也沒有滿天繁星的閃爍，模
糊的淚光裡，我看到的，只是落了一地的茉莉花瓣，和我十二歲
時的初戀。

　　八年來，謝家早已搬離了這條街，到了台北，院子也成了人
車頻繁的馬路，但那輕輕揮動的手勢，那燦爛明亮的笑容，常常
我仍記起。它不是個故事，它是我生命中一頁真實的記憶。也許，
在那童稚的相互心靈中，我們之間曾經有過些什麼，或許是「愛」
吧，但我不清楚，畢竟，那時候年紀太小了呀！

週 記

　　星期六的早上，陳翔坐在教室裡怔怔地出神，公民老師正以一貫平靜的語調，心不在焉地講著人權、民主及現代公民對社會的責任與義務，他不是不專心的學生，只是，內心的忐忑不安令他無法集中精神，憂懼的目光，不時朝導師辦公室望去。

　　每個週末的最後一節，是班會時間，導師習慣在第三節快馬加鞭地批閱週記及書法，八十幾本簿子，能在半小時內全部解決，並且迅速地一一發還。開學快二個月了，導師很少會因為週記上同學的反映，而利用時間與同學約談或開導，或許，老師的工作很忙吧，陳翔不得不這樣安慰自己。

　　──週記，是各位表達意見的最佳園地，舉凡對班上，乃至對學校的種種，大家都可以提出個人的建議，好的意見，我甚至會在開會時，提議給學校相關單位研究，因此，各位可以儘量把內心的想法寫在週記上，我一定會仔細批改的……

　　陳翔想起了導師開學時說的一段話，因著這段話，他內心的不安稍微減輕了些，相信老師會有這個雅量接受他的建議的。這兩個月來，導師上課常遲到早退，批改作業也草率馬虎，他幾番

深思，覺得自己有必要利用這個和老師唯一溝通的園地，婉轉進言。於是，在猶豫了許久之後，他謹慎寫下：

　　── 能不能請老師按時上下課，因為我們很珍惜和老師相處的一分一秒，總希望能多聽些課。

　　── 書法作業能不能給我們提供些意見，以便改進，如果只是批個「閱」字，我覺得幫助不大，沒有效果。

　　這篇週記花了一下午的時間才完成，字斟句酌地修改令他心神疲憊，但是，他相信開明的導師應該不會責怪他才是。陳翔在這樣的沉思中，捱到了第三節下課。

　　── 陳翔，導師找！在辦公室！

　　鐘聲一響，就有一個同學進來喊，不尋常的「召見」，令他悚然驚心，莫非……硬著頭皮，在其他同學訝異眼光的注視下，他走出教室。

　　也許，老師是看了週記，要再聽聽他的意見吧！他勉力使自己鎮靜些，並且腳步加快。當他站在辦公室門口，準備大聲喊報告時，突然間不禁噤了口，因為他看到，導師桌上正擺著他的週記，只不過，那一頁的建議已被撕成碎片，而且，老師正目露凶光地用力搓著藤條，臉色鐵青地瞪著他……

生日禮物

一、

　　壁上的鐘已敲了三下，我伸伸懶腰，打了個大哈欠，桌上堆積如山的課本、參考書一下子模糊起來。

　　夏天的夜裡靜得出奇，陣陣涼風拂過窗櫺進來。

　　半個月來的徹夜苦讀，臉上發了幾顆豆子，右頰上有顆頂大，用手指按一下，還隱隱作痛。我起身，做了二十個伏地挺身，然後到浴室洗把臉。

　　龍頭的水嘩嘩地流著，我扭乾了面巾，仔細地擦拭著。

　　「這次一定能贏過她了！」

　　水不斷地流入漆黑的水管中。

　　躡著腳回到房間，重新攤開紅藍交錯的地理課本和高一時買的「最新地圖」。

　　「上次考試，竟然輸了她五十多分！」

　　他媽的，這隻蚊子纏得真緊，老在我腳邊嗡嗡地打轉。

　　「還有，那可惡的陳志豪！」

我得想個辦法一巴掌下去才行，竟然飛到我頭上來了。

「他總是向我炫耀她寫給他的信，哼！什麼了不起！」

嘿嘿，飛到地圖上了，還在太平洋的上空翱翔呢。

「只要這次考試勝過他們，他們一定會對我刮目相看，到時候……」我彷彿看到了陳志豪那咬牙切齒、一臉不服氣的模樣，還有她那嘴邊永遠漾著的淺淺微笑，可是對我衷心的讚賞？我不禁得意地笑了。

「啪」一聲，我的掌心裡一片血肉模糊。

「好肥的蚊子！」我用手輕輕地便把牠彈得老遠，一灘血紅滯留在太平洋上了。

看看鐘，已經三點半了。

「不要做夢，好好用功，聽到沒有！」我命令自己。

咦，怎麼又來了一隻？大概要復仇。

「一、二隻算什麼，太平洋大得很！」我密切地觀察牠的動靜，耐心地等待著……。

二、

和阿富跳過牆來，斗大的落日便掉到山後頭了。

整個天空紅通通的，有幾片雲絮像是黏貼在天上，一絲一絲拉得好長。

吃完剛出爐的熱起司，我們滿足地在大榕樹下休憩著，古老盤錯的樹根旁，是我最喜愛的地方。風起的時候，長長垂掛的藤鬚便翻飛得要上天，每次看著，我就會無端生出一股大志來。

「阿富，今天陳志豪怎樣？」

「老樣子，很認真地在看書。」

「那 —— 她呢？有沒看到？」

「看到了，在福利社。」

「什麼時候？」

「下午第二節下課，我去買冰時看到的。」

「她一個人？」

「和李碧娟在一起。」

「哦。」

夜暗漸漸從四方湧上，我們拍拍褲上的塵土，慢慢踱回圖書館。

昏黃的燈光下，一群人，頭埋得好深。小小的空間竟容納了如此多人，我不禁感到些許的訝異和害怕。

阿富在背狄克遜，我則把今天隨堂考的試卷拿出來，國文考了九十八分，數學卻只有六十幾，真是叫人灰心。唉！都怪自己不該為了學校的刊物而忽略了功課，現在也不知要如何來收拾這爛攤子才好。

「怎麼了？」阿富壓低了嗓子問。

「沒什麼，只是 —— 想放棄數學。」

「放棄數學？」阿富臉上倏地閃過一絲詫異。

「要是放棄了數學，你就等於放棄了她了。」

「可是 ——」我低著頭幽幽地說：

「從高二開始，我就很少看數學了，那陣子，你也知道，我大部分的時間都花在那上頭，嗳，早知如此，我就不該接下校刊主編的職務。」

「其實，現在看還是來得及的。而且，你也不能全怪校刊，你若沒當社長，你就不可能認識每班的編委，也就不會認識她

呀！」

他笑了笑，又低頭背他的狄克遜了。

窗外，星星一顆顆地亮了，可是，卻有一顆小星，遙遠地掛在天邊，幽幽地發著冷光，好淒寂，好微弱。

三、

走出省立醫院，蛛網般的陽光纏得我滿頭滿臉。

才十天而已，班上已有二人連續住院了。

我一直揮不去振維那張死白的臉。那真是一場夢魘：才吃著中飯，突地就倒下，抱著肚子直嚷痛，飯菜灑得滿地都是，大家手忙腳亂地抬他到醫院，幸虧醫師及時手術才保住了一條命。

病中的振維一直念念不忘下月初的考試，我的安慰並不能減輕他心中的焦慮和緊張。離開病房時，我還清楚地聽到他再三的叮嚀：

「我一定要回去考試，你告訴老師，我不會耽誤功課的，真的！我要參加考試……。」

校園裡，夾道的杜鵑正開得艷盛，滿滿的花朵壓得枝梗都彎了，我隨手摘了幾朵，是要減輕它的負擔？我突然笑了起來。有些花瓣仍曲縮在花托裡，一種欲語還休的味道。

「難道，花的一生就只為了那短暫綻放的鮮麗嗎？」我思索著。

又來到公佈欄前，我停下腳步。上了高三，我幾乎每天都來。上頭還是那醒目的幾個黑字 —— 好熟悉，但對我卻又好陌生，好遙遠 ——

第一名：三年六班汪宜秀。

　　第二名：三年十班陳志豪。

　　第三名：………。

　　我小聲地唸著，重覆地唸著，我的拳頭握得好緊好緊，我看到了他們雙雙上台頒獎時的歡欣神情，他笑了，她也笑了。

　　他們是「門當戶對」的！他們是相配的！他們還通信！

　　我試著壓抑住內心的激動，但 —— 我竟然流下淚來，每次都這樣，我有些恨自己的無用了。

　　「我一定要努力，我要趕過他們！」我大聲地、堅定地告訴自己。

　　回到教室，同學們大多安靜地在看書，專心準備即將來臨的考試。我的出現，並未引起多大的注意。第七排的阿昭則趴在桌上，睡得死熟，口水都淌了一灘。

　　我輕輕步上講台。

　　「嗯，各位同學，」我清了下喉嚨，說道：

　　「對不起，打擾一下，剛才，我到醫院去看過振維了，他還好。」

　　同學們都仰著臉注視著我 —— 除了那睡死了的阿昭。

　　「振維的家境，大家也清楚，他能到學校求學是很不容易的，而這次，他因為胃出血入院治療，這是需要一筆龐大的費用的，以他的家境，恐怕一時難以負擔。」

　　同學們似乎領會了，但我仍試圖使自己的聲音變得更動人些。

　　「我希望，不管多少，大家都能拿出些錢來，幫助他渡過這次難關。我們能聚在一起讀書，這份友誼是很難得的，希望大家……」

　　「我捐二百！」阿富不等我說完，已從口袋裡掏出錢來了。

「我捐一百！」

「我也一百！」

同學們都紛紛響應著，大家自動走了出來，把錢放在講桌上。

阿昭不及抹掉嘴角的口水便跑了出來把錢往桌上一放 —— 五百。

「給振維買奶粉！」他正經地說。

我對他一笑，他也靦然地衝我一笑。

總務和我把桌上雜亂堆積的錢仔細的整理一番，超出了我的預算很多，我一時竟不知要如何對他們開口稱謝。

至此，我才知，聯考的壓力並未使我們分開，反而把我們這群年輕人結合成患難與共的朋友，我們的心仍是如此的相似與接近，這份純真的友誼，我將永遠地珍惜它，並且驕傲地擁有它！

只是，我仍不明白，為什麼聯考卻使得我與她之間的距離隔得這般遙遠呢？

四、

這等大的風竟是許久不曾有了。

操場上起了一天的飛沙，打得人要睜不開眼來。

我瞇著眼，抱緊了手上三十幾本的週記。

「該有十多人沒交吧！」

我邊走邊想著待會兒要如何向老師交差。

長廊前的一行杜鵑，落了滿地，刺眼的殷紅與艷白，大大小小，堆得像個萬人塚。

枝頭上只剩一些花苞和幾朵猶帶嬌顏卻缺了花瓣的杜鵑在強風中孤傲地挺立著。

「怎麼才盛開，就讓風給吹了去？」

我心裡納悶著。

「報告！」

「進來！」

班導很親切地接過週記簿。他並未問起，這讓我心安不少。

「最近有沒有好好讀書呀？下週二就要考試了，你準備得怎麼樣？」班導很關心的問。

「我的數學底子不好，準備起來吃力些，其它的科目，還要再看幾遍才行。」

我知道班導對我期望甚殷，他今年才調到這裡，對學校情形還不太熟悉，因此，他非常倚重班長，常常找我來商量班上的事。

「好好用功，看能不能擠上前幾名！」

班導拍拍我的肩，定定地看著我，我一時覺得，這關切像個沉沉的枷，壓得我要喘不過氣來，但 —— 我不會辜負他的期望的。

「我會考得很好！」我心裡暗暗發誓著。

走出辦公室，風勢似乎弱了些，天空也較亮麗了。

走到公佈欄前，這次，我是很興奮地在看著了。因我知道，再一個星期，這上頭的名字就要換人了，我有信心，這次考試一定能拿第一！到時，我的名字將和她並列在一起，至於陳志豪嘛，嘿，他要「落榜」了，他是笑不出來了！我幻想著那一刻來臨時的光耀。

「正恆！」

阿富怔怔地看著我，我倏地打斷了我的思緒。

「怎麼搞的，叫你也不應人！」

阿富埋怨地說：

「又在看公佈欄了？」

「嗯。」我用力地點點頭。

「告訴你一個好消息。」

「什麼好消息？」

他臉上一派神秘兮兮，像個情報販子。

「呃 ── 這對你，可是個機會哦！」

「別賣關子，有話快說！」

阿富最愛吊人胃口。

「好好好，我說 ── 」

他故意將聲調放慢，一字一字清楚地說：

「昨天，我從李碧娟那兒打聽到的消息，汪宜秀的生日是這個月的十七號。」

「真的？」

「騙你不成！我告訴你啊，你最好是去買件生日禮物送她，這樣一來，你就能先 ── 馳 ── 得 ── 點啦！」

他不但是個情報販子，還是個獻計的軍師呢！

「好是好，買什麼呢？」

「放學後，我們一起到文具行去找就行了。」

這倒是個好消息，陳志豪一定料想不到，我會送她生日禮物。好招！阿富。

一對金筆 ── 是我和阿富湊了錢買的。阿富直說「交友不慎」。

不知她會不會喜歡？接到了會如何想？

算算日子，恰好是考完試後，只要這次考試，我拿了第一，她一定會很高興地收下禮物，並和我作朋友的。

對！就這麼辦！

看著擺在書桌旁包裝精巧，閃閃發光的對筆，扭開了檯燈
──

我要用功了！

五、

漫長慵懶的夏日午後總叫人愛睏。

陽光烈得很，風卻一絲也沒有。

午睡時間，大家仍揮汗苦讀，應付下午的歷史，一張張的臉，總覺有一絲缺少陽光的蒼白。

早上考得不錯，只錯了幾題，一個月來的埋頭苦讀算是有了代價。

陳志豪一定考不好，我看到他吃中飯時一直悶悶不樂，有時還捶著桌子，責罵自己的粗心。

阿富在後頭專心地演算三角幾何，他的數學一直很好。

想到數學，心裡就蒙上一層陰影。陳志豪的數學好，明天該是他的天下了。

「振維回來了！振維回來了！」

阿昭的大嗓門從老遠就送了過來，我起身出去，果然看見喜孜孜的阿昭正攙扶著振維遠遠地從長廊那端走來。

久違了！振維。

同學們高興地嚷叫著，紛紛跑到教室外頭。看看天空，蓬蓬的白雲在晴空裡飄著，我驚視廊道旁奼紫嫣紅的杜鵑，今天，也許是個好日子吧！

鐘聲響了，大家急急地進入教室。沙沙的筆聲在答案紙上寫

下了一分一秒，時間悄悄地在學生的忐忑中逝去。交完卷，阿富已在外頭等我一會了。

「考得如何？」

「還好。」

圖書館裡仍是座無虛席，阿富用課本先佔了二個位置。我們還是到大榕樹下吃剛買的熱起司。杜鵑的喧嚷已隨日落盪沉了，淡淡的花香浮在夕陽餘暉裡。

「阿富，你知道這次考試對我的重要性嗎？」

「我了解。」

「上次，數學輸了陳志豪二十多分，只怕這次……。」

「你的數學是該好好補一番了。」他還不知我話中的含意。

「我想，明天考數學時，你幫我，讓我贏他一次，好嗎？」

夜裡，整個學校很是空盪幽靜，滿天已綴好了璀璨無比的星斗，一顆顆明迷的耀亮著，像是一次次的等待。在周遭一片廣漠的黑暗裡，我突然覺得，圖書館的燈火輝煌，是一種相當遙遠的存在。

六、

好不容易才擠上車，一股刺鼻的汗臭味混著濃艷的香水味嗆得我要作嘔。額頭上些許的汗水隱隱沁出。我用手輕輕按著書包裡的那對金筆，吸口氣，挺直了腰桿，像個精神飽滿、即將出征的戰士。今天這決定性的一戰，我將盡全力奪得勝利！

下了車，穿過正門，迎面就是公佈欄，我笑著匆匆瞥了一眼。

考試的時間快到了，我把一些重要的數字再過目一次。後面的阿富輕拍了下我的肩，我示意地點點頭。

「阿富，謝謝你。」我心裡感激著。

「起立！」「敬禮！」「坐下！」

糟了！是班導！我心頭忽地掠過一陣不祥的預感。他把考卷依次發下，大家急急地寫了起來。他靜靜地靠在第七排前的窗戶旁，低著頭在看報紙。

「他一直很信任我們班的。」我心裡暗自慶幸著。

外面的天空很低，雲朵就在窗外那一片松林上。

阿富由桌下傳了一個小紙團，我迅速地接過。覷著眼看了下班導，他似乎很專心地在看報。我小心地用手支著頭，裝作沉思狀，另一手則慢慢地將紙團打開。一顆汗滑溜過背脊，汗水啪嗒落了下來，才知道自己已滿身大汗，有些數字甚至讓手的濕氣濡染得模糊了。我覺得腦袋又沉又重，脖頸後更酸得很，怕是昨夜裡扭著了。

我繼續用手掩護著。濕淋淋的汗水黏在身上癢癢的，很不舒服。

「第六題他也不會？」我焦急地想，頭上的汗更多了。

「啪！」

我右頰上一陣熱痛，突然間天旋地轉起來，眼前只見一片暈黑。空氣刹那間凍凝住了，同學們都驚怕地抬起頭來，班導龐大的身軀矗立在我桌前。

「當什麼班長！還作弊！」

他的臉因氣極而抽搐著，潮汐似的頭痛陣陣襲來，一陣撕裂的痛楚燃燒在我胸膛，他氣吁吁地將我的試題紙撕碎，揉成一團，扔到垃圾桶裡。

「交卷！」他一臉森然地喝道。我呆住了，只覺耳朵嗡嗡作

響，腦中一片零亂。站起來，把答案紙放在講桌上，收拾好書包，走到教室後頭，拿下我的帽子，戴上，我回過頭來，嘴角苦澀地牽動了一下，不知道是哭還是笑，想要說什麼，卻又嚥了回去。同學們都停下了手中的筆，驚詫地注視著我。

我看到了，我看到陳志豪那陰險地嘲笑，真的，我看到了！背過身去，我極力地把翻湧上來的淚水哽回喉嚨，我的意識已零碎得湊不出個完整的片斷來。麻木地走出教室，細碎的陽光灑遍了我全身，我有一種嚎哭的衝動。

杜鵑花呢？怎麼一朵都沒了？

「當什麼班長！還作弊！」

陳志豪，你笑什麼！

我走到了公佈欄前。

她一直都是愛笑的，很美的笑。

「第一名：三年六班汪宜秀

　第二名：三年十班陳志豪……」

我拿起了書包，對準了公佈欄，用力地砸！用力地砸！課本、參考書散得一地都是，四周的人愈來愈多了。

突然間，我怔了一怔，我看到 ──

滿地千萬的玻璃碎片裡，靜靜地躺著：

一對金筆。

六月三十那一夜

七點三十分

「沒想到，時間過得真快，今天已經六月三十了！」

小游把參考書闔上，閒閒地轉頭看著我。

「明天就要考試了，你緊不緊張？」

「有一點，不，滿緊張的 ── 」

小游輕輕笑出聲，不懷好意，卻也沒有敵意，我不用抬頭，也彷彿能見到他那雙胸有成竹的篤定眼光，畢業前四次的模擬考，已經預示了他將是本校參加此次聯考最有希望考上 T 大的高材生，而他自己也是如此充滿著自信。

「不要緊張，兩天一晃就過去了，讀了三年，所謂養兵千日用在一朝，臨陣再磨槍，已經來不及啦，好好養精蓄銳，準備明日一仗，才是真的！」

狹仄的房間，一張木板牀及書桌已經顯得侷促，現在又塞進一個小冰箱，一張躺椅，實在連轉身的餘地都沒有，而小游高亢的聲調使房間溫度立刻提高了幾度。老舊的風扇在天花板上吃力

地旋轉，嗡嗡的聲響震得人心惶惶。我深呼一口氣，將國文課本收起，換上歷史。

「你一點都不緊張嗎？」我怯怯地問，想起這次老 K 安排我們三人住到他姨丈家，從桃園上台北的時候，老 K 因為抱定主意要重考，所以只帶了一套《鹿鼎記》，而小游也僅帶了幾本筆記和參考書，因為大局在握。只有我，將高中三年所有的課本、講義、參考書，總共五十幾本全都裝入行軍袋中。上車的時候，車掌小姐用狐疑的眼光瞧著我，而老 K 和小游更是笑得直不起腰。

「拜託，你真的是要去打仗呀！」

我只好訕訕地朝他們苦笑。

「不會啊，該看的都看完了，盡了人事，天意自有安排，緊張也沒用。」

小游說完，走到陽台邊，伸伸懶腰，果然是一副氣定神閒，像空城計裡的孔明，大敵當前依然談笑風生。

我拿起歷史第二冊匆匆複習著。

八點零五分

「各位，各位！剛才新聞報導，今年的考生超過十萬人，預計將有三萬人可考取，其餘的七萬人，嘿嘿，自求多福！」

老 K 像一陣風似地推門進來，客廳裡的冷氣突地流竄而入。

「早就知道啦，每年都差不多是這樣，三萬人上天堂，七萬人下地獄，還用你來報導！」

小游開玩笑地一拳揮過去，老 K 趕緊蹲馬步，擺開架式準備還擊，卻還是招架不住，肩膀被點了一下。

「糟糕，我的穴道被你點了，全身動彈不得，一時三刻，是

不能解了，這樣吧，明天我無法赴約，就勞駕二位代兄弟去吧！」

我和小游頓時被他一本正經的答話給逗笑了，房間內令人窒息的氣氛一下子如雪化融。

「還有，李豔秋說，希望所有考生不要緊張！我聽她的 —— 一點都不緊張。」

老K自我解嘲地聳聳肩，然後轉身拍拍坐在書桌前的我：

「還沒看完呀？soldier，真佩服你，俗語說，不經一番寒徹骨，哪得梅花撲鼻香，看樣子，這場仗打完，你一定升梅花的！」

「你還是坐下來，複習一下吧，我書借你，搞不好能撈到一個學校唸唸。」

「算了吧，我自己有多少本事，自己一清二楚，明年再來啦！倒是你們兩個，上了天堂，可別忘了仍在地獄中水深火熱的我，沒有我當你們的墊腳石，你們還不一定爬得上去呢！」

老K說完，往牀上一躺，專心地練起韋小寶神功來。我和小游對望一眼，無可奈何地搖搖頭。

九點十分

「休息一下吧，別老是悶著頭，這樣複習法，還沒上考場，人就垮下來囉！」

小游偎在躺椅上有點無聊地提議：

「聊一下天嘛，怪沈悶的，呼，好熱的天氣。」

我打開冰箱，丟給他一罐舒跑。

「我也要，來瓶汽水。」

老K逮著機會，放下武功祕笈，興致高昂地坐起來。用力一扯拉環 ——「銘謝惠顧」。

「也好，銘謝惠顧，至少，我來過了，我沒有拒絕聯考，是聯考拒絕了我。」

「好啦，別洩氣了，明年捲土重來，說不定你是Ｔ大榜首。」

老Ｋ一聽，酸溜溜的不是味道，一拳舉起又要伺機突擊，小游連忙討饒。

「別鬧了，說真的，不知其他同學現在怎麼樣？準備了那麼久，就等明天，想起來，心裡還真有些害怕。」

「嗯，記得畢業典禮那天，導師說，還有十一天，好好利用，還大有可為，現在一眨眼，只剩下十一個小時，當然啦，我是還有三百六十五天又十一個小時，不過，奉勸二位，好好利用，譬如作個小抄什麼的，還是小有可為哦！」

看來老Ｋ是真的要和這場決定性的戰爭畫清界線、置身事外，也許，我該學學他的豁達。畢業典禮那天，導師的一番話，的確給了我很大的激勵，他單獨在辦公室對我說：

「不到最後關頭，誰也沒把握一定考得好，但是如果不把握最後的衝刺，卻可能馬失前蹄，不能不謹慎，唯有堅持到底的，才是最後的勝利者。」

因著這番話，我堅持到現在，但是，我實在沒有多大信心，尤其是看到小游，和想到唐婉的時候。

唐婉，這個扭轉了我整個高三學習情緒的女子，此刻，該也在默默Ｋ書吧？或者已經沈沈入夢了呢？

一年前，當她白衣黑裙的身影突然變成我日思夜夢的畫面時，我才發現自己竟完全變成另一個人。曾經的不經心，好像突然都清醒過來，迷糊了許多日子，第一次覺得自己的眼睛閃亮有神，是什麼力量改變了我？我開始專心凝志的聽課，並且獨自搬

到四樓上的一座蘭花房裡，發憤苦讀。小游是班上第一名的盟主，他總是趾高氣揚地將他的智慧充分展現，有一次，他寫了封文情並茂的信（我不願說這是「情書」）給唐婉，沒想到一向矜持的她竟然很快就回信了，而且，我開始看到他和她一起上圖書館的背影。那一度我是沮喪的，但是我很快就振奮起來，畢竟，鹿死誰手猶未可知，暫時超前，並不代表著將一路領先，我如此安慰自己，只是，每次我在書桌前對著鏡子給自己打氣時，聲音微細得幾乎連自己也聽不清。而每次站在圖書館外，我總是用力地握緊書包背帶，用一種孤獨、悲哀，及略含憤怒的眼神靜默地注視著他們⋯⋯

「哎，幹什麼這樣瞪著我看？」

小游突然用手在我眼前甩了甩，好奇地打量。我嚇了一跳，趕緊收回思緒，才察覺到他們兩人正怔怔地看著我，我不禁啞然失笑，立即端正坐好，攤開課本，做最後重點式的瀏覽。

「這叫靈魂出竅，有時武功練到最上層，也會有這種本領，別看他坐在這裡，靈魂已飛到別處，也許正在闈場內，正在抄題目跟答案呢！你憨憨，不知道！」

老 K 宛如道行高深的江湖前輩，經驗幽豐富地對小游說。

十點整

我打了一個長長的呵欠，汪出些淚水來。課本上的字愈來愈模糊，有的甚至扭曲在一起，變成吐舌舞爪的魍魎。十萬隻綠眼邪惡地朝著我冷笑，我倦了，再也抵擋不住牠們的攻勢。眼皮重滯如山，頭腦一片混沌，但是在內心深處，卻好像還有一種聲音，在尖銳嘶喊著：不能睡，不能投降，要堅持下去，堅持下去──

「來，你們三個，吃豆花吧，消暑解渴。」

老 K 的姨丈笑盈盈地端了三碗冰豆花進來。

「謝謝！」

「吃完早點休息，別太晚睡，明天才有精神。」

門輕輕關上，老 K 立刻搶喝起來。

「哇塞，士林豆花，一級棒！等考完試，我們一起去大吃一頓，什麼綠豆、花生、粉圓的，通通來一碗！」

我用湯匙攪動著碎冰，想起了士林夜市，和那所女子專校每天下午放學時盛況空前的人潮，密密麻麻的像螞蟻出巢，整條中山北路波濤洶湧，水洩不通。竟然會有這麼多學生，那一回，我簡直看呆了。而明天，十萬考生競技的日子，不知又是一種什麼場面？

「小游，你考完想做什麼？」

「等放榜啊！我爸媽連鞭炮都預訂好了，十串，要放得整條街的人都出來瞧，誰家的孩子這麼行，考上了大學，而且是國立的！說實在，辛苦了三年，哪個人不是希望在那一天揚眉吐氣？想一想，紅色鞭炮花屑漫天紛飛如雨，家人笑得合不攏嘴，你像凱旋的英雄，接受眾人的歡呼，那滋味多正點！」

老 K 聽完意味深長地點點頭，眉睫一陣深鎖。

「我是不行啦，別說鞭炮，我連補習費都沒著落，考完試，我要去打工，賺一年的補習費，然後，像悲劇英雄一樣，告別故鄉父老，單槍匹馬直奔南陽街！」

我呢？別問我，我不知道。真的。

唐婉，對了，唐婉，考完以後，我要去找她，告訴她，我考得不錯，國立應該沒問題 ——

不，該說，雖然今年考不好，但是我絕不氣餒，明年我會一鳴驚人的！不對，不對，要讓她知道，我一直偷偷地喜歡她，這一年來，我每次都在升旗時，看她的背影，當她上台領獎時，我鼓掌的手都痛了，當她突然回頭，我竟然慌亂得手足無措……

「他又『阿達』了。」老 K 指著自己的腦袋對小游說。

「好啦，兄弟們，親密的戰友們，我們準備熄燈吧！十點準時就寢，明天六點半起牀。不睡飽一點，連猜都不會猜，就慘了。」

「睡了，睡了，會上的怎樣都會上，不會上的怎樣都不會上！徒勞無功，掙扎無用。」

小游一邊洗臉一邊口中振振有詞。我只得把英文參考書收進行軍袋中。老 K 把鬧鐘調好，整個人癱在牀上，一臉無憂無慮的喜氣，倒像明天是去郊遊似的。

「對了，再檢查一下准考證在不在，要不然，明天警車會替你開道，嗚嗚嗚，威風八面。」

老 K 說完哈哈一笑，翻身就要睡。

「啪」的一聲，小游把燈關掉。

十二點整

燈暗了，暗得很深很深。

我又看到了一雙綠色的眼睛，玻璃綠的眼珠炯炯有光，從黝深的黑暗裡直直射向我。

「怎麼辦？」我對著浴室裡的鏡子自問。

他們兩人都已呼呼睡去，過分的自信及過早的放棄同樣安詳的臉孔。

睡不著的人，為何偏是我？這半年來我不懈地埋頭苦讀，常

常在頂樓的蘭花房間內，從黑暗讀到黎明，直到遠方雞啼傳來，破曉的初明灑在窗櫺上時，我才下樓去小寐一會兒，然後再鬥志高昂地去上學。但是，這一週來，我早已恢復原先正常的作息了呀！

我從行軍袋中抽出畢業紀念冊來，躲進浴室裡，就著微弱的燈光翻看著。才幾天而已，冊緣已有些磨損了。我閉著眼也能清晰看到，唐婉在墾丁公園觀海樓前那嫣然的一笑，青春、亮麗，黑黑的髮被海風一吹，優雅地揚起。在高雄夜市，我跟在她和一群女同學的後面，聽她們嬉笑的聲音，唐婉的高身兆與搶眼，在如潮的人海裡，像五彩繽紛的遠帆，而我，是岸上欲追的少年。

總也是落空。

准考證夾在這一頁，我不會忘記自己對著照片立下的誓言：不考上國立大學，絕不見她！

可是，任我再有充分的準備，精神不濟怎麼辦？老天，我愈強迫自己入睡，就愈睡不著。

看書吧！

把袋子提進浴室，坐在馬桶上，再拿出參考書。花花綠綠的印刷，加上自己畫的重點，每一頁都像心事，理也理不清。頭上一盞暈黃的燈泡，微微豔紅燃燒著。

燃燒，如果能夠，我要把過去的世界一把火燒盡，乾乾淨淨地離開。

升高三的暑假，我突然厭倦了千篇一律的生活，更對愈積愈高的課本、參考書感到忿恨，我的數學糟透了，可是我的數學參考書最多，不知道為什麼，好像參考書愈多，信心也會增強。那天下午，炎炎的日頭燒得我心一把火，加上實在忍受不了這種無

形的壓迫，我把所有的課本、參考書、講義、筆記，通通用一個大麻袋裝著，騎腳踏車載到學校的焚化爐旁，然後，找一張椅子坐下，開始「焚書」。

我一頁一頁地撕，丟進熊熊熾烈的火堆裡，看白紙黑字一個一個捲曲、變形、膨脹，然後噗的一聲裂開、著火，我竟然有一股莫名的激動，不是憤怒，是喜悅。

殷紅的火光映在我臉上，從下午三點直燒到晚上七點。路過的同學，有人說我是神經病，有人豎起大拇指誇讚，像老 K，他連忙也回家拿了一些書來燒。我無動於衷地繼續我瘋狂的「壯舉」。

「我只是，一株被壓抑太久的樹苗，想撥開罩在我頭上層層的黑霧，尋求一點呼吸的空間，你懂嗎？」

老 K 似笑非笑地，一臉認真地點頭。

怎麼會有這種怪念頭，老 K 的心裡一定在懷疑，其實，我現在也懷疑，當時的勇氣哪裡來的？把陳舊、沈重的包袱一舉拋開後，我覺得肩上的重量突然減輕了。第二天，我上台北，又去買了一套新的課本。晚上，我打開乾淨新穎的課本時，一股重新出發的勇氣從我內心源源不斷地湧出。我覺得自己是個全新的人。

如果，不喜歡的課本，可以丟開、燒掉，再買一本新的。那麼人生呢？

一隻蟑螂在牆角緩緩爬動，長長的觸鬚不停地探索，邪惡的身體在寒亮的瓷磚上。我拿起脫鞋，悄悄的等牠過來 ——

凌晨四點五十分

房間內已不再那麼悶熱，有涼風從陽台上吹來，外面的世界

雖靜，卻不時有車子急馳而過的呼嘯聲，台北的夜，是不眠的，而我，好睏好睏。

躺在牀上，熟睡的老K將腿大刺刺地伸到我身上，推開之後，我又無法忍受他驚天動地的鼾聲，只好下牀，趴在書桌上睡，不一會兒手就麻痛不已，而躺椅上，小游的胸膛極規律地起伏著。

走到陽台邊，眼睜睜看著無星的天空。何止是緊張，我簡直畏懼得想哭，我真恨自己的沉不住氣。

「那一年，聯考的前一天，我緊張得要死，一整個晚上都沒睡，第二天，迷迷糊糊地上考場，在考場附近的雜貨店，我買了四瓶康貝特P，因為以前熬夜，我也曾喝過，喝一瓶可以讓我提神一個小時左右，於是，考一節喝一瓶，下午那一科是兩點才考，因此要喝兩瓶，而且，還不敢光明正大的喝，怕人家看了會笑，偷偷躲進廁所裡，關起門來喝，那種滋味真是令人難忘。結果，好不容易考完第一天，沒想到，七月一日晚上又失眠了 ── 」

我記起一位老師的切身經歷，那時覺得好笑的事，現在卻降臨在我身上。

「第二天，我又買了四瓶，一樣，考一節喝一瓶，考數學的時候，飲料的效力不夠，我差一點就睡著，趕緊交卷，就這樣度過我的大學聯考。我想，考完試了，不緊張了，晚上該可以好好睡一覺吧，沒想到，七月二日晚上我又失眠 ── 」

全班同學嘩的笑成一團。

「為什麼，你們知道嗎？」

「考不好，太傷心了！」

「不是，完全相反，你們知道，一考完試，補習班馬上就有解答，我拿報紙一對，發現自己考得很好，不僅國立沒問題，搞

不好還 T 大，竟興奮得又失眠！唉，七十二小時，你們沒嘗過不知道那種辛苦，我發誓只要有學校唸就絕不再參加聯考了 ──」

我的喉嚨乾澀，連一絲笑意也擠不出來。到底為了什麼我會如此緊張，是光耀門楣？不辜負師長期望？還是唐婉？

國文、歷史、英文、數學、地理、三民主義、作文、方程式，正靜靜地躺在行軍袋裡，也重重地壓在我身上。只要能睡一小時也好，我忍不住向上蒼祈求。

涼風陣陣，小游把毯子拉緊。我全身直冒冷汗、汗衫濕濡地貼在背脊上，豆大的汗珠從毛細孔中噴湧如泉，該有十萬顆吧，一滴滴地滑落，不知哪一顆是我，哪一顆是唐婉？

唐婉，妳該已沉沉入睡吧？再過兩個月，妳就是大學校園裡的新鮮人，小游說的：

「她一看就是大學生的臉。」

是的，長髮飄飄，椰林大道上的女孩，風很柔很柔地吹……而我呢？我好睏，眼皮快撐不住了，可是，腦中的思維卻熱騰翻動，片刻不得歇息 ──

「怎麼辦？」我又看到那雙綠色的眼睛，深邃的黑暗。我想，明天，不，應該說是今天，也該去買四瓶康貝特 P 吧！

台北的夜，不眠的我。該睡了，真的，好睏好睏……

娃娃之死

才步下公車，阿鍊便忍不住看了下錶，神情緊張地急急走著。紅磚道旁的小樹細弱不堪，只有樹葉幾片點綴在枯瘦的枝椏上，風一吹抖顫個不停，若即若離的很不安分。下班時間，和平東路上車輛穿梭往來，一片忙碌紊亂。他停下腳步，仰著臉順著一格格的紅磚路遠望，觀音山浴在黃昏的霞光裡，看著很不真切，遙遠模糊得像一個夢。街燈一盞盞亮起，黑夜就快要吞噬整個世界，天邊的落日卻兀自掙扎著，散放出縷縷微弱的昏淡黃光。

轉個彎，宿舍龐大的身影矗立在眼前，他抱緊手上的購物紙袋，匆匆越過馬路。

男女生宿舍共用一個大門，所以，出入口一直是宿舍的「黃金地段」，一個個盛裝赴會的男士，正耐心地鵠立等候著。阿鍊不禁想起同學之間開玩笑的一段話：「這些大學生整日在女生宿舍門口站崗，全是為了預官訓練作準備，可謂『用心良苦』」。有的人可以毫無倦容地一站就是幾個鐘頭，只為了和「他的她」說上幾句話或看她一眼，然後，心滿意足地回到寢室來大吹大擂一番；有的則是平日衣著隨便，可是，一到女生宿舍門口，就完

全變了樣，服裝畢挺、皮鞋雪亮，舉止斯文有禮，如即將蒙女王召見的忠心臣子般戰戰兢兢，不敢有絲毫大意。平常沒事，阿鍊總愛和三五好友，悠閒地靠在五樓寢室的窗口旁，指指點點地數落著下頭種種壯烈感人的事蹟，有時看到自己熟悉的同學也雜在「盛大的陣容」裡時，大家就會「轟」地一聲大笑起來，可是，阿鍊今天是不會想笑了，他的神情凝重肅穆，一副心事重重的樣子。

其實，幾天前他就開始悶悶不樂了，那是李蓮託人送信來的那天晚上，阿鍊正和同學高興地討論功課，看完了信，他突然闔起書本，一個人匆忙地走了出去，大家先是感到一陣困惑；可是，聰明的人已經猜到了：一定是李蓮！

宿舍熄燈前，他趕回來了，可是，卻滿身酒味，踉踉蹌蹌的步伐，使得一些在廊道昏暗燈光下開夜車的同學都抬起頭，詫異地看著他。他的臉扭曲變形得很厲害，一根煙叼在嘴角，眼眶紅腫，像是曾經痛哭過，寢室的同學連忙扶他上床，小鄧替他擦了擦臉，安慰的話他是一句也聽不進去，大夥兒見了只有搖頭嘆息。

知道阿鍊和李蓮交往情形的人不多，可是，任誰知道了，都會為阿鍊的痴心感動，為他的遭遇抱不平。兩年多的深厚感情，如今一旦要付諸流水，阿鍊內心的痛苦是可想而知的。

他輕輕推開寢室的門，悄悄走到五號床位前，將袋子放好。寢室裡只有老林一個人在看著報紙。

「其他的人呢？」他用毛巾輕擦著臉。

「都去聽演講了。」老林將報紙摺好擺在書桌一角。「我是晚上跟人約好有事，不然我也去聽了，曾老師講『愛的哲學』，很精彩的，值得一聽。」

「我也有事。」他趕緊看了下錶，六點半了。他忽然想起今

晚還沒吃飯呢。

「咦，你到百貨公司買東西呀？那麼一大袋。」老林注意到他桌上的東西，好奇的眼光使他頓時緊張起來。

「沒什麼，一件禮物。」他很快回答。

「那是什麼呢？」老林走前來問。

「是個娃娃。」他遲疑了一會：「一個洋娃娃，要送人的。」

「李蓮？」

「嗯。」

他把洋娃娃拿出，是個很漂亮的布偶，一雙大眼睛，手工極為巧細，娃娃臉上笑嘻嘻的，配件深紅色的衣裳，很逗人喜愛，看樣子恐怕價錢不低。

「送娃娃給女孩？唉，阿鍊啊，這年頭不流行這套啦！」老林扭開他那台剛買不久的錄音機，一個男播音員正用富有磁性的嗓子主持節目，介紹本週熱門歌曲排行榜的冠軍歌曲，節奏聲立刻佔據了整個寢室。

「這有特殊意義的，她一定會喜歡。」他低下頭。

「我老林呀，要送，就送真的娃娃，而且呀 ── 」老林壓低了嗓子，很詭點地笑了笑：「頂好是自己做的！」

阿鍊朝他瞪了下眼。

「哦，對了，你看過今天報紙沒有？」老林趕緊把報紙拿過來：「你看看，社會版頭條，這個王八蛋，竟然因為女朋友跟別人訂婚，就把他的女朋友殺了，又分屍滅跡，真是沒有人性！天涯何處無芳草嘛，何必這麼鑽牛角尖？你仔細瞧瞧，還是大學畢業的呢！夭壽哦！」

阿鍊看看，果然是真的：「感情真是害人的東西。」他不禁

嘆口氣，感慨的說。

「我要走了。」老林對著鏡子把衣服拉稱：「說真的，別再爲李蓮難過了，你就是傷透了心，她也不會知道的。她喜歡上別人，是她瞎了眼，比她好的女人多的是，你就看開點吧！」臨走前，他重重拍了阿鍊的肩膀。

他又是一個人了，孤孤單單的一個人。像那天夜裡，他吐了酒，穢物灑得一地都是，小鄧替他把毛巾敷上，又把地上抹拭乾淨，他昏昏沉沉地躺在床上，頭像爆裂似地陣陣劇痛，全身軟綿綿的，可是，腦子裡卻一直揮不去李蓮信中的每一字、每一句話，都像發酵似地膨脹著向他壓逼而來，他冷汗直流，他覺得口好渴，可是，沒有人知道，他像是沙漠中飢渴欲死的旅人，一個人在烈日下孤獨地等待死去。

他彷彿聽到小鄧走到窗口，對著女生宿舍咒罵李蓮，他想制止，可是，一點力氣也沒有，他只好靜靜地流淚，想著高中時代的李蓮，一臉清純，一雙眼睛又大又亮，眉睫老愛眨呀眨的，天真爛漫的李蓮。他也彷彿見到李蓮微笑著自遠方慢慢向他走來，但他來不及細看，卻又突然間消逝得無影無蹤，他想，李蓮是否已經離開了他的世界？他開始啜泣。

他永遠記得，冬至寒流來襲的那個清晨，他撐把傘走了一小時路到她家，然後，躲在廊柱後看著她出門、上車時內心的滿足，還有每天升旗時，在人群裡尋找她的焦急及放學後同乘一班公車回家的喜悅；他也記得，見到她和別的男孩在一起時的妒忌，和當看到她上臺領獎而自己卻在臺下鼓著掌時滿心的羞愧。當然，他也記得，當他後來告訴李蓮這些時，她臉上微微皺起眉頭輕嘟著小嘴的憐惜神情，這曾使他興奮了好久好久。

他嘆了一口氣，看著桌上依然對他微笑的娃娃，他不禁出神地想起高三那個寒假，他和李蓮相約在圖書館裡拼聯考的日子。有一天，李蓮的生日，他們縮著身子，坐在禮堂外的台階上，校園裡一片蕭瑟，寒風吹來刺骨的冷，落葉在地上不停地兜著圈子，他說要送禮物給她，而她卻堅持考上了大學再送，他想起了那天李蓮的話：

「我希望自己是個洋娃娃，不會長大，什麼都不懂，無憂無慮的，沒有痛苦，也不知道聯考，永遠有人喜歡，有人照顧……我真的很怕，萬一考不好，爸媽一定會很難過，老師、同學也都會對我失望……」

那天的景象在阿鍊的心中烙印下美麗的憧憬，那是他們第一次牽手，驀然而生的暖流剎那間湧上了他的心頭，甜甜的感覺使他忘記了寒冷，他怔怔地看著李蓮害羞低垂的眼睛，他知道自己是永遠離不開李蓮了。

他靜靜流下淚來，但他不願意擦拭，此刻，他寧願讓淚水輕輕流過臉頰，流過受傷的心，流過兩年來一點一滴的往事，這樣，或許能讓他疲憊的身心獲得些許的滋潤。

寢室漸漸籠罩在巨大的黑暗裡，阿鍊似乎並未察覺到周遭的變化，他仍像一尊石像般不動地呆坐著。窗外刺耳的喇叭聲不時傳進來，入夜後的宿舍外面，開始聚集了一群群的攤販，鼎沸的叫喊聲使他覺得不安起來。他拿起毛巾到浴室裡洗把臉，拾起桌上的東西，慢慢走到校園裡去。

整個校園靜靜的，杜鵑花早就謝光了，只有椰子樹聳直林立著，風一吹來便左右搖個不停。他想起了放榜時看到兩人都考上同一所大學的狂喜，他們瘋了似的到處遊玩、逛街、買東西、拜

訪同學，他們的幸運令很多人羨慕，而他們兩人的感情更令許多同學們津津樂道著。

籃球場裡有許多中學生在打著球，他站著看了一會，傳球時的叫喊聲及汗流浹背的情景，也讓他回憶起成功嶺上的種種。六週的訓練裡，李蓮的信是他精神上唯一的慰藉，也是力量的來源與依靠，他日夜期盼著能接到她的信，他總把信摺好放在上衣口袋裡，上課、出操、打野外、聽演講，他都帶著，即使是晚上熄燈後，他依然捧著信，微弱的月光下一字一句的讀著，他知道，只有李蓮的信，才能使他感覺到存在，而且，是很快樂的存在。

第一次下嶺外出，李蓮來探望他，他們遊遍了台中市，李蓮的美麗活潑，引來了不少路人欣賞的目光。在百貨公司時，阿鍊買了一件生日禮物送她，是一個裝飾得極為華麗的洋娃娃，李蓮忍不住一路上把玩著，高興得像個孩子。他看著她，心裡洋溢著一股說不出的幸福，他暗下決心，這輩子定要好好的照顧她。李蓮年輕漂亮的側臉翦影在水銀燈光下，顯得格外動人，而洋娃娃在她小手的撫摸下，也好像有了生命般，變得高貴起來。當火車緩緩駛離月台，李蓮一手抱著洋娃娃，輕輕地向他揮手道別時，阿鍊突然覺得李蓮和洋娃娃竟然是那麼相似，一瞬間他分不清楚自己是和李蓮告別還是那個洋娃娃？那種異樣的感覺盤旋在他腦海裡久久不去。

如今，他明白了，不管是李蓮，還是洋娃娃，都已離他遠去了，雖然，他並不知道究竟是為什麼。

阿鍊找了一個乾淨的石椅坐下，並且，把旁邊的石椅也仔細擦拭乾淨，靜候李蓮的到來。

李蓮果然依約從遠處漸漸走近，他把洋娃娃放在一簇矮灌木

叢後面。

李蓮紮了個馬尾辮，一件青格子襯衫配著略略泛白牛仔褲，頸上掛著一條項鍊，隱隱地浮現出光輝，這是以前阿鍊從未見過的，他心想，現在的李蓮果然不再是以前的李蓮了，白衣黑裙的李蓮是不會再回來了。阿鍊連忙站起，請她坐下，可是李蓮卻站在一旁，一臉的不耐煩。

「我信上不是寫得很清楚嗎？我覺得我們個性不合，難道你沒有這種感覺嗎？」李蓮不等他開口，急急的便說。

「可是，為什麼我們以前個性就合，現在卻又不合了呢？我只是想明白，究竟是什麼改變了妳？」阿鍊有些激動，脫了口他才覺得不該如此對她。

「這，我說過，這是我兩年來的感覺，我覺得我們並不適合在一起，早點分手對我們都好。雖然你不是我的男朋友，可是你仍然是我的好朋友呀，我們比較適合做好朋友的，請你相信我，這是我的真心話。」

相信？她已喜歡上別的男孩了，這才是阿鍊應該相信的。

「我今天找妳來，只是想試試，是否能挽回？」

「我想是不可能了，你聽我說，我有很多很多的缺點，你只是不知道而已，你的條件不差，你會找到一個比我更好的女孩子，我並不適合。」

阿鍊想起了灌木叢後的洋娃娃，它實在不該來這裡的。

「我真的很感謝你，兩年來你一直對我很好，可是，高中時代我們在一起，我想，那是聯考的壓力下，我們想找一個互相鼓勵、傾洩情緒的對象而已，那種感情並不真實，對不對？這是我上了大學才慢慢領悟到的。」

　　阿鍊一言不發的坐著，他不知道自己該說些什麼，似乎有著一段很長的距離隔開了他和李蓮，他突然想起了那個將女朋友分屍滅跡的兇手。

　　「不值得為我留戀什麼，真的，都已經過去了，你應該把它忘掉，我們仍然可以做朋友的，不是嗎？」

　　阿鍊的手緊緊地握著，額頭上有汗水細細沁出，他覺得今天約她出來根本是多餘的，錯誤的。他曾經試圖拿出洋娃娃送她，這樣，或許能挽回些什麼，但是，他不想也不會這麼做了。

　　「妳走吧。」阿鍊緩緩吐出這三個字，像是費盡了一番內心的掙扎：「謝謝妳今天能來。」

　　天上月亮高高的，風淡淡的拂過，不遠處有個阿婆，葵扇一上一下地搧著，像是在訴說著一個永遠說不完的故事。李蓮站在那裡，一直看著他，她似乎有些過意不去，可是阿鍊並未抬起頭來。

　　「哦，對了，只問妳最後一件事，上次在台中，我送妳的那個洋娃娃，還在嗎？」

　　「呃……那個洋娃娃呀，是還在，可是，前一陣子換寢室的時候，我把它送給一個室友了，她很喜歡。」

　　李蓮走了。阿鍊的目光注視著遠方，這次真的走了，是阿鍊看著她的背影一寸一寸消失的。

　　阿鍊站了起來，拾起地上的洋娃娃，回到了宿舍，他緩緩地步上了六樓陽台，整個城市的燈火漸漸模糊起來，變成了一團團的暈影。

　　宿舍後面有個廢棄物堆置的小垃圾場，他的雙手輕輕顫抖著。天上的星星一眨一眨的，像極了李蓮的眼睛。他把洋娃娃輕輕往下一扔，一滴眼淚「啪」地落在地上。

雨，怎會落不停

一、

他覺得好累。

整個早上陽明山的天空都是鬱悶悶的，像個糾纏不已的死結，叫人心情怎麼都無法開朗起來。只不過躺下眯了會，老天就陰陰慘慘地落起雨來，滴滴答答敲在小客車頂上，惹得人心煩。

「小盧，別睡了，等一下劉董事長就來了啦！」

李仔拍了拍他的肩膀，遞給他一罐啤酒。他仰頭一陣咕嚕，還給李仔半罐，順手把蓋住臉的帽子前緣頂了頂，外面的世界才恍若又一點一點地回到眼前。其實，並沒有陽光，仔細想想，自己也不懂，為什麼偏要用帽子將整個臉蓋住才睡得著。

「起來啦，主任！」高瘦的李仔一臉傻笑地靠在車窗邊叫他，鮮黃的 T 恤上，「銀神」二字醒目地顫動著。

「啤酒不夠冰，喝起來不爽！」

他很快坐直，離開駕駛座下車。

「比賽結束，晚上有得你喝！不但有酒，還有歌星唱歌哦！」

　　李仔嘿嘿笑了起來，他漫漫應了聲，抬頭看看天空，雨勢已小了些，只是依然一片陰沉，像張毫無生氣的老人的臉。

　　「天氣不好，拍個鬼！」

　　「山上的天氣就是這樣，搞不好馬上就出太陽也說不定！對了，主任，擴音器還沒弄好。」

　　「拜託，別再叫我主任，我只是個畫海報的，叫主任聽起來怪恐怖的。」

　　「哎呀，董事長說，你雖然才幹了一個多月，可是他早已拿你當他的得力助手啦！你在大學搞社團，經驗豐富，懂得辦活動，海報宣傳都是你一個人，他說你就等於是我們『銀神』的廣告部主任一樣！」

　　「我沒來之前沒有廣告部，來了之後才有廣告部，整個廣告部只有我一人，說我是小弟也行，幹嘛叫主任！」

　　「好了，好了，主任，哦，不，小盧啊！不是我在說，憑你的才華，好好幹，銀神彩色冲印公司有十六家連鎖店，不怕沒有前途。最近有四、五家老闆到日本考察回來，說要擴展業務到日本去，那邊生活水準高，玩攝影的人多，所以，很需要像你這樣，唸大學的，有才華，又能靈活應付的人才，不像我，大銀神彩色冲印公司的 —— 司機，整天開車送件，一下跑三重，一下跑基隆，一天下來，累都累死了！」

　　「唉，算了，我的工作也不輕鬆，書不好好唸，跑來打工，結果現在像個『職業學生』一般，好像還沒準備好，就突然一腳踩進了這個光怪陸離的社會 —— 」

　　他沉默下來，李仔不解地看著他。

　　「董事長說十二點左右來，我拿流程表核對一下，麻煩你叫

他們工讀生過來，我有事跟他們講。」

「好，我去弄擴音器，放點音樂，把氣氛搞起來！」

李仔離開不久，四個工讀生便跑了過來。他拿起流程表畫了畫，清楚地說道：

「你們兩個，把車上二張最長的紅布條，有我們『銀神』字樣的，掛在那上面的欄杆，兩頭用繩子綁好，山上風大，弄不緊會被掀掉。你，把所有的柯達娃娃豎立起來，擺在攤位兩側。陳振春，去把車上電視公司和『銀神』的旗子拿出來，我等一下會去幫你。你們弄好了，還是回到這裡，中午吃便當。這裡是第一現場，待會兒公司的模特兒先在這裡讓人攝影，人一定很多，我們要賣軟片，所以吃完飯要佈置一下，好，就這樣，應該沒有問題吧？沒問題，大家現在就分頭去做！」

工讀生言聽計從地各自走了。

不遠處，李仔正在試驗播音，擴音器裡傳出他尖銳而逗趣的聲音：「試驗播音，試驗播音，不要怕，不要怕，看看有沒有電，免驚啦！試驗播音，試驗播音，不要一直看我，我不好看，等一下我們的模特兒來了才好看 ── 」

旁邊走過的人不由得好笑起來，紛紛湊近來看，一下子人忽然多了起來，一輛一輛車子逐漸填滿停車場。週日十點鐘的陽明山，開始變成一個嘈雜熱鬧的世界。結伴的人群三三兩兩地從他身旁經過，每個人臉上總洋溢著一股幸福的感覺。

他把流程表摺好放進褲袋。瞥一下台北的天空，似乎漸漸有些燦亮的明光，是陽光要露臉的徵兆。看著『銀神』的旗子一面面揚了起來，在風中烈烈飄響著，有種大張旗鼓的壯盛，他怔怔看著，卻忽然感到一陣深沉的淒涼，慢慢地、慢慢地襲上心頭。

二、

總是在熱鬧喧嚷裡，特別感受到一份孤獨寂寞的淒涼。

這樣的感覺多久了？自己也不清楚，就像山上的雨，不知何時起，更不知何時停？只覺雨絲綴得像個蛛網，纏得人滿頭滿臉都是，逃也逃不掉。

雖然天氣不頂理想，只有薄薄的陽光，但一切工作還算順利 —— 這可從軟片的銷售量及劉董事長周旋於眾人間時，呵呵不已的笑聲中知曉。他拿起釘鎗，狠狠往海報板上砰砰兩響，一些圖片、文字便牢牢貼緊海報板，從此生死不離。這時候，他喜歡向小販買罐神奇泡泡，一吹，就會有七彩的泡泡嘩啦嘩啦出來，上升，飄飛，陽光下看著很亮麗眩人。然後，用釘鎗瞄準，砰砰砰，一個接一個頓時破裂，迸散，消失。他有種短暫的快感，能摧毀一些美麗的東西。就像一個月前，唐婉告訴他：

「我要回香港。」

他曾經編織過、幻想過，也憧憬過的夢想，便一下子崩潰消失，瞬間化為烏有。

「小盧，辛苦了，模特兒現在正在車上化妝，等一下我們十六個老闆，一人接一個。一切按照我們昨天開的，什麼會，去進行！」劉董事長趨前向他詢問，用力拍了拍他的肩膀。

「行前會。」

「對，行前會，那麼，一切工作就交給你啦，你多費心一點，今天是第三梯次，也是最後一次，你等一下用擴音器告訴大家怎麼做，時間要控制好，還有，千萬不要忘了提醒參加比賽的人，一律買我們軟片，否則收件也不算數，知道嗎？」

「知道，我會特別強調的。」

「好，好，辛苦你了，晚上我們『銀神』的員工聚餐，要好好乾一杯！」

劉董事長朝他做了個 OK 手勢，意興風發地走了。才四十多歲的中年人，有錢，有地位，還有美滿的家庭，事業更是蒸蒸日上。他常常調侃諸家老闆是當今商業界的「少壯派」企業家。他們似乎該有的都有了，可是仍舊不斷地追求，拚命應酬。「分享先要合作，競爭才有進步。」是他們的口號，那麼，他們的目的呢？他有些納悶。

遊覽車那兒開始有人大聲喧嘩起來，一個個濃妝豔抹的模特兒，穿著耀眼誘人的服裝衣飾，正搔首弄姿地走下車，每走出一位，「銀神」的老闆便忙不迭的伸出手，彬彬有禮地挽著他們的手臂，一如生擒一頭美麗的獵物。四周擠得水洩不通的攝影人士，早已迫不及待地紛紛舉起相機，喀擦喀擦響個不停。

他想起擴音器，用手帕裹住麥克風，大聲地喊了起來：

「各位愛好攝影的人士，非常感謝您參加由 X 視公司和銀神彩色沖印公司聯合舉辦的『新春新星攝影比賽』。我們的十六位模特兒已經下車，等到達指定地點後，比賽就開始，我們的第一個現場，就在花鐘附近，時間是從一點到一點四十，地點在花鐘附近，花鐘附近 ── 」

李仔跑了過來，說聲音太小，連忙叫了一位工讀生，將擴音器抬高。

「哇塞！一個比一個漂亮，真不是蓋的！不過，聽說年紀一個比一個小，哪，那個戴著小帽子，穿一身雪白海軍服裝的女孩，你看到沒？」

　　他順著李仔的手勢看去，果見一個留著淺淺瀏海的女孩，正站在杜鵑花叢旁讓人拍照，姿勢不停地換，眼睛眨呀眨的，一張娃娃臉，稚氣未脫。

　　「跟你講，『新形象』的老闆說，她才十六歲而已，你相信嗎？看不出來哦！國中畢業，沒唸書，不過，又好像在一個補校唸，不清楚。嘖嘖，女孩子打扮起來，根本就沒有年齡，你說，明明就像二十歲嘛！她呀，依我的標準評分，算是這十六個當中，最美的一位！」

　　李仔興奮地張望著，睥睨的眼光中又有一分好奇的衝動。

　　最美的女孩？他心頭一震，不知怎的，就想起了唐婉。

　　—— 記得木棉花嗎？

　　紅紅的花開滿了木棉道，長長的街好像在燃燒。

　　—— 當然，羅斯福路上的。

　　沉沉的夜徘徊在木棉道，輕輕的風吹過了樹梢。

　　—— 那時候我們大一，你參加學校的民歌演唱比賽，報名的歌曲就是「木棉道」。班上每個人都替你加油，緊張死了，結果那陣子，同學有事沒事，連刷牙也在木棉道，我怎能忘了，真好玩。記得吧，我們還叫你在班會時先唱給我們聽，讓你有個臨場經驗，你果真帶了把吉他到教室，導師覺得好意外，那時，好瘋哦，大一，後來，你得了第一名 ——

　　木棉道我怎能忘了，那是去年夏天的高潮。木棉道我怎能忘了，那是夢裡難忘的波濤。

　　—— 其實，那時候剛來台灣，不會講國語，也不怎麼會聽，你在台上唱什麼，我根本聽不懂，可是，好好哦，那種氣氛 ——

　　啊，愛情，就像木棉道，季節過去就謝了。愛情，就像那木

棉道，蟬聲綿綿斷不了 ──

　　哈，愛情，他突然覺得好笑。愛情，像一個遙遠的神話故事，有人說，有人唱，可是，卻與他再也不相干了。

　　「我們的攤位，專賣這次比賽的指定軟片，柯達 VR 軟片，每捲三十六張，僅售九十元！九十元！請您選購指定的軟片參加比賽。另外，我們有最佳的工作人員，在現場為您做相機修護的服務，不管你的相機有任何問題，我們將盡力為你做最快、最好的服務。有好的相機，好的軟片，才能拍出一流的照片，新春新星攝影比賽，最高獎金五萬元，等您來拿！」

　　太陽整個露臉了，他感到頭上的汗水正啪嗒啪嗒地掉。一波波人潮爭先恐後，擠來擠去，喧騰得沸沸滾滾。有記者在現場採訪，劉董事長正面對著攝影機展露他迷人的笑容。有人抗議太多人了，根本拍不到。管理員在叫：不要踐踏草坪！山上的商店派代表來交涉，認為軟片只賣九十元，他們根本不用做生意了。鬧哄哄的世界裡，十六位青春玉女，宛若出水芙蓉，在眾人的讚歎聲及鏡頭的焦點中，各自陶醉於美麗的明星夢裡。

　　── 大二參加社團時，我才喜歡上妳的。

　　那時候，什麼都不懂，糊里糊塗的就被選上社區服務隊的隊長，若不是你的從旁協助，我不知道那一年會怎麼過？

　　── 我就是喜歡妳的勇氣、熱心。喜歡妳講話時，一口不標準的國語。還有，你唱廣東歌時，愉悅陶醉的神情，記得你教我唱第一首廣東歌 ──

　　── 舊夢不須記。舊夢不須記，逝去種種昨日經已死，從前情愛，何用多等待，莫憶風裡淚流怨別離。舊夢也不須記，事過境遷 ──

── 難道，我們之間真的是有緣，沒份？唐婉 ──

「謝謝！謝謝您的合作！第二現場的時間馬上就要到了！請各位愛好攝影人士把握最後良機，拍下您最滿意的鏡頭。拍完後，您只要將軟片交給我們，您就可以在我們十六家連鎖店索取您的照片，並取得參加這次比賽的資格。第二現場的時間是從四點五十到五點半，地點在噴水池附近。本活動結束後，所有的模特兒將在第三現場集合，和各位拍照留念，敬請勿失良機！在現場，我們的軟片只賣九十元，優特價！三十六張一捲，請多多選購，謝謝您！」

他緊緊握住麥克風，賣力地喊著，聲嘶力竭的喉嚨，渴望獲得一點滋潤。寶特瓶汽水就在不遠，可是他不想去拿，累了，沒力氣了。手中的麥克風，堅硬、冰冷，像唐婉日漸陌生的笑容，連自己體內最後的餘溫，也被無情的雨，淋濕、澆熄。然而，要怪誰呢？

── 我的家境不好，家裡需要我，母親連番來信催逼。我真的不知道如何是好？我不能不為她想，她年紀大了，身體又不好，唉！如果父親還在，該有多好！

── 我還要實習一年，服二年兵役，我不可能出國去找妳。

── 三年了，我們爭吵過，分手過，最懂我、寵我的是你；最讓我氣、讓我惱的也是你。有時候，遠遠看著你，會恍惚一下子覺得好像不認識你了，你太耀眼，站在高處，我只能躲在角落，偷偷的看著你。我不知道該怎麼說，你的父母如此強烈反對，縱使我們有心，幾年後的事誰也不能保證。也許，我回去就嫁人了，然後「綠葉成蔭子滿枝」，你說的，但也許，我就一直不嫁，一直一直到老，想著一個人 ──

——只要妳願意，這不是結束，我們還年輕，唐婉——

「結束了！結束了！今天非常感謝大家的支持，請將作品交給我們的服務員，比賽結果將很快公佈，第一名，可獲得五萬元獎金，請您期待！各位愛好攝影的人士，由Ｘ視公司及銀神彩色冲印公司聯合舉辦的『新春新星攝影比賽』到此全部結束，謝謝您！祝福您！」

李仔跑來告訴他，圓滿成功！劉董事長笑瞇瞇地又來拍他肩膀，要他晚上一起到東王大飯店聚餐，慶功宴。騷動的人群中，十六個模特兒嬌滴滴地鑽進老闆們的轎車裡，臨走還不忘揮揮手，送香吻，帶給夕照中的陽明山一陣小小的餘波盪漾。

一天的忙碌下來，此刻，他才驀然感受到一股山上冷風的寒意。雨點開始落下，模糊了山下燃亮的萬家燈火，變成一朵朵哭泣的暈影。他頹然放下手中緊握的麥克風，將帽子用力壓得好低好低——

三、

「今天呢，非常感謝各位的幫忙，我們這次攝影比賽才能圓滿成功，來，敬大家一杯！」劉董事長仰臉一口飲盡，將杯底亮給大家看，有人起鬨叫好，氣氛很是熱烈。卡拉ＯＫ自動伴唱機加上歌手們熱情的跳舞歌唱，整個東王大飯店的三樓龍鳳廳顯得格外有聲有色，雖然外面下著大雨，裡頭的空氣卻是異常燥熱。

由於劉董事長的推介，他在眾人之間顯得極為出色，不時有人向他敬酒致謝：

「來來來，少年仔，今天辛苦了，我是『加加』老闆，歡迎有空常來坐！」

「一定！一定！」他連忙起身，兩人對飲而盡。

「對了，你還欠我三張海報 ──」

「沒問題，明天給你。」

一頓飯光景，他已連連喝了半打啤酒，遠超過平時的酒量。至此他才懂得了所謂的應酬，真是「人在江湖，身不由己」，連酒也由不得你不喝。他突然想起了《小王子》當中的酒鬼 ──

「你為什麼喝酒？」小王子問。

「為了要忘掉。」酒鬼回答。

「忘掉什麼？」

「忘掉我的可恥？」

「可恥什麼？」

「喝酒可恥！」

人活著總有那麼多不可解的矛盾。或許，眼前杯中黃色的液體，白色的泡沫，那種剎那間流經喉嚨時火辣辣的刺激，可以使人忘掉很多事。譬如唐婉的離去。唐婉要他少喝酒，此刻面對著桌下凌亂歪倒的空酒瓶，心中那股難言的苦楚，像火一般燎燒著全身。跟一群原本不屬於自己的人混在一起，喝酒，拉關係，他不禁陷入疑惑的深淵中，覺得周遭的人好像都戴著假面具，在玩一場遊戲，大家都在演戲，只有他當真，不管是商場遊戲，還是愛情遊戲。

「來！小盧，跟你介紹，武昌街『快半拍』的徐老闆。」

一個身材矮胖、有著一雙小小的老鼠眼，看起來短小精悍的中年男子正舉杯笑臉迎向他，劉董事長一旁得意地吹噓著：

「『快半拍』的業績，在十六家分公司中，是最好的，以後，還要擴展業務到國外，也許要借重你的才華，你們乾一杯吧！認

識一下！」

　　他豪爽地乾了二杯，算是一見如故。Ｘ視公司的幾個模特兒在另一桌招手，他們如接聖旨趕緊過去，一副聽候差遣的忠心耿耿。

　　原來有人要上台唱歌，老闆們聞訊，奉承地大聲叫好，掌聲直到一個叫藍如水的玉女歌星上台後仍久久不絕。她和彈電子琴的小姐商量後，開始隨著節奏扭動身體，水蛇腰款款擺動，台下觀眾如癡如醉，直嘆舞技一流，只是衣服穿得太多，歌聲又差勁！

　　他有點醉意，酒氣一陣衝上來，有股想吐的衝動。他總覺唐婉在旁邊定定的看著他，像謝師宴時，唐婉陪著他像平日敬愛的老師們敬酒，喝著，喝著，就醉了，唐婉送他回家。很靜的夜，什麼也記不清了，只記得叮叮咚咚的雨聲斷斷續續地響著，唐婉的兩條亮黑長辮，柔軟溫馴地躺在他起伏不已的胸膛上，那時候，她也是這樣定定地看他。

　　「好呀！安可！安可！」

　　一陣喝采聲打斷了他的思緒，他有些忿恨。待到結束時，已是十點多了。他疲倦地站起，腳下一個踉蹌，差點碰翻了椅子。

　　「走好！走好！年輕人酒量太差，要訓練！要訓練！」劉董事長和李仔對著他笑，心懷不軌的模樣。李仔湊近來問：

　　「還好吧？小盧，一點啤酒就不行啦？」

　　「沒事，沒事，只是覺得脹脹而已。」

　　「董仔說，待會兒幾個老闆要去民生東路的『秋葉』」

　　「『秋葉』？是什麼地方？」

　　「日本料理店啦！聽說很貴，不過服務一流，反正老闆請客，走吧！」

　　他想，唐婉若見到他現在的模樣，一定失望透頂，昔日校園中才華洋溢的青年，如今全身沾滿了商業氣息，酒味加銅臭味。他想起唐婉，可是她走了，在遠遠的香港。

　　李仔的小客車在雨中飛馳，緊跟著劉董事長的轎車，兩車幾乎同時到達。他一下車，劉董事長就過來鄭重的對他說：

　　「跟著我，準沒錯！你才畢業，社會經驗不夠，沒關係，我慢慢教你，交際、應酬，是男人生活中不可欠缺的活動，只要想賺錢，就得應酬！你可以看看我怎麼做，一回生二回熟，看多了自然就懂得其中奧妙，放輕鬆點，這裡是個好地方。來，進來吧！」

　　他不由自主地被拉了進去，一頭墜入黑天暗地的酒廊。他陡地心驚，感到一陣莫名的害怕。樓下人不多，只有幾對情侶幽暗處擁吻在一起，難捨難分，連我們經過也依然故我，李仔朝我吐了吐舌頭。

　　上了二樓，才是這家所謂「日本料理店」的精華所在。日本式的小房間，精緻考究的細木橫格，典雅的佈置，給人一種舒服的感覺。幾乎間間客滿，紙門推開，豁拳喝酒的笑鬧聲便傾瀉而出，春花秋月，歌舞昇平。

　　老闆早已訂好房間，又是老顧客，進去時，桌上已擺滿小菜，一籃紹興酒安放在榻榻米上，五個小姐乖巧地跪坐在一旁。眾老闆眼睛一亮，個個顯得精神飽滿，大喇喇地踏進，各自找了個小姐，不懷好意的嘿嘿兩聲，就抱著大親芳澤，宛如久別重逢，大旱逢甘霖。

　　他和李仔端坐在靠門邊處，一臉的尷尬。

　　「來，跟你們兩個介紹，這個是美智，那是靜子、秋子、雪花，嘿嘿，過來這位嘛，鼎鼎大名的，這裡的經理 ── 」劉董事

長拉長尾音，提高嗓子說道：「櫻子小姐！」話聲甫落，大夥兒嘻嘻哈哈鼓起掌來，那個叫櫻子的小姐，覺得有些不好意思，舉杯道：

「謝謝，謝謝！你們這樣熱烈的捧場，叫我好感動，來，敬你們！我乾，你們隨意！」

他好生訝異，年紀輕輕，竟是獨當一面的經理，可是見她喝酒時的乾淨俐落，卻又不得不佩服她的藝高膽大。

「我說櫻子呀，幾天不見，你是愈來愈漂亮了，嘿嘿……」

「阿里阿度，愛說笑，老囉——」她舉杯向劉董事長致敬，兩人興致勃勃地划起酒拳，你來我往，廝殺得手忙腳亂。坐在他旁邊的秋子，低聲開口道：

「先生貴姓？」

「我姓盧。」

「盧先生，敬你！」

「隨意就好，女孩子酒還是少喝一點。」

秋子噗哧一聲笑出來，吊梢眼一揚，說道：

「你是第一次來吧？」

「嗯，老闆帶我來的，我今年大學剛畢業，等著實習，暫時打打工，賺點錢。妳呢？在這兒工作累嗎？」他突然關心起眼前這位初識的女子，雖不算漂亮，但眉清目秀，還有一雙瑩澈的烏黑大眼，眉毛細細高挑，有點像唐婉。

「還不是這樣，陪客人聊聊天，喝喝酒。來，吃點菜吧！」

她挾了一些菜放進他面前的碟子裡，訓練有素的優雅動作，充滿女人溫柔纖膩的情思。他突然覺得很感動，像什麼東西猛地撞擊他的心弦，耳根一熱，忙將視線移開。

「你們是不是有午班？晚班什麼的？」

「對，我們是晚班。」

「到幾點結束呢？」

「不一定，看客人，大概都到凌晨一、二點吧！」

「幹嘛！幹嘛！市場調查啊！來這裡，抓住小姐東問西問的。」劉董事長半跪著身體吃力地趨向他，將他的手硬搭在秋子的肩上，用力壓了壓。

「快，親小姐一下，別裝了，那麼老實有什麼用？」說完又將他和她的臉湊近，驟然間聞到一股屬於女人身上獨特的香味，淡淡的，很誘人。他覺得腦中混沌一片，不知如何是好，只得快快縮回身子，端正坐穩，手足無措地拿起一杯酒咕嚕喝下。

「沒膽嘛！女人有什麼好怕的！」劉董事長開玩笑的說道。秋子文靜地低下頭去，秀髮兩側灑下，遮住半邊臉龐。恍惚間，他有個錯覺，她像極了唐婉！唐婉的眼睛，唐婉的頭髮，隱約有一份憂鬱的氣質，除了唐婉，再也不會有人如此深深地打動他，唐婉——

「李仔！你也沒路用，放開點，不要忸忸怩怩，給人笑，你看，我跟櫻子多親熱！多恩愛！」

劉董事長兩手往櫻子胸部輕輕捏了一把，櫻子尖聲笑著躲開。李仔見狀，拿著酒杯的手不禁微微冒出些汗來。

「要死啦！毛手毛腳，要親熱，到上面去，這裡這麼多人，不好看啦！」櫻子大方地整理一下衣裙，拋下其他人曖昧的眼光，跟劉董事長登登登上樓去了。按捺已久的眾老闆見董事長離開，相互注視了一會，心不在焉地啜幾口酒，然後詭譎地會心一笑。幾個小姐倒也大膽地直瞧著他們，顯得有恃無恐。像是很有默契

一般，一時間，大家紛紛起身，除了摸不著邊際的李仔和小盧。

　　「秋子，人家可是大學生哦，要當兵了，好好招待呀，看妳的！」一個老闆臨走前色瞇瞇地吩咐。

　　「盧先生。」秋子撩撩頭髮，柔聲地叫他。

　　—— 唐婉，妳在香港好嗎？

　　李仔終於醒悟過來，眼中立即閃過一絲奇異的光采，美智小姐不知何時已偎依在他懷中，原本已醉的李仔，竭力忍住內心被撩起的興奮，益發顯得笨手笨腳。美智拉開紙門，替他換上拖鞋，殷勤伺候著。李仔順勢往她腰間一摟，她乾脆整個人躺進他懷裡，淫蕩地放聲大笑起來 ——

　　房間裡只剩他和秋子無言地坐著。暈黃的燈光下，捻熄的煙蒂依然不停地冒出縷縷白煙，裊裊上昇，漫成一室溫熱。夜裡很靜，秋子看著他，細心斟滿一杯酒，慢慢遞給他 ——

　　—— 妳走後，我一個人好孤單，好寂寞，覺得校園歲月一下子成了一片空白，什麼都沒有。有時回到學校，看著教室裡凌亂的桌椅，空蕩蕩的操場，我才驚覺自己根本一無所有。我寫了幾封信給妳，都石沉大海，好像妳在這個世界突然間消失了，再也找不到了！我只能看著照片，慢慢拼湊出妳的笑容，妳的話語，看著看著，眼淚就一滴滴掉 ——

　　秋子慢慢解開胸前的鈕扣，細膩白皙的皮膚一寸一寸地顯露出來，一隻手靈蛇似的鑽進他的襯衫裡………

　　他覺得好累，好沉重。

　　外面，雨下得大了，打在紙窗外的簷瓦上，渺渺遠遠，依稀可聞。

　　—— 唐婉，我不相信妳已忘了，忘了我們過去的種種，那是

我生命中永不磨滅的痕跡。我幾乎不敢單獨面對我自己，從沒有一個女孩如此深地走進我的心靈深處，我怕，怕在每一樣東西上看到妳，妳並沒有回去，還活生生地存在著，一直都在，我看到妳了，妳的眼睛，妳的鼻子，妳笑了 ——

　　夜很靜。幾杯傾倒的殘酒沿著桌緣滴滴掉落在榻榻米上，濕濕地漫延，擴大。

　　窗外，雨聲是一絲遙遠的記憶，細細的，密密的，帶點哀悽的感傷，迴盪在無邊無際的天地間。他覺得，這場雨好似一直都沒有停過，好久，好久，一直都是這樣落個不停………

歸

一、

這是一幅畫。

畫裡最遠處是一色淡青的山峰相連，起伏有致的邊緣已被暮色侵蝕得模糊不清，使人無法確知這山究竟延綿到那裡去了。稍近處，三十二層的台電大樓突兀地佔掉山的中段，讓人覺得半途而廢。棕黃色的巨大結構體龐然矗立，四周矮它一大截的建築物都卑微地臣服在它腳下。畫的下方則是一大片高低交錯的各式房子，密集擠壓在一塊，很侷促擾攘的塵世。最底處是寬大的和平東路，雖只是無始終的一截，卻滿佈穿梭不息的車水馬龍。

振文靜靜欣賞著一方窗外，如畫般的市景。

傍晚時分，天空滾滾雲動，不知在忙些什麼，就如整個城市不知為何總是那麼忙碌。鼎沸的市聲人語加上車聲隆隆，像是世界上的人都在玩一個有趣且異常熱鬧的遊戲，但他不甘的，正是他只能隔著窗子旁觀卻不能參與，一切似乎與他毫不相干。

「你們知道嗎？我喜歡熱鬧。」

站在旁邊的二人無言地扶著他的手臂，神情有些難抑的沮喪與哀愁。

「真的，我喜歡熱鬧，我不要一個人 ── 」

「阿文，」身旁的男孩突然開口，硬生生捏斷了他的話。「你累了，到椅子上坐下吧！」

他慢慢收回對窗外留戀的目光，平靜的看著說話的男孩，遲疑了一會，無力地低下了頭。二人拖住他腋下的手很快用力起來。走了幾步，他突然想起什麼似的猛轉回頭，有些激動的說：「把窗子關上！」高亢的聲調如石子入水般，打破了一室的沉靜，大家不禁有些訝異的望著他。他似乎察覺了自己的失態，臉上微微露出一絲苦笑，有點愧疚的說：「我不喜歡看到落日。」

輕輕將窗子關上，紛紛擾擾的嘈雜頓時如被遺棄在世界另一端似的，從此恩斷情絕。

「歡迎你回來。」安置振文坐好後，男孩有些高興的說，試圖讓籠罩在憂傷情緒中的每個人稍稍鬆弛一下鎖不開的眉結。

「社裡沒有多大的改變吧？阿文。」

他用慘黯幽邃還有些深陷的雙眼仔仔細細的環視了這間社會工作服務社團的辦公室。

「沒有，還是老樣子。只不過，我變了。阿彬，現在是你比我黑了。你還記得那次在輔大大專杯橄欖球賽的情形嗎？」

「記得，當然記得啦，那次如果沒有你，我們就輸啦！」阿彬傾著身子大聲的說，唯恐他聽不到。

阿彬記得，那天的太陽很大，烈日下健壯黝黑的阿文，身手矯捷刁鑽，橫衝直撞的像一條游魚，一頭破柙而出的猛虎！在雙方僵持不下的緊張裡，是阿文一路虎入羊群的拼勁，才險險勝過

了實力強勁的對手。賽後，大家圍攏過去向他道賀，汗水淋漓的阿文只是閒閒的一句：「這場球下來，人更黑了。」大夥兒聽了嘩的大笑起來。

的確，那時的阿文在體育系裡是「黑出了名」，他是山地人，大家開玩笑的送給他一個綽號 ——「小山豬」。阿彬想起那時自己也是天天游泳打球的，可是就比不上阿文的黑。現在，一場病下來，阿文只剩皮包骨似的瘦和一臉毫無生氣的白，白，白得令人駭目驚心。可是，他還打趣的調侃自己：「小山豬現在是病豬了，也許不久，就是一頭死豬了！哈哈……」

班上去探望他的同學聽了忍不住要落淚。

「社裡最近在忙些什麼？」

「宣傳、招生。」坐在旁邊的女孩有些哽咽的說：「最希望的是，能招到像你一樣熱心負責，肯為別人付出、著想，帶給大家溫暖與歡笑的人……」

「可惜，我不能再幫什麼忙了。」

「別這麼說 ——」一個女孩的聲音響自這小小房間的一角。「真的，阿文，你會很快再回來！你忘了還要教我打羽毛球的嗎？」女孩顯然正用極大的克制力強自忍住嚎哭的衝動，一字一句齒縫中艱難地擠出。只是，她卻無法逼迫自己不去想以前阿文教她打羽球時的情景：每個星期四的中午在體育館裡，阿文總是耐心地一步一步示範著動作的要領。大大的體育館，風扇嗡嗡地轉轉轉，籃球在塑膠地板上每一落地就是一次小小的地震，很多學生在體操運動，鬧哄哄的像市場。他邊打球邊糾正她錯誤的動作。隔著網子，她總聽不清他的話，常常要停下來，走過去問一句：「你說什麼？」而他則是一張臉脹得紅紅，像哄小孩似的說：

「重心放低些！打完球趕緊回到中央地帶！知道了嗎？要記住啊！再來一次！」且一任汗水啪嗒啪嗒的掉在地上，顆顆有聲。

住院後，她拿了一雙球拍擺在桌上，告訴他：

「看到了沒？你好了，我們體育館見！」

他淡淡的望了一眼，什麼也沒說，甚至連眼神都是空洞茫然的不知看那裡，只是緊緊握起她的手，捏呀捏的，口中反覆唸著：碧玲 —— 碧玲 —— 像是要牢牢將這名字一個個都鏤刻在心版上，永遠也磨滅不掉。

二、

起初，他以為手術後休養幾日就可以回家，怎知不久又第二次開刀，醫生什麼也沒說，護士每天來打點滴，依舊天使般笑嘻嘻的無異狀。然而身體卻開始一天天瘦弱下來，媽媽禁不住他一再的質問，和護士醫生商量後，才決定告訴他真相：

腸癌。

開刀時，醫生抓起一條血水淋漓的腸子，上頭正浮動著蒸騰的熱氣，仔細一段一段的檢查，發現腸子有結頭，而且腸子外面佈滿了乳白色的小點，如細細的小球。縫好後，又在胃下部劃了一刀，結果裡頭仍是一大片一大片乳白色的小點。這才確實，腸膜上佈滿了癌，而且癌細胞已蔓延轉移到胃部，是第二期的癌症，醫生已束手無策了。

一記晴天霹靂的打擊 —— 他突然覺得整個世界黯淡下來，白色的天花板，白色的牆，白色的屏風正沉重的壓蓋下來，把他罩住，什麼也看不見，漆黑得伸手不見五指，空氣愈來愈稀薄，喉嚨像被硬物堵住般使他透不過氣，猙獰邪惡的笑聲一波一波向他

撞擊著，然後是砰——砰——砰——上面有人在用力搥打，將一根根陰森的長釘子釘入棺蓋中，而他就躺在棺木裡……

住院後每天寫的日記上，字跡開始零亂得根本看不懂，每一筆劃都連橫交錯，纏頭纏腳的彷彿一面面癌細胞織成的密網，直要把他自己也網進去。又像是想把支離破碎的生命用一筆一劃趕緊縫起來，接起來，不然就來不及了。「不要！」、「我不要死！」「死死死」一個個潦草而用力的字使她看了心痛如絞。可是能說什麼呢？像打羽毛球時，隔著網子看他是多麼遙遠啊！

去看他的時候，總是心驚肉跳的，尤其快走到病房門口的一刻，步履總覺得沉重得抬不起來。偷偷地向內瞄一眼，總先見到桌上花瓶裡凌亂插著的一支血紅的玫瑰，然後看到他還實實在在的躺在床上，一顆懸宕不安的心才放下來。

有時，他肚子痛得厲害，緊抓著床沿的枯乾的手青筋一條條都暴露出來，會讓她想起那本日記上的字。常常，一滴滴汗水從額上、臉頰、頸旁、手臂上不斷的冒出，緊閉的嘴唇也無法遏止囁嚅著：痛啊——痛啊——肝腸欲斷的母親在一旁用低啞的聲音唸著：不痛——不痛啊——媽在——不要怕——不怕——她只能擦著不爭氣的淚水，惶惶然站著不知如何是好。等陣痛過去了，病榻上的阿文便虛脫得像是被吸血鬼一點一滴吮乾了血液似的，乾乾癟癟的嘴唇一開一合的也不知想說什麼，她想到被開膛破肚後的魚，兩旁的鰓也正是這樣一翕一張的呼吸著……

往後，振文似乎想通了，情緒漸漸穩定下來，日記上的字也不再凌亂不堪，而且有時會跟旁人開開玩笑。有一回，他突然頑皮的出了個謎題給碧玲猜：「這個病房住八人，為什麼我的床號卻是九號呢？」

碧玲想了會，一時心思也聚不攏，不知如何回答。振文則乾乾笑了起來：

「哈，很簡單嘛！沒有『四』號，誰也不想『死』啊！」說罷直直的看著她，咧著嘴一逕得意的笑著。她一時愣住了，她氣他為什麼好像把生命不當成一回事似的，這樣的對著她笑，對著她笑⋯⋯

<h2 style="text-align:center">三、</h2>

「我恐怕要失約了。對不起，我明天就要回家了。」

「你一定會好的！我不管，我們說好，你一定要教我打球的！」

碧玲將眼光投向坐在一旁，振文的母親，企圖從她的眼神中搜尋出一絲相同的同情與懇求。母親有些呆滯地看著自己的兒子，未開口淚已悄悄落下，嗡嗡不知要說什麼？又能說什麼？一個體健如牛的孩子，如今被病魔折磨得不成人形，她還能說什麼？一個多月來，宛如置身於煉獄般，時時忍受著痛苦的啃齧，卻不能說一聲痛！看孩子一天天瘦下來，恨不能割下自己的肉給他！但是，沒有用了，像去年阿文的父親去世時，她常常獨自一人夜裡偷偷飲泣著，有時受不了了就跑到浴室裡大哭一場，咬著毛巾，不哭出聲音來⋯⋯

從小這孩子就善解人意，總不願給別人添麻煩。記得讀國二那年，在田裡割稻不小心被鐮刀割傷了也不吭一聲，還是隔鄰的叔叔看到才斥責他：「還不快回去擦藥！流這麼多血了！」那一道傷口的疤痕至今仍在，只是他的爸爸去了，田事也一年不如一年了。

　　這個暑假，他留在學校家教、打工，拚命的想多賺點錢，有時感到不舒服也不在意，更沒向人提起。直到發覺肚子益發疼痛難忍時，才趕緊寫信向家裡要了點錢，自己到醫院去檢查──他就是不曉得照顧自己的身體啊！

　　「媽，快別哭了──」

　　振文怔怔望著母親一顆顆滑過臉頰的淚水，不禁悲從中來，把頭深深埋進自己的手臂裡。他怨恨上天爲何如此不公平？在喪失一個丈夫之後，又讓她喪失一個兒子！爲什麼在爲生活奔波勞苦之際，老天竟連她想擁有一個完整家庭的小小希望也狠心的奪去！家裡人口多，父親死後，全仗母親下田、打散工，堅強地撐起這個家，不知流了多少汗水與淚水才勉強養活著一家人。從小，洗澡洗頭找她，帶便當繳學費找她，在外頭受了委屈也找她──五張口像永無止境的無底洞，塡進去母親的青春黑髮。然而一個歷盡滄桑的婦人何以竟如此命運多舛？難道眼見自己的孩子一寸寸健康的長大也是一種奢侈？爲何造物主偏要如此捉弄人呢？振文思及此，強抑的悲痛也禁不住要崩潰──有一度，他曾想過自殺，免得讓這個家因爲這筆龐大的醫療費而拖垮，免得自己再多受痛苦的煎熬，只是，每每見到母親深夜裡在床沿打盹時，疲憊不堪的臉龐與日漸增多的白髮，心中便不忍如此撒手遽去。爲了母親，爲了母親呵！他才忍痛活到現在，雖然明知是無望了。徵求醫生的同意，他決定回家去療養，不爲別的，只希望能再看看自己家鄉的田地，田地上母親佝僂的身影，那是他心中永遠揮不去的刻痕，他要自己即使死了，也能記住這個畫面。

　　「伯母，別傷心了，振文會好的。」一直坐在振文對面的怡秀握著哀傷母親的手，輕聲安慰著，自己的淚水也差點奪眶而出。

振文抬起頭，以一種異樣溫柔的眼光注視著她。

窗外偶爾流轉的車燈潑濺了些進來，牆上刷的一聲掠過，很是驚心動魄。

「謝謝妳這一陣子常來陪我、照顧我，謝謝妳。」

怡秀按捺不住的淚水無聲滴落，遂趕緊低下頭，長髮盈盈遮住了模糊的淚眼。

多美的女孩呀！振文心想，這麼好的女孩今生卻與他無緣了！她年輕、美麗、健康，而自己是個「坐以待斃」的人，呵，多可笑啊！他握緊了拳頭，卻驚覺自己根本使不出勁來了，只好頹然地鬆開……

四、

大二時，因為一起到南投縣的山地鄉去為原住民孩童服務，十多天的相處，眼見怡秀的聰明慧心、善良與純真，使他不自禁地喜歡上她，然而她是不能接受這份感情的，只因她心另有所屬。那個晚上，在星光滿天的夜空下，兩人談了很久，振文只好將這份感情深深地埋在心裡，不再讓它發出苗來。他們始終互相真誠關心著，一直是好朋友。當獲知自己病情後，他怕她知道了會傷心，決定瞞她，可是她還是知道了。捧著一束花出現在病床前，看著他，替他小心翼翼地敷平床單，削水果給他，他知道自己吃了不能消化，還得抽出來，但他還是執意要吃，只因為他多麼珍視她的一番心思呀！

手術後，自知來日無多，心情反倒整個豁朗開來，不再在乎自己的病情，只想好好過完剩下的日子。有一回，他要她及班上幾個同學陪他一起去看電影，其實他只是想和她在一起，到如今，

能共看一場電影也算是一生一世了。

看到「戰火浮生錄」中一批批像自己一樣也在死亡邊線上掙扎的人們，他一下子像懂了好多事。尤其悸動的是片中外國詩人的那首詩：

　　如果你等我，我會回來。

　　但是你必須耐心等候，

　　等到日頭西落

　　等到天下黃雨

　　等到盛夏的勝利

　　等到音訊斷絕

　　等到記憶空白

　　等到所有的等待都沒有的等待

畫面上斷垣殘壁，暮色硝煙，一位纖瘦的女子揮動著紅巾，與帽上鮮豔的紅穗，這樣簡單的手勢，這樣全心的等待，可是她不知道她的丈夫已死在酷寒的雪地裡，再也不會回來了。

他突然在電影院裡哭泣起來，黑暗中瞥著怡秀的側臉，他知道自己也終將離她而去且永遠不能回來，他多希望自己此刻就死去，死在這一美麗的時刻，至少是死在自己心愛的人身旁啊！

出了電影院，陽光鬱鬱，他們又去吃冰、逛街……他就是要這樣好好的活著，有陽光、微風與朋友。他好想把過去的日子再重新活一次，可是留不住了。回到醫院，他開始腹痛，呼吸急促，把大家都嚇壞了，醫生護士立刻推送他到急救室，嚴重的休克、昏迷不醒且心臟一度停了幾秒鐘，但急救後，他還是悠悠忽忽地醒轉過來……

「阿文，你一定要堅強起來！還記得那回一起去看電影，走

出醫院大門後，道旁的七里香叢中不是豎立著一個塑像嗎？」

「我記得 ── 叫『憧憬』。」

「是啊！憧憬！有一份憧憬就有一份希望，有希望就會有勇氣！層層重疊的黑色人像，每一個都是高舉著雙手，仰臉向天空，那是一張張寫著永不屈服、永不倒下、努力向上的臉！你應該比我們更能體會到死亡的威脅，更能珍視生命的可貴 ──」

是啊！死亡，難道自己還不能面對它？

「還有那次在體育場看中西足球之戰，中華隊的一個球員被踢中腹部，疼得站不起來在草地上痛苦的掙扎著。但他很快的又想爬起來繼續參加球賽，球隊少一個人就少一份力量，於是，他咬著牙，起來，倒下，起來，又倒下，那時，我們都不看比賽了，只一心注視著他，心裡默默的在為他加油，他倒，再爬起，第四次，他終於站了起來。阿文，他可以再起來，你也一樣可以！」

「想想你過去曾為社會工作付出的心力，啟明學校的學生，社區需要輔導的兒童，山上的原住民小孩，都曾經從你身上獲得了知識、照顧與歡笑，這個社會有很多人需要你呀！」

「我看過書，有很多的人跟你一樣，但是他們憑著不屈的毅力克服了病魔而活下去，而且活得很有意義，我相信，你也一定可以的，你對自己要有信心！」

振文的臉上漸漸有著無以言狀的寧靜與安祥，而且嘴角浮現出一絲淡淡的微笑。他神情肅穆地環視著這些關心他的人，突然他覺得自己並不寂寞，即使是在面對死亡的時候也有人會陪著。一個人在死前知道自己擁有如此多真心關愛的朋友，應該也算是一種幸福吧！

「我知道，有媽媽、哥哥、姊姊、妹妹，還有你們以及班上

的同學，有你們在，我不會輕言放棄的，親情、友誼一直支撐著我，使我不向死神投降，你們每一個都是無形中鼓舞我活下去的希望，我，只能說，謝謝你們……」

振文緩緩伸出輕微顫抖的手，大家一下子都伸出手去，層層疊疊地握緊，一股交織迸發的暖流倏地交流在大家的手上，心中，一如室外陽光下那個象徵「憧憬」的塑像。

五、

「明天，我就要回屏東去了，我想再去校園走走，你們願意陪我去嗎？」

大家紛紛走來，爭著扶他。他吃力地站起，拖著穩重的步伐，在親情與友情的包圍簇擁下，一步一步緩慢地走著。

走廊邊側一排窗子，被推至上層，縱橫整齊的木框在地面上映出一面面黑白分明的網，他怔了一下，發現自己瘦小的影子正牢牢地貼在癌細胞般的地網裡，他停下腳步，若有所思的遲疑了一會，但還是走了過去。

黃亮的夕陽在豔紅的雲彩中散發出一天之中最後的霞光萬丈，涼風一陣陣吹來，整個世界沉浸在絢爛明迷的氣氛裡。雖然夕影正一寸一寸的淡掉，但空氣中仍有一分薄薄的光與熱。操場上一群人，有的慢跑，有的打球。整個操場襯托在金光滿溢的落日餘暉裡，顯得更寬廣更壯麗了。

振文倚著欄杆，出神的看著他們，看著自己過去熟悉的草地，曾經灑過汗水的跑道，馳騁過的運動場……

背後不遠的扶桑樹下有二個小孩在玩耍，書包棄置在一旁。年紀較大的孩子得意的對另一小孩說：

「你知道嗎？把那紅花採下來，頭拿掉，用嘴吸，甜甜的喔！而且心黏黏的，可以黏在鼻子上！」

「真的？」

「騙你幹嘛？不信，摘下來我弄給你看！」

兩個小孩於是伸長了小手，用力地跳起，空中漫自拉扯著。由於個子小，四隻手在綠葉叢中胡亂地揮打，只見青翠的葉片紛紛掉落一地。最後，較大的孩子摘到了一朵扶桑花，誇耀地把花舉在空中揚了揚，又在小孩的眼前晃了下。

「我弄給你看。」說完在小孩好奇眼光的注視下，開始把花瓣一片一片扯下。

正欲離去的振文想了想，要他們扶他到那扶桑樹下。

「小弟弟 ── 」

兩個小孩抬起頭，被這一群人幽靈似的出現嚇了一跳，睜大了眼睛大惑不解地望著他們。較大的小孩停下了手上的動作。

「小弟弟，來 ── 」

振文彎下身去，輕輕摸著小孩的肩，小孩被眼前這個癯瘦蒼白得有些可怕的人鎮懾住了，但仍機伶地往後退了二步，振文蹣跚地再走上前去，指著一地青青的落葉與散落的紅色花瓣說：「以後不要再隨便摘這些綠葉子或花好不好？你們知道嗎？每一片葉子，每一朵花都是有生命的，葉子黃了自然會落，花期過了，花自然也會凋謝，這是大自然的法則，如今，葉子正綠，花正紅，你們不經心地就將它摧殘，這是不公平的，你們知道嗎？」振文用一種平靜的口氣對二個小孩殷殷說著，神情專注莊嚴得像個傳道者。可是兩個小孩並不領會，互望了一眼，往後拔腿就跑，跑至半途，想起地上的書包又折回來匆匆抱起，賊似的一溜煙跑了。

「小孩子不懂這些的，你跟他們說也沒用。」阿彬一旁感歎著。

振文拾起一片青青落葉，站直了身子，看著遠遠兩個漸漸消失的身影，他想，有一天他們會懂的。

爸爸捕魚去

　　他原以為母親聽到他開門會下來的，可是，他的歸來好像並未引起任何人的注意。父親平常做生意的車子靜靜地在客廳一角靠著，椅子上有些衣服隨意地放著，顯得有些凌亂，他放下行李袋，把吉他靠在樓梯旁，坐下來換鞋子，這時候，他才聽到樓上母親的聲音隱隱約約地傳下來。

　　「原來有客人，所以今天不做生意了。」他心裡有些喜悅，趕緊把鞋子換好，提起行李上樓。

　　「你回來啦。」母親抬起頭看看他，原來的談話因為他的出現而中斷。

　　「真乖喔！每個禮拜都知道回來！」一位穿著普通的中年男子笑著對他說，他認出來是在爸爸隔壁攤位賣牛肉麵的黃先生，旁邊坐著的是他太太，一付疲憊的樣子，雙腿蜷縮在沙發上，像隻蟄伏多眠的動物。他們兩人正堆著滿臉的笑容看他，他趕忙點個頭。

　　「也不知道叫阿哥、阿嫂，這孩子見了人都不曉得叫人的。每次都是這樣，只要家裡有客人來，他一定儘量躲在房間裡。」

「每個人個性不同嘛！」黃先生有點尷尬地說。

「我去倒茶。」他想了個脫身的辦法。

他小心翼翼地端著，眼角一瞥，發現了壁上的舊掛鐘竟停擺了，也沒人去上發條，他心中掠過一絲狐疑。更令他奇怪的是，媽媽和他們都一臉地憂鬱凝重，似乎正面臨著一件難以解決的事情。

他把茶杯擺好，就拎起行李、吉他要上三樓，這次母親並沒有說他一句，他反倒有點納悶。

進了房間，輕輕地將袋中的東西拿出，錄音帶、課本及筆記簿，一一擺在桌上。

「好不容易學會了，想表現一下都沒有機會，唉！」他把吉他靠在床沿，微微感到失望，看看弟弟書桌上幾本參考書胡亂地攤放著，他知道弟弟又不在家了，每次回來都很少看到弟弟的影子，也不曉得在忙什麼，常常有人打電話找他，繳了一萬多元在台北補習，也沒能把心安定下來，他輕輕嘆了一口氣，無可奈何地把作業簿攤開，專心地寫著。

剛才忙了一陣，沒聽到樓下的聲音，現在靜下來寫作業了，樓下的對話便斷斷續續地飄了上來。

「四天了，實在太過分了，這次老陳這樣做，大錯了，大錯了。」

粗粗的嗓門，不用想也知道是黃先生的，他的思緒很快地便把他們的談話吸引住了。

「現在事情已經到了這種地步，妳愁也沒有用，想開點，他要是回來，我們一定好好地說他，雖然他是我們的長輩，可是這樣的欺侮妳，我們看不過去！」

　　黃太太的聲音有些慵懶，可是措詞倒挺強硬的。

　　「我們絕沒有瞞妳什麼，妳一定要相信我們，他走，也是妳打電話找我們來，我們才知道的，平常嘛，他當然是不會跟我們談這些，我猜想，他一定還在這個鎮上，一定還在！」

　　怎麼都是他們兩人的聲音，媽呢？怎麼一點動靜也沒有？他愈想愈不對勁，難道是家裡發生了什麼事不成？

　　他放下筆，躡手躡腳地走到樓梯旁，豎起了耳朵仔細偷聽著他們的一言一語。

　　「我把菜什麼的都切好，肉也絞好，碗也都排齊，準備要做生意了，他卻連個鬼影子都沒有。早上六點多，他起床，說家裡有幾個碗破了，要去市場補新的，穿的是那件平常工作時的舊長褲、藍襯衫，說什麼也不可能是到高雄去玩呀，明明是騙我們的，依他的個性，要說去玩，他一定是穿上西裝，鞋子擦得金閃閃的，打扮得很派派頭頭的才會出門，我最清楚他了，他不會這樣就出門去的！」母親的聲音有些哽咽不清，她說的是誰，難道是爸爸？爸爸又怎麼了？一種不祥的感覺倏地湧上心頭。

　　「如果人在高雄，就直接打電話回家裡，不就好了嗎？為什麼要轉個彎，打給你們？」

　　「他一定是想，我們會告訴妳的。唉！總之是不應該啊！」

　　他們嘆了口氣，一時無語，便都沉默了下來。他悄悄回到房間，可是他們的話卻一直盤繞在他腦海，怎麼也揮不去。如果說的是爸爸，他去了高雄，他為什麼要去？上個禮拜天回來，爸爸並沒有什麼異樣，怎麼會說是去了四天呢？爸爸媽媽雖然感情不睦，偶爾會吵架，但也不致於「離家出走」呀！他把燈熄了，躺在床上左思右想，卻仍百思不解，究竟發生了什麼事，為什麼他

被蒙在鼓裡，毫不知情呢？他的嘴角輕輕顫抖著，一定是的，爸爸走了，丟下我們走了，一定是的，他低聲啜泣起來。

「哥哥！哥哥！」他睜開模糊的雙眼，弟弟正站在他面前。

「哥哥，你什麼時候回來的？」

弟弟正怔怔看著他，他起身，發現弟弟今天的神情迥異往常，眼光竟有些哀怨，平常的他，總是匆匆忙忙的，有點不馴的味道，今天怎麼像隻鬥敗的公雞，垂頭喪氣？

「你告訴我，是不是發生了什麼事？」

「你沒有聽他們在講嗎？」

樓下的大人們仍在交談，已經十一點了，平常這時候，媽媽早就上床了。

「我聽到一些，可是不很清楚。」他心急如焚地想知道詳情。

「我們到外面去講好了。」

今晚有寒流來襲，街道上沒有幾個行人，風吹來刺骨的冷，他後悔出來時沒多穿些衣服。

「你在台北讀書不知道，我本想打電話給你，不過媽說，怕你讀不下書，就叫我不要告訴你。」

弟弟平穩地語氣中有絲無助，他覺得平常似乎沒有關心到他，是兄弟呀，卻有好長時間沒在一起聊天了。

「爸爸離家出走了，星期二早上一大早就出去，現在已經第四天了，以前從來不會這樣的，媽媽昨天到新竹老家去找，也沒找到，今天又去問了幾個爸爸的朋友，也都說沒去他們那兒。」

「走的前一天，爸媽有沒吵架？」

「沒有，沒有，前一陣子是有吵過，不過最近也沒有啊！以前爸爸打媽的事，你也知道的，那時只有我一個人在，我在樓上

聽到就趕快跑下樓來，說了幾句，叫他們不要吵了，不過，那已經是前陣子的事了。是有一個女的啦，常常打電話來找爸爸，大概有一年多了，我就常常接到，媽媽知道以後，每次電話打來的時候，就先響兩聲，然後爸爸過一會兒就會騎車子到外面去打公用電話，那要是我接呢，就沒有聲音，媽媽說，一定是那個女人打來的。而且，爸爸走的前一天，那個女的也有打電話來。」

　　弟弟停了下，也許是在串聯起最近發生的蛛絲馬跡，試圖找出父親為什麼突然離家的原因。

　　「還有，聽說爸爸也去賭，有一次，爸爸藏在冰箱上，用報紙夾著放在布幔下的錢，好像有兩千塊的樣子，媽無意中在整理東西時把它扔了，爸爸就罵媽媽，認為是媽不讓他去賭而故意藏起，那次也是鬧得很厲害，後來在垃圾桶裡找到那錢。也許，爸爸欠人錢，出去避風頭了也不一定。」

　　街道上冷冷清清的，天空佈滿了大片墨黑色的雲，一個星子也沒有，公園旁的攤販早收拾回家去了，夜市裡則仍熱鬧著，有賣蚵仔煎、海產粥、綠豆湯的，也有在拍賣日常用品、皮鞋、成衣的，形形色色排了好長一列。

　　他們坐下來喝碗熱豆花，客人很多，老闆矮肥的身材有點吃不消地忙碌著。他出神地看著，不禁想起了從前和爸爸一起賣東西時的情景，冷冷的冬夜，生意特別忙，一波波的客人走了又來。有一次就是讓一位客人等久了，竟對著父親罵了些粗話，父親忍下了，他卻忍不住要衝上去，也被父親拉住了。那次的經歷留給他難以磨滅的印象，小小的心靈裡，覺得父親為了這個家實在付出了太多，艱難的家計竟是如此沉重地壓在父親佝僂的雙肩上。回到家，則是母親在竈旁辛苦的工作著，一站就是兩三個鐘頭，

還要洗二、三百個小碗，有時候，媽忙不過來，喊他去幫忙，他就老大不高興，否則就以功課忙推辭，現在想想，那時候實在太無知了。

幾年的辛勞，換來了一幢三層樓的洋房，雖然談不上富裕，卻也一直維持著小康的局面，豈料最近生意差了，他的學費，弟弟的補習費，加上種種開銷，家中光景已大不如前了。母親就常對他說：景氣不好，工廠都裁員了，現在做生意難啊！他聽了只有警惕自己日常開支須儘量節省些才行，可是，沒想到家中的情況並不僅是外表的，一年前，父母吵架了，甚至大打出手，從小到大，這樣的轉變使他震驚，繼而是長期的消沉落寞，弟弟也因此考不好，他想不透，爸爸為何會有如此大的改變，是那個女的？還是賭？看著弟弟，他忽然想起了「手足情深」、「同病相憐」等字眼。

一早醒來，他才想起早先答應今天要帶同學到家裡來玩的，他心一驚，趕緊起床刷牙洗臉，出浴室，媽媽面色沉重地迎了上來。

「來，替我打個電話，快點。」媽媽手裡拿了張名片。

「哦。」他趕緊撇下面巾，接過名片。

「這是苗栗趙伯伯的電話號碼，他們常在一起喝酒，我想，有什麼事他應該知道的，你幫我撥。」

他拿起電話筒，一個號碼一個號碼地撥，他又想起了班上同學十點要來的事，但是看到母親滿佈愁雲的臉，他又衝動得想哭，都已經四、五十歲了還發生這種事，他真為母親抱不平；媽並沒有對不起爸爸，為何爸爸要如此殘忍地傷害她！她是養育他二十年的母親呀！媽不知何時起，視力已漸漸減弱，穿針引線也需要

他們幫忙，最近還戴起眼鏡來，看母親的焦急模樣，他有點為自己的彷彿置身事外感到可恥。

好不容易接通了，卻換來聲聲的抱歉與種種的猜測，母親只得無奈地停止那沒有結果的探詢。

他想告訴她，今天有同學要到家裡來玩，而且是女同學，他希望有一個乾淨舒適的家迎接她們，可是母親連日來的疲憊不堪及心裡的愁苦，使他不知道該如何啟口。

「媽，待會兒我要到一個同學家去，早已約好的，午飯就不回來吃了。」

「哦。」母親似乎不太願意多說話，只漫漫應了一聲。窗外有陽光，可是陽光卻照不進這間空蕩蕩的屋子裡。母親日漸憔悴的容顏及略有幾根白髮的蒼老，有著缺少陽光的蒼白，他深感到自己離開的不智，可是，他實在不願待在這傷心、冰冷的家，何況，爸爸對母親不守約，他可不能再對人家爽約，他跟他父親不同的，他想。

「有人在嗎？」外頭有人喊。媽媽趕緊下樓。「可能你爸爸有消息了！」她邊走邊說，一臉地期盼。

「陳太太！」

「哦，是阿祥嫂，今天怎麼有空來？」

「噯喲，我是看妳們好幾天沒做生意，想說，會不會是發生什麼事，來看看啦！」

「那會有什麼事，頭家到南部去玩了。」

「噯喲，好命哦！實在是做這行的自由啦，要做就做，不做就休息，也沒人敢講一句。」

「是啊，是啊。」

　　他眼睛一濕，不忍心再聽下去，趕緊從後門走了出去。

　　一個男孩帶三個女孩出去玩的經驗是很愉快的，他可以看到路人投過來又羨又妒的眼光，他領著她們到附近的風景區，她們的活潑大方使他開朗多了，原本深鎖的雙眉也已解開，他覺得很快樂，雖然家裡發生了這種不幸。

　　「什麼時候到你家？」一個瘦瘦高高、長得很可愛的女孩問。

　　「唔，家裡有點事，很抱歉，不能帶妳們到我家去了。」

　　「我知道，一定有女朋友在家，所以不敢被我們看到！」她們三人笑了起來。

　　「不是啦！」他連忙否認，一群女孩又大聲笑了出來，他覺得內心輕鬆不少。跟她們在一起的每分每秒都令人興奮愉悅，而在家呢？是一連串的哀傷、不滿，他慶幸自己離開了家，離得遠遠的。

　　「這是我小時候讀的學校，我們進去看看。」他突然想看看經過七、八年歲月的衝激，這所學校是否也會改變。

　　「這個噴水池還在。」他指著一座圓形的小噴水池，告訴她們國小時自己的種種調皮事。他不禁想起，那時候老師總會交代下很多作業，回家得寫到很晚才能睡覺，有次寫得手都紅腫了，母親就在旁邊用布替他包起，又把鉛筆削得長短適中的，陪著他寫到深夜的情景，他趕緊用力眨了眨眼。

　　「是美人魚喲，好好玩！」池中豎著一座美人魚的水泥塑像，水自她的口中汩汩流出。

　　前方不遠的教室裡，突然有陣讀書聲傳過來，他覺得好熟悉，好親切。

　　「天這麼黑，風這麼大，爸爸捕魚去，為什麼還不回家……」

　　是幾年級的國語課本，他已記不清了，可是這課文是他記得的！他曾經爲了課本上那位扛著滿簍魚蝦的爸爸驕傲過，他知道，自己也有一個和他一樣的爸爸。

　　「天這麼黑，風這麼大，爸爸捕魚去，爲什麼⋯⋯」幾個女孩在學他們的腔調好玩地唸著。

　　「爸爸去捕什麼魚？」又是那個瘦高的女孩，她拋了個問題給另外兩位女孩。

　　「笨，捕美人魚嘛！」一位女孩指著池中的塑像，得意地回答。這個答案頓時使她們捧腹大笑，可是，他卻感到一陣寒意撲上心頭，他笑不出來，幾位女孩見他的神情有異，也很快地安靜下來。

　　「嗯，我帶妳們去石門水庫玩好嗎？那裡風景不錯。」他試圖挽回已失去的歡樂氣氛。

　　週日的遊樂區一片人潮，觸目可及的是全家人一塊出遊或是雙雙對對的情侶，他們去逛恐怖的鬼屋，坐刺激的雲霄飛車、摩天輪，嘻嘻哈哈的快樂氣氛，很快的沖淡了他心中的不快陰影。

　　當摩天輪在頂端搖搖晃晃時，白花花的陽光溫暖地灑在他臉上，他眯著眼睛往上看，這個世界還是很美的，不是嗎？他不禁輕輕讚嘆。

　　「我們去划船！」

　　他的提議自然獲得三個女孩的贊同。

　　「我載妳。」他向那位瘦高的女孩說。

　　「好啊！不過，你的技術 ── 」她故作懷疑狀。

　　「放心好了，不會讓妳在湖中打轉的。」

　　他們穿上了救生衣，興致盎然。

他緊緊握住了槳，開始一前一後地使勁，小船很快地離了碼頭。整個湖面被點點帆影點綴得五彩繽紛，有幾艘汽船遠遠飛馳著，濺起破碎亮亮的浪花，煞是好看。

「以前來過嗎？」

「沒有。」女孩微傾著頭，將手伸在水裡，輕輕撥弄著，長髮斜斜地遮住她的側臉，看起來很嫵媚動人，他看傻了眼，覺得有些迷離起來，趕緊又用力往前一划。

突然，他的心抽搐了一下，臉色倏地變得慘白，他停下了手中的動作，他不知道該如何來相信此刻眼中所見到的情景，這不可能的事竟是如此鮮明赤裸地擺在眼前！

一條汽船遠遠駛來，他父親的面龐漸漸變大變近，和他生活了二十年的父親在上頭坐著，他看得清清楚楚，是他爸爸，那一輩子也忘不掉的容貌、神情，即使是現在那難得的笑容也是他忘不了的！怎麼會？怎麼會在他身旁竟坐了個女人？一個他從來不曾見過的妖豔女人──他感到腦中轟然一聲，什麼都靜止了，只剩下他爸爸摟著那個女人微笑著從他的視界中緩緩消失的畫面了。

「你怎麼了？」女孩發覺了他僵硬的眼神。

「我們回去！」

他用盡了全身的力氣疾疾地將船划向碼頭。

「你到底怎麼了嘛？才下水就要回去！說要到你家，又不去了，你怎麼這樣子騙人嘛！」女孩生氣地指責他。

「待會兒妳們就在那兒上車，直接回台北，票我會買好！」

車子飛快地奔馳在崎嶇的山路間，他突然哭了出來，想起剛才的一切，女孩埋怨的臉孔。他突然又想笑，他覺得自己和父親

倒彎相像的，他載了個女孩，他父親也是，他騙了她們，父親也
騙了他和母親，畢竟是父子嘛！他輕輕笑了起來，把車窗一推開，
陣風忽地將他的亂髮撕開……。

創

一、

午後二時。一絲風也沒有,日頭的大火燒得柏油路面熱氣騰騰,三三兩兩的行人疾步地走著,像熱鍋上的螞蟻,倉皇而緊張。路旁電線桿下一堆垃圾,雜七雜八的廢棄物聚攏在一起,在陽光照射下發出陣陣令人作嘔的腐臭,幾隻蒼蠅忙碌地穿梭其間。

「幹,實在會熱死!」

發仔用力抹掉額頭上冒湧不止的汗水,憤憤地咒罵,一隻手則不忘抓緊車把,控制住方向。這輛略顯破舊的載貨三輪腳踏車,幾年的經驗,早已駕輕就熟,但也不知何時養成的習慣,踩沒幾下,總要翻頭看看車上的東西是否仍在,這習慣性的警戒有時令他微微感到困惱,彷彿置身在一個危機四伏的世界。

「要注意哦,不要東西被人從後面拿走都不知道!」

素玉的叮嚀又在耳邊響起。他只得再轉頭瞥一下車上用白色的麵粉袋布掩蓋著的幾盤肉圓、貢丸及裝滿熱湯的圓桶,還有豬油、調味瓶罐、大大小小的碗筷湯匙等,並且注意因為車子的搖

晃而不時互相碰撞的聲音。

火車站前公園圓環旁的馬路上，車輛銜接往來，發仔小心翼翼地穿過，在站旁的地下道入口處前刹車停下。幾家裝潢氣派的西餐廳正傳出卡拉 OK 的伴唱樂，一聲聲「你著忍耐」宛如哀歎著自己的可憐身世，淒涼得正像裡頭不斷流出的冷氣。許多行人貪婪地站在門口，享受免費的消暑服務。發仔有些嫉妒地連連用手背拭汗，開始將車上的東西一一搬下，準備穿越地下道到自己的攤位。後站那一長列用青帆布搭蓋起來的棚子是市府設置的第七攤販集中地，前站一些流動的小吃攤子則是非法的營業，沒有固定的生意場所，卻也不必繳稅，每天的收入恐怕更超過固定攤販，發仔有時和鄰旁賣牛肉的老李、四菓冰的林老頭聊起，總會有些不平的怨言。

「但是，有什麼法子呢？大家都要過日子嘛！」

老李最後總是慈悲為懷地做此結論。

發仔吃力地捧起肉圓及貢丸步下陰涼的地下道，佔滿道旁的流動攤販職業性地向他打聲招呼，他也示意地對他們微笑。短短不到三十公尺的走道，已被琳瑯滿目的玩具、衣服、鞋帽、錄音帶及三折書充塞得擁擠不堪，其中還有不少路人四處遊逛著。

「騙肖仔！這個位子是你的？」

突然間在出口轉角處響起一個婦人尖銳地叫罵，大夥兒紛紛簇擁圍觀。

「不是我的，咁會是你的？別這樣，大家出外討生活，最好要講點規矩！」

「規矩？騙人不知！這個位是你家的地還是你花錢買的？大家做生意，各憑本事啦！誰先來誰先佔位，公平嘛！有什麼好不

滿意的！」

眼見自己的攤位被人霸佔的婦人顯然佔了下風，一時氣得說不出話來。不知情的群眾仍不斷踮足聚攏，一時間地下道倒也水洩不通，熱鬧異常。發仔吃力地不停拜託別人讓開些，深恐手上的肉圓被撞翻。好不容易脫身而出，倚牆緩緩吁口氣，回頭看看，那兩個婦人的爭吵依然方興未艾，如火如荼。

「好，算妳厲害，好膽警察來妳就不要跑，那我就講這位是妳的，幹！」

大家頓時轟笑起來。發仔搖搖頭，嘆了口氣。

二、

一切弄妥，發仔開始點火煮湯，並且將幾個肥白的肉圓放進油鍋裡炸著。隔壁幾家都還沒來，他慢慢地將桌椅拭淨擺正，電扇裝上，等待客人上門。

夏季炎熱的天氣使得最近的生意一直不佳，每日的收入僅恰好足夠支付開銷，有時還必須倒貼錢虧本，加上家裡瑣細不斷的開支，幾乎壓得人要喘不過氣來。他歪身斜靠著攤子，張大眼睛看著鍋中漸漸滾燙冒泡的熱油和開始膨脹的肉圓，不禁尋思起前幾天和素玉商量的事來：

—— 素玉，最近生意實在不好，賺的沒用的多，這樣下去，我們存的錢恐怕會用盡。

—— 那照你看，該怎麼辦呢？

—— 我在想，我們可以再多賣一樣東西，這樣一來，客人的選擇多了，自然來吃的人也多了。

—— 有什麼可以賣的？

—— 蚵仔麵線。

「噯，發仔，那麼早就來啦！」

隔壁的老李運載了做生意的什物打他前頭騎過，大聲地喊他。

「嗯！」

他突被喚醒似的趕緊應聲。老李跳下車子了，不走向自己的攤位，反朝他大步走來，他將腰挺直，看著老李一臉沉重的神情，覺得有些怪異。

「發仔，你有聽人說嗎？」

「說什麼？」

「最近市公所有計劃，要將正義路拓寬，打通到咱們這大林路來，做一條給車子走的交流道。」

「那這樣——」

「是啊，我們的攤子又得搬啦！」

「搬？搬到那裡去？才搬來這裡不到一年，又要搬？」

「是嘛！唉！這一搬又要花不少錢，實在——」。

「搬到那裡，知道嗎？」

「哦，不很遠，就移到上一條街去就行，不過，想到就頭大，麻煩得要死，又要拆，又要搭，唉！」

老李搖頭擺手，無奈地回去忙著。發仔感到心中彷彿增添了一塊大石頭，荷負的重量又沉了些。以老李的經濟能力而言，這點遷建費根本不算什麼的，他雖是守著小小一爿店的攤販，卻也前不久買了輛二千 CC 裕隆的轎車，夫婦倆假日偶爾會來找發仔一家人出去兜風，那馳騁在原野、高速公路上時的風光得意，著實令發仔心中欽羨不已。然而，幻想自己有朝一日也能如此瀟灑闊綽，恐怕是相當遙遠的囉。每月八千塊的會錢，兩個孩子的教

育費和素玉省吃儉用的度日已嫌捉襟見肘，昨天素玉才到郵局將錢領出，買些做蚵仔麵線的工具和原料，如今攤位憑空又要搬遷，唉，真是屋漏偏逢連夜雨。

「頭家，一個肉圓，跟一碗湯！」

生意來了，發仔倏地打斷自己的思緒，忙不迭地從滾熱的油鍋裡撈起一個肉圓，拿起剪刀俐落地切割起來。

傍晚時分，肆虐的日頭餘威已稍微收歛，夜晚的涼風開始吹起，馬路上的行人也突然增多了幾倍，整排夜市的攤子前都有一些客人在探頭探腦，或者用手帕擦著油漬漬的嘴滿足地步出。燈火明亮後的大林路，輝映得天上的星月黯然失色。然而這一瞬間的繁華也僅是入夜前一陣浮花浪蕊而已，七時過後，行人便漸漸稀少，好像都去趕赴什麼約會似的，一個接一個迅速地消失不見。剛才勞累了一陣的發仔，此刻鬆了一口氣，從容地洗著碗。

其實，累有什麼關係，只要吃的人多就好了，偏偏每天只有六、七點才熱鬧些，想忙，想累，也沒辦法，真希望一個晚上都像方才那麼熱鬧就好，那會錢，兩個小孩的錢，不就都迎刃而解了嗎？發仔內心兀自盤計著，但覺得洗碗的手愈來愈沉重，好似使不出勁來，他有些頹喪地靠著桌沿休息一會兒。

「發仔，要吃煙嘛？」

老李隔著分開兩家攤位的矮木牆遞來一根長壽，他伸手接下，從褲袋中掏出火柴點燃。

「最近，景氣歹哦！生意愈來愈難做，工廠、公司倒閉的倒閉，裁員的裁員，我一個表弟，前陣子也失業，沒頭路了，真是——」

老李靠在牆上狠狠吸口煙，一臉的怨歎。

「老闆，算帳！」

老李身後那桌二個客人吃飽起身，老李回頭接過錢，笑容滿面地道聲謝，忽又想起什麼似的，再回頭對發仔尷尬地一笑。

「生意歹做哦！」

生意歹做，發仔突然想起民國六十幾年時，在繁鬧的建德路夜市時的情景。那時攤子雖小，但是位在頗富盛名的大方歌廳附近，每天熙來攘往的人潮擁擠，忙起來簡直應接不暇，尤其散場後，觀眾群中總有一些是他的老顧客，連那時走紅的諧星或歌星也不忘叫幾碗湯解饞，簡直風光了好一陣子。客人們喜歡擲骰子，比大小，吃和賭連在一起，對客人是一椿難以抗拒的大誘惑，所以附近的店面，或者過路行人，每晚總喜歡來玩兩下捧捧場。那幾年真也賺了不少，阿雄和阿民才唸小學，兩人輪流來幫忙，卻常常還是忙不過來……

「我那條街，有一個大學畢業，讀什麼中文系的，退伍快一年了，還找不到工作，最近聽說他要到一個親戚家幫忙顧店，什麼店你知道嗎？說出來你愛笑，武俠小說出租店啦！」

老李得意非凡的口風中不小心洩露一絲嘲弄，發仔見了不甚高興，便意興闌珊地有一搭沒一搭地漫應著。肚子餓了，則胡亂叫碗什錦炒麵囫圇吞下，算是解決了一餐。

三、

三個客人疏落地分開坐著，一人佔一桌，十點了，還有這些人來吃算是不錯的。老李已開始準備收攤，他的生意不惡，很多人都喜歡來吃他風味獨特的牛肉麵，招牌上斗大的幾個字「老李牛肉麵」響亮得很。

　　相對之下，發仔小小的木板上寫著的貢丸湯氣勢就差了一截，有些心虛的躲在一旁的角落。發仔默默地抽著煙。眼睛定定看著老吳擺在牆上的那架十四吋的彩色電視機，神采翩翩的楚留香正神出鬼沒般在山崖峻嶺間輕躍飛縱，瀟灑靈活的身手，像〇〇七一樣，最後立在高峰上，面不改色，氣也不喘，還驀然回首綻露出他那迷死人的笑容。

　　「獨行，不必相送──」。

　　老李跟著電視裡高亢的男音唱和著，然後用自以為可以媲美彈指神功的粗壯手指將電視啪的一聲關掉，提起，準備拿回家。發仔出神的目光一下子投射在電視背後那沾滿灰塵的木架上，一隻細瘦的蜘蛛正安詳地躺在一手織造的天地中，油亮的蜘蛛絲像一根根細索，編成一面密網，網住了好多好多東西，黯淡的，沒有什麼色彩，他怔怔看著，顏色真的是褪去了……二十多年前，和素玉結婚時，那台陪嫁過來的電視，曾經替家裡──不，應該說是村子裡──添了不少聲色，附近鄰居一到晚上便扶老攜幼，帶著板凳到家裡來看「姊妹花」、「鴛鴦溪」、「嘉慶君遊台灣」等連續劇，每次總有十來個，將客廳擠得密匝匝地像蜂窩，他還記得當李勇為救嘉慶君脫險而遭亂箭穿身時，大夥兒哭成一團的哀慟欲絕，有些阿婆甚且雙手合十喃喃唸著佛。還有少林寺阿善師的主題曲一響起，小鬼們的手腳便都忍不住煞有其事地跟著比劃招式，雙龍出水、五虎下山、犀牛望月、關公提刀……那真是一派天真無憂的歲月。

　　除了電視，就是以後添購的一台亮青色的大同電扇讓他記憶猶新。大同大同國貨好，大同電視最可靠，一聲聲，轉呀轉的，轉出了阿雄、阿民，也轉進去數不盡的流年心事。那時候，一毛

二的警察，在村子裡是頗具地位，受人尊敬的，但是後來父親的一句話：「當警察，結怨結仇的不太好。」於是，他便卸下警服，專心地做起小生意，這一做，就是十幾年。

「發仔，我先走啦！」

老李揚揚手，大嗓門朝天一吼，便伊伊呀呀地踩著腳踏車消失在夜色中。發仔收回凝住不動的視線，看著老李將貨車騎到對面走廊一個隱蔽處，再彎進巷內，不久，那輛裕隆轎車便呼嘯一聲自他眼前駛過。

四、

車站前矗立著的那座市內最大的電影院，末場電影剛散場，大批人群陸續地走出。發仔知道又將辛苦一陣，每天就等這些人離開才能開始收拾。賣四菓冰的林老頭向他使個眼色，暗示這一天最後的人潮即將湧來，趕緊張網以待吧！發仔會意地報以一笑。

果然，這齣由脫星豔星加肉彈主演的「社會寫實片」吸引了不少的年輕人，此時正一波波自地下道吐出。發仔由老李口中得知攤位將被迫遷移後的憂愁不快，因著這最後曇花一現的好轉而暫時擱置腦後，專心老練地應付客人的來臨。

「頭家，五粒肉圓包起來，要帶走！」

攤子前不知從那裡冒出了一個五十多歲的中年人，一張嚼檳榔的嘴誇張地扭曲著，正用一種煩躁不耐的眼光瞥著他。

「哦，陳先生，稍等一下子啊，怎麼好久沒看到你啦？」

「沒閒呀！卡有你這麼舒適，坐著等客人上門！」

發仔連連點頭向他笑笑。「噗」的一聲他又向地上吐口檳榔汁，一攤血紅稠黏地死在他那輛嶄新的五十 CC 速克達的車輪

旁。不斷的催油聲，使發仔小小的店面更顯侷促嘈雜。後頭兩桌
的客人似乎頗爲焦躁地直眼注視著他手中的動作，一副等不及的
模樣，使發仔有些手忙腳亂起來。陳先生是老顧客，而且一下要
五粒，就讓他稍候吧，應該無妨才對，先把鍋中的給那些客人好
了。發仔心中暗暗思量著。

剪刀喀喀幾聲，再將碗中的油壓乾，蘸上番茄醬、辣椒醬、
醬油，然後灑上香荽少許，一一用叉子插好，便趕緊端起轉身。

「吡吡吡，啥米意思，我的就免弄了是不？」

陳先生見狀突然提高了嗓門，大聲地開罵：

「哦 —— 我的錢就不是錢是不？等這麼久了，比我慢來的就
先弄給他們，幹伊娘，啥米意思，幹！」

「不是啦！不是啦！你誤會了，陳先生，我是想說 —— 」

「想什麼！幹，看人沒有，免弄了！我不要買了！幹！」

罵聲甫畢，投過來狠狠的目光，青筋崢嶸的粗手大力地扭下
把手，呼嘯幾聲一個急轉彎，朝地上憤怒地吐了一口骯髒污穢的
漆紅，膨膨膨疾駛而去！留下發仔一臉的茫然訕紅，客人們紛紛
起身或仰起頭，幸災樂禍地觀看這電影散場後另一齣插映的好戲。

「不是啦，不是啦 —— 」

發仔聲音低得近乎自言自語，有點不知所措地囁嚅唸著。拿
著舀湯長杓的手停在鍋上，似乎忘了下一個動作，一種被誤解傷
害的無奈強烈地襲上心頭……

偕同素玉搬離村子來到都市，胼手胝足地打拚，日子雖不富
裕，但每天都有令人寬慰的盈餘，心中只覺踏實而不以爲憂。然
而，一些不如意的事情依舊經常發生。有一回，剛下過一陣大雨，
他拿起一根木棍小心翼翼地輕輕撐頂，讓水順勢流下，以免風一

吹便像飛簷瀑布般傾洩而下，淋濕桌椅。

　　可是，一不留神，些許的水珠便濺飛到隔壁牛肉麵靠近他的一張桌子上，也潑灑進酒菜內，三個正在喝酒划拳的角頭混混衣服上被淋濕一片。只見那三人頓時沉下臉，默默不語地坐著，並未立即來興師問罪，那時的他也是像現在這樣忸怩不安地暗自叫苦，然後馬上趨前道歉，連聲失禮，可是那三人紋風不動地坐著，其中一人兩眼睜得老大，橫眉冷目地瞅著他。還虧得老李來打圓場，重新再上一桌菜，提壺斟酒地一一乾杯賠罪，但事情並未就此結束，三人一語不發地繼續悶喝著酒，似乎並不因此就善罷甘休。人面較熟的老李，善解人意地拉他到一旁，叮嚀了幾句，最後，他只好趕快打電話叫素玉送些錢來，然後帶那三個流氓搭計程車直奔紅綠街的豬埔仔去開查某……

五、

　　—— 蚵仔，去跟市場內李婆她兒子買就行，吃了如果不錯，我們就長期跟他訂貨，價錢可以壓低很多，麵線也是這樣，妳今天就先買一些回來，試著照我教妳的去弄弄看，看味道怎樣，晚上我回家試吃一下。

　　—— 不曾弄，不知會不會？

　　—— 啊，凡事起頭難，沒人一下就會的啦，試過才會知。憑妳的手藝，我發仔有信心啦！

　　發仔使勁將一桶髒水向馬路上潑去！深夜十二點，路上幾乎人車絕跡，他開始整理東西。這桶水的力道太過，破碎的水珠到處逃難似的流竄，平日的弧形早已亂成不規則的變形。他知道自己的心情仍未平復，那一聲「幹伊娘」像一支利箭依然穩穩插在

他的心窩上，隱隱滲出血來。攤位的遷建費，再加上生意的一落千丈，簡直令他心疲力倦，為了突破目前的困境，早上特別囑咐素玉試弄蚵仔麵線，也不知怎樣了？他撫著悶痛的胸膛，想起素玉心中便不免有些愧疚，總覺虧待了她。這些年，跟著東奔西走，吃苦耐勞卻毫無怨言。每天一早起來，先安頓兩個小孩，送他們去上學，然後馬上開始一天操勞煩瑣的生活：買菜洗衣、燒煮抹地，三個蒸籠的肉圓，幾百個貢丸，都在她的巧手捏擠下誕生，其中調粉、打漿，熱烘烘的爐竈，滴滴汗水總是自她日益蒼老的面龐滑下，叫他看了不忍，盼望有天能賺一大筆錢，讓她也能過著舒服享受的日子，唉！都怪自己沒用。

　　他不知何故又想起了那次驚心動魄的水災，強烈颱風雷霆萬鈞地襲擊著他們那棟簡陋的屋子，屋前灌溉農田用水的大圳眼看著要暴漲氾濫，小路旁的樹木被連根拔起，大股大股的洪水沖進了屋內，他和素玉見苗頭不對，火速收拾衣物，兩個孩子頑皮地用杓子舀水潑出門外。天空的雲層濃黑厚重，不斷變幻成各種奇形怪狀，嘩嘩的雨點像千斤壓頂似的自天降落，風聲呼呼，整個世界如地獄般駭人，他和素玉兩人握緊了手豎耳聆聽屋外威力強大的風雨交加，在那大難將至的一刻，他便認知了這輩子將廝守在一起的妻子是如何地珍貴而不可須臾離。不久，可怕的夢魘開始了：屋頂承受不住狂烈的暴風衝擊而轟的一聲被掀了開來，煞時間灰塵土石挾雜著豆大雨點砰然傾下，他抬頭乍見黝黑的天空塌崩而下，立刻和素玉一人抱起一個孩子拔足飛奔而出，返身再將做生意的貨車及時拉出，裡頭塞滿衣物雜貨，那是全家生活所繫。屋前的大圳滾滾滔滔的濁水發出鬼嘯般的怒吼，直叫人毛骨悚然。間不容髮的瞬間，他不加思索地將兩個孩子連丟帶推搡進

車內，奮力推動車子，咆嘯的風雨飛撲上身，髮濕淋漓的素玉則在一旁扶持著，深恐稍一不慎會連人帶車一起跌落圳中，他咬緊了牙，骨節突暴，在冷寒的滂沱大雨中，額頭竟冒出顆顆燙熱的汗水……

　　他在店內趑趄地來回走著，嘴角辛酸地漾起一絲淡淡的笑意。好一會兒才回過神來，趕忙將桌椅疊好並攏，鍋杓搬出，電扇收起，再把電燈捻熄，藏青色的棚布斜斜掩下三分之二，然後將未賣完的肉圓貢丸用布蓋好，準備放回車上。步下地下道，忽覺有股冷風自底下竄了上來，他不由得打了個哆索。白天的繁華繽紛如今僅剩幾堆販子們遺留下來的紙屑繩索等垃圾，空蕩冷清如荒廢的古墓。他邁著急急的腳步來回走著。

　　好不容易將東西都放妥，解開鎖鍊，放開手刹車，準備踩動時，才突然發覺右邊的輪胎竟然乾癟癟地洩了氣，他跳下車低頭趴在地上檢查，黝暗的月光下，他看到一條長約一公分的裂痕，那是被人用尖銳的利器戳刺的痕跡。

　　「幹！」

　　他紅起眼，朝著無人的街道出聲大罵。車站前除了停放幾輛計程車外，幾乎看不到什麼路人。有個警察神定氣閑地踱來踱去，宛如正在享受著寧謐的夜色。幾盞亮黑的大燈射出蒼白的光明，有氣而無力。他用力朝地上搥幾下，才有了一絲發洩憤恨的快感，但也無濟於事，只得忿忿然起身。

　　「不知那一個大夭壽短命仔弄的，那個人一定沒好死！幹！今天有夠衰！」

六、

　　好不容易推回到家門口，已是一時了。巷子口電線桿下又是一堆發臭的垃圾，空的寶特瓶被風吹得滾來滾去。幾隻流浪的野貓尋翻著食物，不時發出喵喵的尖細叫聲。

　　屋內客廳的燈依然亮著。他用力撳了幾下門鈴，卻遲遲未見有任何動靜。

　　「睡死了是不？」

　　他低低咒罵著。用手指按著不放，唧唧的電鈴聲劃破了夜深的寂靜。一下子，終於聽到素玉下樓的腳步聲。暗紅的大門一開，迎上來的是一雙睡眼惺忪的疲憊臉孔。他覺得自己在外頭受了許多委屈，而她竟然睡得跟死人一樣，心中不禁怒火升起，大剌剌地將東西搬進搬出，故意碰撞出刺耳的聲響。

　　「怎麼這麼晚？都快一點了。」

　　「不知道那一個夭壽囝仔將車子的輪胎刺破，害我一路推回來，差點沒累死！」

　　發仔沒好氣地回答。不經心一瞥，看到樓梯旁放著一個白色藥袋，遂好奇地問：

　　「是妳人不舒服？」

　　「不是，是阿民，在學校得到流行性感冒，頭昏又流鼻水，我去安順西藥房裡拿的藥，花去二百塊！」

　　素玉低下頭有些羞慚地看著地板，彷彿孩子的感冒完全肇因於她的照顧不周似的。

　　「唉，運氣真壞！」

　　他有點氣喪地看著那包藥。

「哦，對了，蚵仔麵線我已經弄好了，不知味調得啥款，給你盛一碗吃看看，好不？」

素玉說完自顧自地走進廚房。發仔打了個呵欠，沉默地坐下，掏出一根煙徐徐點上。不久，素玉端出一碗熱騰騰的蚵仔麵線，上面灑了幾片香菜，一陣香味馬上撲鼻而來，鮮黃的麵線攪拌著濃稠的湯汁，幾粒青綠的蚵仔點綴其中，均勻的色彩配上誘人的香氣，頗令人垂涎三尺，但是發仔見了卻心情一沉。

「素玉，講一個壞消息。市公所說要建一條交流道，從我們攤子那邊穿過，所以要我們準備遷移到另一條街仔路去，這是老李跟我說的，恐怕，恐怕要花一筆錢──」

「這樣子哦──」

素玉聽了臉色凝重，呆坐著半晌不言一語。發仔再抽口煙，緩緩將眼睛閉上，眉頭緊鎖，好似陷入某種沉思的深淵，素玉偷偷望一眼，微微覺得很害怕。

白煙繚繞中的發仔又想起了那次天毀地滅的颱風過後，他扶抱著素玉和兩個小孩回返家園探看時的一幕：

頹壞的屋子早已垮成一堆瓦礫殘木而已，親手灌植的玉米叢也已斷折，剛冒出頭的玉米穗泥水中散浮著。一些來不及搶救的家具則不知被風吹落到何方，當年曾風光一時的黑白電視，更是破爛得面目全非，一根枯朽的樹根直直地砸在電視上，破裂的鏡片靜靜地僵躺在磚塊上。大圳的水未退，仍是狂吼著向前奔流，只是水面漂浮了好多樹枝、垃圾、衣服、甚至桌椅等，間或幾隻死雞死鴨或浮或沉地冒出水面，浩浩蕩蕩地自他們一家人眼前漂過……晶瑩的淚水自素玉的眼眶中淌下，他彎腰，拾起一片瓦，抬頭仰望烏雲籠罩的天空，緊緊地抱著兩個不解人事的孩子，慢

慢地放聲哭了開來，那時的素玉聽了心中亦是微感害怕，不解地看著他。不久，只見他仰起臉握拳，用一種近乎嘶喊的音量，向著滿天窒人的陰霾堅定地吼：「沒有這麼簡單的！沒有這麼簡單的 ── 」

然後，他們一磚一瓦地又再重建起自己的家園。

「發仔，你在想什麼？」

素玉輕輕推了他一把：

「煙都快要燒到手了，你是在發什麼呆？」

睜開眼，發仔再度看到擺在桌上那一碗蚵仔麵線，他定定地凝視著，像是盡力要用微弱目光穿透它似的。忽然臉上綻開了一片笑意，高聲地對素玉吩咐著：

「快，去樓上叫兩個孩子下來！」

「幹什麼？他們都睡了！」

素玉一臉狐疑，感到莫名其妙。

「叫妳去，就緊去，快！」

發仔帶點興奮的語調感染了她，她只好快步上樓去喚醒他們。發仔趁這個空檔忙到廚房竈上大鍋裡再舀了三碗，匆匆放在桌上。

兩個小孩極不情願地揉著眼，素玉不時哄拍著他們。

「快，都下來，坐好！」

發仔將椅子急急拉出，拍拍灰塵，端正擺好，微笑地看著他們母子三人。

「來，你們兩個坐好。阿爸請你們吃蚵仔麵線好不好？這是媽媽親手做的哦！很好吃！」

「阿爸 ── 我們已經吃五、六碗囉！」

　　兩個孩子幾乎是異口同聲地說。素玉聽了不好意思地別過頭去。

　　「我先讓孩子試吃過了。」

　　發仔先是一愣，繼而有些靦腆地笑笑，不過一股更深的喜悅卻自心中緩緩升起。

　　「不要緊！嘿，好吃的，吃十碗也不嫌多！以後我們家要加賣這個，自己人不捧場怎麼行！來，阿民、阿雄，緊吃！素玉，妳也來一碗！」

　　夜已深了，星斗在天空眨眼睛，奇妙地閃亮著。客廳昏黃的燈光下，發仔一家人正唏唏嗦嗦地吃著蚵仔麵線。已經吃第三碗的發仔心裡想 ——

　　幹！多一樣東西，就多一分希望！環境想要打倒我發仔，沒有那麼簡單的！明天，明天我就去請隔壁很會寫毛筆字的劉老師幫我寫一塊招牌，上面要用紅色的顏料，兩邊寫貢丸、肉圓，中間則寫一個大大的「贊！好吃的蚵仔麵線」……

黃　昏

一、

門未關妥，阿明便急急地跑了出來；整條巷子靜靜的，只有一隻小野狗，在圍牆下的垃圾桶裡翻尋著食物；他把手搭在額前擋住日光，瞇起眼睛，才看到遠處有一位瘦小的身影，在巷子一端緩緩移動著。

「阿公——」

身影聞聲停了下來，倚著拐杖，小心翼翼地在路旁的一塊大石頭上坐下，順手從煙袋裡摸出些煙絲，慢條斯理地輕輕放進長煙桿的煙斗裡，悠閒地抽了起來。

「阿公，你怎麼走這麼快？」

阿明很快地追過去，微微的喘著氣。

「不走快些，難道要你們年輕人等我啊！笑死人。」

「等一下有什麼關係，我的功課都做完了。」

「等？你們年輕人知道什麼，到我們這種年紀的人，最怕的就是等了！」

　　阿明抓抓頭，一時接不上話來。老人徐徐地噴了一口煙。

　　「難道，你也跟你媽媽一樣，認為阿公老了，不中用了！」
老人有些激動，臉上肌肉輕微地顫抖著。

　　「不是啦！阿公——」阿明連忙否認。

　　「不是就好！」

　　阿明低下了頭，老人又吐了一口煙。

　　「走吧！」

　　老人把煙桿往石頭上敲了敲，阿明很快地替他拿起那個老舊
的黑色煙袋。

　　「哦，對了，剛才出門時，你媽有說什麼嗎？」

　　「她叫我小心顧著你，別到處亂跑。」阿明把聲音壓得很低。

　　「哼，怕我迷路啊？真是的。」

　　「媽還叫我們早點回去吃晚飯。」

　　「知道了。」

　　「阿公——」

　　「什麼事？」

　　「……」阿明臉上掩上了一層黯淡。

　　「小孩子講話不要吞吞吐吐的，有話跟阿公講。」

　　「媽說，你下星期要到叔叔家去住了，是不是？」

　　老人握著煙桿的手突然用力起來；枯瘦乾瘪的手，幾條青筋
暴露了出來。

　　「嗯。」老人久久才從喉嚨裡擠出個字來。

　　「怎麼每次都是只住一個月就要走了？」

　　老人沉默著。

　　「是不是不喜歡阿明？」

「傻孩子，阿公最疼你了。」

「那，我叫媽留你住下來好不好？住一年、二年，一直住下去。」

「唉，」老人長長地嘆了一口氣。

「阿公 —— 」

「別說了。」老人的聲音變得有些不自然：「看到公園就叫我。」

二、

「看到公園囉！」阿明大聲地告訴老人。

「好，我們進去，現在一定很熱鬧。」

公園入口處停了幾輛摩托車，隨意地並列在一起。旁邊賣小吃的攤販熱心的吆喝著。幾個中年人坐在一攤臭豆腐前，正剝著花生，互相敬著酒，桌上五六個空米酒瓶在一堆花生殼中閃閃發亮。小孩子來回地互相追逐吵鬧，夾雜著嬰兒尖銳哭叫，一切都是安安穩穩的人世清平，益發顯得夏日午後的慵懶漫長了。

老人走到一處賣鹽水花生的攤位前。

「老趙呀，今天生意怎樣？」

正坐在椅子上搧著扇子的攤位老闆見了老人，忙不迭地起身堆出一臉的笑意。站在老人後面的阿明，則睜大了眼睛注視不斷冒出縷縷白氣的熟花生。

「噯，馬馬虎虎啦！咦，你今天怎麼晚了，裡邊好像已經開始在唱了。」

「唉，還不是家裡頭，阿明他媽，囉哩囉嗦一大堆的。」老人壓低聲音，露出一付無奈的面孔。

「還是你自在，自己賺錢自己花，省得看人家臉色，被人嫌東嫌西的。」

「那裡話，你的媳婦挺孝順的嘛；孫子又陪你出來，該滿足啦！」

老人回頭看了看阿明，臉上才稍稍有了一絲笑容。

「我這個孫子呀，還挺解人意的。哦，老趙啊，給他來十塊錢花生吧！」

「好，好。」

老闆忙拿起塑膠袋，抓一把花生就往秤上放。

「其實，人老了，要做生意也真難。有時候，一些年輕人欺負我人老眼昏花，拿東西，就跑了！真是沒良心，唉，人老了就是不行了。」

「那兒的話，我看你的身體還挺硬朗的嘛！怎麼就老呀老的掛嘴邊。」

老闆尷尬地笑了笑，把裝好的花生遞給了老人。老人一邊付錢，一邊把花生交給阿明。

「阿公，我們進去吧！」

一進公園，老人心中不覺微微地一驚，一座巨大的電子座鐘高高地矗立在眼前，頂座上一隻獅子挺拔雄偉地昂立著，像是隨時都會撲下來把人吃了似的。

「是怎樣了？怎麼每次見到這隻獅子，心頭總是怪怪的……。」老人有些氣喪起來。

「阿公，你看那隻獅子，好大隻，好強壯喔 ── 」阿明興致勃勃地指著說：「我以後也要像那隻獅子一樣。」

「嗯，以後你會的，阿公以前也是這樣勇健，我有沒有告訴

過你，阿公以前一個人打退四、五個壞人的事？有沒有講過？」

「沒有。」

「嘿！我們到前面涼亭裡去坐，阿公慢慢地告訴你。」

他們很快地經過兩旁都是夾竹桃的水泥路，走進一座八角涼亭，亭子上頭掛著一張黑檀木木匾，「清爽亭」三字有些磨蝕得模糊了。裡頭大理石圓桌旁環列了六張石凳，卻沒有人，只有些許的日光斜斜的潑灑了進來。老人拭乾了額上的汗，坐下，把帽子脫下妥善擺好，又把煙桿拿起。阿明則把一粒粒花生米往嘴裡送。

「若說起這件事，實在是可以拍電影了。很久以前啦，都記不得是什麼時候了。有一夜，阿公和一位朋友喝完了酒，走回家的路上，那時候，阿公喝得醉醺醺的，一路唱歌，一路顛著走，誰知道 ── 。」

亭子附近來了一位賣棉花糖的老頭，正把一枝枝像大朵紅花似的棉花糖，插在車前把手上招攬生意。阿明停下了手裡剝花生的動作。

「突然間有四、五個壞人，從巷子口衝了出來；可怕哦！一個個滿臉都是橫肉，身體很壯。阿公那個朋友，哦，就是剛才你看到那個賣花生的阿伯，咦，阿明，你在看什麼？」

「哦，沒，沒什麼。」

阿明趕緊收回了游移的目光，注視老人滿佈皺紋的清癯面龐。老人用力吸了一口煙，眼神炯炯有光，精神抖擻。

「你要仔細聽，這是阿公的親身經歷，絕對不騙人的！」

「阿公和那個阿伯把他們打跑了是嗎？」

「對！嗯 ── 不對！你趙阿伯呀，一看到這個場面，手腳一

下都軟了，還沒打到就嚇得昏過去。」

　　小孩聽了呵呵大笑，老人覺得有些自豪。

　　「然後呢，他們四個人，嗯，是五個。是五個人，將阿公圍在中間，一個個手裡都拿刀，亮閃閃的好嚇人。阿公看情形不對，你猜阿公怎麼著？」

　　「溜了！」

　　「亂講！阿公是這種人？」老人仰起了頭。「阿公脫下外套，揮揮揮，一下子就把他們手上的刀都打落地上。有一個不要命的，嘿！從後面一腳踢過來，阿公一閃，竟踢到他們自己人的肚子，哈哈哈……。」

　　老人興奮地笑了起來，阿明也不禁用力拍手，表示對老人的欽佩。老人張開了只剩幾顆牙齒點綴的嘴巴，像個英雄，笑著接受唯一一聽眾的喝采。沒想到一時笑岔了氣，一口痰湧上，竟忍不住大聲咳嗽起來。阿明趕緊過去捶他的背。

　　「不要緊，不要緊。老毛病了，不要緊的。」

　　「阿公，等一下再講啦，我們過去那邊。」小孩用手指了指噴水池那邊，一棵大榕樹下正在唱著山歌的人群。

　　「那邊熱鬧，你不是要下去唱嗎？」

　　老人順著阿明的手勢望去，點了點頭。想起身，又不禁咳了起來，但他還是站了起來。他用手按了下腰，張開口哈了幾口氣，將呼吸理得順了，就和阿明一起走出了亭子。

三、

　　大榕樹下果然熱鬧得很，十來張長條椅子高矮不齊地擺放著，一位中年婦人正拿著麥克風，賣力地演唱著客家歌謠。淳樸

無飾的鄉音吸引著二十幾位上了年紀的老年人，一邊打著拍子，一邊口裡哼著，聚精會神地聆聽著。靠近大樹根旁有一張烏黑的大書桌，上面擺著音響，桌前一小塊粉墨登場的地方，一個人在拉胡琴，一個人敲鑼打鼓，氣氛在一鏗一鏘中喧騰得勃勃有生氣。除了坐在椅子上的人外，四周也有不少年輕人或小孩湊熱鬧似的站著，老人見了，不由得加快了腳步。

「大石伯，你來啦！」一位提著茶水穿梭走動的中年男子向他招呼著。

「嗯，很熱鬧啊！」老人尋了一處坐下。

「托你的福啦！咦，阿明也來了。」

「是啊，說真的，這裡實在不適合小孩子來。可是，難得我們祖孫倆投緣嘛，哈哈哈。」

「哈哈哈，你真是好福氣喲！」

兩人聊得起勁，都笑了出來。阿明有些靦腆地站在老人的背後。

「哦，對了，我給你泡杯茶去。」

「好，好。」

「還是跟昨天一樣吧？」

「嗯。」

老人拿出已經陳舊得泛黑的煙桿，瞇起眼睛欣賞著那位中年婦人的表演。阿明挨著老人的身邊坐下，把花生遞給了老人。

「你吃吧。」老人專心地聽著歌。

「大石伯！」

老人回過頭，一位戴黑帽的老者正朝他咧嘴笑著。

「哦，阿貴，是你喔！」

「是我啦，你怎不下場唱首歌，讓我們飽一飽耳福！不是我誇你，你的山歌，這個公園的老人中，還真是沒一個趕得過的。中氣十足，聲音又好，實在是贊！」

老人被他誇了幾句，頓覺自己也斤兩起來，臉上微微泛起紅潤的色澤。

「是啊，等一下就換你唱吧。」中年男子捧著茶也插了一句。

「沒問題，沒問題。我大石仔雖然是上了年紀，一顆心是不會輸給那些年輕人的。想我們年輕的時候，那個不是四處跑蕩過。說喝酒，三天三夜也不會醉；要是醉了，就一首山歌一首山歌地唱回家，誰敢說一句！連雞仔聽到都不敢啼一下！」

旁邊的人被他的話逗笑了，老人把腰挺起來：「說到賭，我大石仔最內行。那時候，一盤好幾十塊耶！你不要笑，那時的錢大呀，換現在，嗯，恐怕一晚會輸好幾萬呢！我啦，有一次，走衰運，半點鐘就輸去幾百塊；我是眼睛連眨都不眨一下。哼，那時，他們都叫我『蠻石仔』！那絕不是隨便叫的！」

「誰說不是呢。那時的大石伯是英雄蓋世，連管區都要讓他三分呢！」

阿貴奉承地接了句，四周的人不禁把眼光都投向老人這邊。老人覺得往日的威風似乎又重新回來了，他用手摸了摸阿明的頭。阿明則睜著一雙大眼看著他，眼裡有著無線的景仰與羨慕。

「各位，下面請我們村裡的大石伯，為我們唱首歌，我們大家鼓掌歡迎他！」

台下頓時響起了一陣如雷掌聲。阿明推了推老人，老人將枴杖交給阿明，就笑嘻嘻地走了出來。

「啊，各位鄉親，大家好。我大石仔啦，不好意思，每次來

都獻醜。」

「不要緊，大石伯客氣啦！其實大家都一樣嘛。公園內，只有這一角是我們老人的樂園，我們大家既然來了，就不要客氣，一個唱完接一個，唱爽才下來，你們說是不是？」一個權充主持人的五十多歲婦人笑著向大家說。大家點頭稱是，紛紛報以熱烈的掌聲。

「嘿，她說得沒錯！只有這裡是好所在，只有這裡才有屬於我們的快樂，沒人會嫌你老。其實，我大石仔從來就不認為自己老了，我還很勇健呢！」老人停了下，眼光很快的掃視了場裡一圈。

「好，我來為各位唱一首『男人志在四方』！」

掌聲再度響起，老人拉了麥克風線，一下子像年輕了二、三十歲，全無一點老態，猛猛吸了一口氣，就大聲唱了起來：

　　男人何必嘆氣，為何來悲哀 ——

　　男人志在四方，勇敢去打拚 ——

　　勝敗係運命，唔使怨嘆 ——

　　總有成功一擺 —— 總有成功一擺 ——

　　啊 —— 開花介日子……。

四、

「阿公，你真行，你有聽到他們在拍手嗎？好大聲喔！」阿明邊走邊說。

「哈哈哈，阿公又不是聾子，怎麼聽不見！跟你說阿公樣樣都行，相信了吧！」

「嗯，阿公，你看，我手心都拍紅了！」

　　老人拿起阿明的手憐惜地看了看。「聽說今年『松鶴會館』會舉辦一場老人客家歌謠比賽，到時候，阿公一定去報名，拿個第一回來！」

　　阿明又高興得拍起手來。老人由阿明的掌聲裡像是得到了一股力量，真覺得自己年輕時的豪情依然存在，並未曾失掉。

　　於是老人和阿明就四處閒逛著。園內除了有客家歌謠的演唱外，還有很多小販擺著地攤，賣些皮襖、拐杖、帽子等老人用的東西。此外，也有賣花生、酥糖、胡琴樂器、中藥材的，儼然是一處熱鬧的市集。

　　「阿公，有人在放風箏，好高喔！」

　　「是啊，是啊，真好看，飛得那麼高。」老人有些不安地漫漫應著。

　　「阿公，我去買一個來放，好不好？」阿明要求著。

　　「你有錢嗎？」

　　「有，剛才出門時，媽給我的。媽每次都會給我。」

　　「好，那你去買吧，小心別亂跑喔，阿公就在這附近。」

　　阿明得到老人的允許，笑著一溜煙跑走。老人見阿明走遠了，才趕緊在旁邊的石階坐下，剛才那一陣昏眩很快的過去了。他向四下看了看，有一群人在石階下圍聚著，你推我擠的十分熱鬧。老人一時覺得無聊，便好奇地走過去。

　　「我明天會來，後天會來，這一個禮拜我每天都會來，生意不是做一天二天就算了的；我今年七十多歲，老人是不會騙你們的。這麼老了還騙人，那我就真的是『老不死』了！」

　　圍觀的人頓時一陣大笑。老人擠上前去，只見一個頭髮花白的老年人，身穿一件體育運動外套，看起來精神奕奕，手裡拿著

一瓶藥丸，正在推銷著。

「我不是要賺你們的錢，你們站前面的有看到沒？我的牙齒，鑲了好幾顆，都是金的。純金的呀！我若是沒錢吃飯，隨便拔一顆牙齒下來就可以了，何必這麼辛苦，講得嘴角都是口水。沒必要啦，我赤腳仙，以前在台北圓環附近，大大小小那一個不知道。賣好藥是做功德，不是賺錢的！」

賣藥的老人一臉嚴肅，挺眉睜目，說得義正詞嚴，慷慨激昂，高亢的語調吸引了不少過路的人。老人看不清他在賣什麼藥，只看見舖在地上的一大片紅布上，擺著大大小小的黑瓶子，及幾張在日本留學的放大照片與中醫師執照等。那老人一面說，還一面翻著一本彩色的日本裸女照片，前面幾個年輕人的眼睛都隨著他手的翻動而不停轉移著。

「今天中醫師的最大缺點，就是有了秘方不肯公開，怕別人知道，我赤腳仙仔不是這種人！這種人是對不起各位，對不起國家社會。」他嚥下一口水，「一個男人不能滿足太太，算什麼男人！算什麼大丈夫！不要不好意思，這可以改變你一生的命運。講沒有關係，要公的說公的，要母的說母的，我有兩種不同的藥，一種是男人吃的……。」

「幹！原來是賣這種藥的！」老人心中憤憤地咒罵著，很快的退出人群外。

「我蠻石仔以前年輕時，那裡吃這些什麼藥，吃這種藥？沒出息的人才吃。」老人邊走邊喃喃地自語著。離了石階，無意中看到不遠處的一棵榕樹下，有五、六個人，手上拿著花花綠綠的鈔票忽前忽後地動作著，像在進行一宗大買賣一般。老人心中湧起一絲狐疑，年輕時的勇氣一時湧了上來。

「一看就知道 ── 在賭博！」老人扶著拐杖走了過去。「若說賭，你們算後輩，我年輕時是十賭九贏的！」

老人往口袋裡摸摸，拿出四百塊錢，但很快又放了進去。

「不知道阿明他媽是忘了，還是故意，最近沒拿零用錢給我，手上只剩下這點錢，跟人賭什麼。一次就沒了，唉，這女人。」

老人遲疑了一會，決定站在一旁觀看。一個莊家正將手中的三張撲克牌在小桌上左右不停地調換，老人湊上前去仔細瞧瞧。莊家兩手來回移動得並不快，當牌擺定了，老人幾乎可以肯定有紅心的牌是在那張。他想押下錢去，但又迅即打消了這個念頭。一會兒莊家翻牌，果然是老人猜中的那張牌，有二、三個人都猜中了。莊家每個人如其所押的付錢給他們。

「哎！真可惜！」老人心裡暗暗責怪著自己。

「好了，下一盤，看著啊！」莊家小聲地叫著。大家又聚精會神地注視著牌的變化，老人在一旁摸著自己口袋中僅有的四百塊，手不禁微微發抖著。

「著了！著了！哈哈，莊家，一千元拿來！」一個年輕人押對了，莊

家很快數了錢給他，他笑顏逐開地在老人面前數著鈔票。

「這錢好賺啊！你看，一分鐘不到，就賺一千塊啦。喂，你老人家不要只看啊，來玩一下嘛！玩一下沒關係啦。沒錢，還是不敢呀？」那個年輕人動動手上的鈔票向他游說著。老人心中頓時慌亂起來，不好意思地笑了笑：「你們玩就好了，我看一下。」

年輕人看著他，露出一種睥睨的眼光。老人心頭一震，覺得像是遭人侮辱一般，感到一陣難受。

「以前我一擲千金都面不改色，現在怎麼膽小了，給人看不

起！」老人滿面羞愧地退後些。

「我是蠻石啊！」老人有些恨起自己來了。

「啊哈！又贏了！又贏了！實在好運，一千賺二千，二千賺四千，哈哈……。」那個年輕人又在示威。

「只有二個人沒押對而已，憑我的眼力 ── 。」老人想想，倏地從口袋掏出那四百塊來。年輕人見狀，眼睛一亮：「好！包你大賺錢！」

老人朝他笑了笑。

「莊家，出牌！」

莊家左右兩手來回迅速移動著，三張牌在他手裡有著各種不同的花樣變化，大家都目不轉睛地看著自己心中認定的那張王牌。老人額頭上微微沁出些汗水，兩手緊緊握住了拐杖。

「好，押！」莊家停止了動作。

「這張！」老人毫不考慮地把四百元擲了下去。很快的莊家翻了翻牌。

「著了！著了！」老人叫了起來，高興得合不攏嘴，年輕人這回卻沒押對，老人得意地向前走了一步，數著愈來愈多的錢……。

── 要是阿明在就好了，他該看看阿公的威風是不輸給年輕人的。

── 我要給阿明買件新衣服，不，還有一只新手錶，他一直想要的。

── 以後不用再看阿明他媽的臉色，向她伸手了……。

「再來！再來！」老人滿懷信心地叫牌。

「老先生，你還有沒有錢啊？不如再加二百，湊成一千，待

會兒就會有二千元啦。」

「沒了，沒了，就這八百。別小看這八百，憑我的眼力，八百可以賺八千。」

老人自顧自地說著，年輕人的臉上驀地飛過一絲詫異，又像是受騙後的憤怒。

「真的沒了？」

「沒了，沒了，喂！莊家你快下牌呀！」

莊家低下頭開始弄牌，一來一往，一去一回，手與牌，牌與手，迅速地混亂著每一個人的眼睛。老人握緊了手上的鈔票，充滿信心地注視。

「押！」

「啊，不是這張！我明明看得清清楚楚的！」老人胸口突然一陣疼痛，大聲嚷了起來。

「別嚷嚷，我還不是輸了。」那個年輕人沒好氣地對他說。

「你們做牌，一定是！我雖然年紀大些，可是我的眼睛還沒花！我看到了，應該是這張，你們偷換了，錢還我！」老人悲憤交集，近乎歇斯底里地喊了起來。

「喂喂喂，你怎麼了，輸不起啊，輸不起就不要玩！」莊家略帶慍怒地說。

「老番顛！」

旁邊幾個人圍攏了近來，老人不知那裡來的蠻勁，突然舉起手裡的拐杖打向旁邊的年輕人，那個年輕人輕易地閃跳開，從後面踹了他一腳，老人頓時失去了重心，跌倒在地。掛在褲上的煙桿一下子掉落下來，黑色的煙絲灑得一地。老人掙扎著想爬起，卻覺得右腿一陣強烈的抽搐，疼得一時無法再移動。

「你們這些年輕人……」。

「我們走，沒用的老頭子，輸不起嘛！」幾個人一起向公園的出口方向走了。

「我是蠻石！我不會放過你們的！」老人心中吶喊著，他想大聲說出來，卻覺得喉嚨裡像是有東西哽住一般。

「阿公！阿公！你怎麼啦！」

阿明拿著一個風箏跑了過來。

「阿公！阿公！」阿明用力地將老人扶起，替他拾起煙桿及枴杖，又拍了拍他衣上的塵土。

「阿公，你怎麼跌倒了？是不是有人欺負你！」阿明焦急看著老人。

老人一語不發地站著。

「阿公，你看，我買的風箏。」

阿明炫耀地將風箏高高舉起，老人看了下，眼中竟閃現一絲淚光。

「阿明，我們回家吧，你媽還在等我們吃晚飯呢。」

「喔。」阿明沒受到老人的稱許，感到有些失望。老人咬緊了牙，抬起頭看天色，太陽竟不知何時已漸漸西下了，只剩天邊一片紅霞仍兀自頑強地燦爛著。

「太陽下山了。」

老人和阿明靜靜地走過石階。

「阿公，我剛才放風箏時，順便到門口問了賣花生的老伯伯，他怎麼說他以前不認識你呀？」

「是嗎？」老人似乎不想爭辯些什麼，只一逕地低著頭，沉重的腳步無力而緩慢地移動著。

「阿明 ── 」

「什麼事？」

「你說，阿公是不是真的老了？」

「沒有，阿公你不會老，不會老的 ── 」

　　夕陽的餘暉將祖孫二人的影子投射在回家的路上，拖得好長好長，而公園那一角的喧騰也已漸漸的淡了下去。

阿財與野薑花

一、

　　第一次見到許阿財，是在新生訓練時。他因為一直打瞌睡被導師罰站，在禮堂黑壓壓的五百多人中，他矮瘦的個子極端突出地直立著，像一張女孩漂亮的臉孔，偏偏生了一顆大黑痣般，醒目而刺眼。坐著的同學，總不時以一種幸災樂禍的眼光偷偷看他，而他則沉默地站著，但偶爾也會低下頭，對他們詭異地一笑，不知是報復還是自我解嘲。第一天他就讓全校師生留下深刻的印象。

　　因為台上的演說者千篇一律的冗長訓話，我開始無聊地仔細打量起他。他長得蠻高的，就可惜瘦了點，頂好玩的是頭大大的，加上扁頭，從背後看正好呈一倒梯形。我想起小學綽號叫「大頭」的玩伴，恐怕還比他小一些。嘴唇緊緊抿成一線，倒顯出一種堅毅不屈的氣勢，宛若正在孤身對抗著禮堂內所有與他為敵的人，有著準備殉身的味道。至於他的服裝也挺令人費解，髒兮兮的白上衣，一條條的皺紋恐怕用熨斗也無法撫平，那必定是傳了好幾代的家寶，如今輪到他穿著好光耀門楣。我注視著他瘦小的身影，

有些憐憫的情愫自我心中產生，我想走過去叫他坐下，但礙於導師的情面，我還是按捺不下這股多管閒事的衝動。就在我有點扭怩不安的時候，他的導師站起來了，一部分原本也在打瞌睡的同學突然機警地紛紛抬頭挺胸，並且利用眼角的餘光看著他慢慢走到許阿財的面前。

「以後不可以打瞌睡，聽到沒有？」

許阿財趕緊點點頭，導師看他誠心悔改的模樣，也就不再刁難他。他如蒙大赦般坐下，重獲自由的喜悅很自然地流露出來，看看右邊又看看左邊，大概想知道有誰為他的歷劫歸來感到慶賀，卻不料四週的同學早已忍不住低低笑了出來，一聲聲「大頭財」、「笨阿財」，加上嘻嘻嘿嘿的嘲笑，此起彼落地響起。他臉上一陣訕紅，連忙低下頭去。導師聞風轉過頭來瞪了一眼，全班立刻閉嘴抬頭，回復原狀，認真地聆聽著台上的演說，但過不了幾分鐘，一鼓作氣便到了再而衰、三而竭的地步，於是打瞌睡的又開始老僧入定，用手指在地上作畫的則繼續未完成的傑作。我換了個較舒適的坐姿，意興闌珊地聽著台上教育局的官員正在暢談國民中學的新課程及新精神，將近一小時的長篇大論，使我忍不住也打了個呵欠。

二、

「全校所有的導師，請至一樓會議室集合，準備開導師會報。還在走廊外面走動的同學，趕快進教室安靜早自習！」

訓導處的廣播甫畢，辦公室裡原本的寧靜立即被打破，大家趕緊拿起書本或作業簿準備打發這每週一次的例行開會。

「民生報呢？報紙在那裡？借我一張看，不然好無聊哦！」

教生物的李老師大驚小怪在嚷著。

「都被拿走啦！下次預約請早。」

有人開玩笑地回答，她只好氣嘟嘟的隨手拿起「簡易家庭食譜」。

會議室裡，校長依舊口沫橫飛地議論風發，而老師們也仍然各忙各的，彼此井水不犯河水。我埋頭批改著一仁昨天歷史第二章的測驗，成績大致良好，滿分的有七位，頗令人欣慰。因為是常態分班，所以各班程度都良莠不齊，在教材的準備上很需下一番工夫才行。幾個智商較低的，分數非常不理想，二、三十分的依然有好幾個，尤其是許阿財，簡直慘不忍睹，我思索著該如何誘導他們拾起課本。

「欸，羅老師，你在改我們班的卷子？」

坐在對面的一仁導師林水男正壓低嗓音問我。他在本校教國文已近十年，算得上是元老級的大牌，四十多歲的年紀，相貌倒端正，只是頭髮已開始稀疏起來，手上的煙則好似從不離手，一有空就吞雲吐霧，即使開會也不例外。在辦公室他坐在我隔壁，使我每天擔心自己恐怕會比他更快罹患肺癌。但此刻雖被煙味嗆得坐立不安，卻也只有忍耐，而且難得他會關心班上的成績，於是便把登記好的成績簿遞給他。他戴起眼鏡，猛吸一口煙，慎重其事地端詳起來。

「嘿嘿，不錯，英才，真是得天下英才而教之，一樂也，一樂也，還有這麼多人一百分呢，不簡單。」

我瞥著他心花怒放的表情，不覺也感染了幾許教學上被肯定的愉快。他那陶醉的模樣，好像這些滿分的同學均拜他之賜才有以致之。但這種笑容並未持續多久，只幾秒鐘時間，他的臉色已

轉呈鐵青，方才的得意瞬間被怒氣所淹沒。他狠狠的噴出一大口白煙，坐在他旁邊的女老師趕緊如聞空襲警報般紛紛閃躲，惟恐被流彈所傷。

　　「白痴，白痴，考這什麼分數，怎麼會有這麼笨的學生，實在氣死人！唉，人呆看臉就知道，你看看這個許阿財，鴨蛋！鴨蛋呀！連選擇題都猜錯，真是大白痴！」

　　我被他罵得身子頓時矮了一截，好像許阿財就是我，不好意思地顧左右而言它，轉頭去聽校長的「精神講話」──

　　「第一，我要求各位同仁，在本校，一切要上軌道，遲到、早退的情形，希望從這學期開始不要再有，還有請假浮濫的情形，從今天起，我也要嚴加管制，不能再像上學期一樣，隨便打個電話來學校託人代替就算請假，以後電話請假一律不准。其次，各位導師的家庭訪問，一定要確實去做，我會發給每人家庭訪問費六百元，做各位的車馬費。錢雖不多，但你們要知道，這不是上面撥下來的，是我動用上年度的結餘經費挪給各位的，這在全省的國民中學，像我這樣有魄力做的，並不多，所以各位同仁……」

　　我看到他那副司令官對軍隊訓話的表情，不可一世的氣焰囂張，就令我後悔怎麼會被分發到這個學校來。我還是寧願厚著臉皮看林水男那張拉得長長的臉。

　　「這個大頭許阿財，實在讓我頭大！」

　　他看我回心轉意，又擲把飛鏢過來，我連忙接住。心想對這樣一個學生是否有什麼辦法可以改變他？林水男積十年的經驗，該向他討教才是。

　　「那依你看，有什麼方法可以讓大頭不再令你頭大？」

　　他聽了毫不思索，立即微微舉起右手掌合併成一個手刀形

狀，然後胸有成竹地朝空中吐一口煙，篤定地說：

「只有一個方法 —— 打！」

三、

「咻」的一聲，林水男手中的籐條鞭子毫不容情地劈下！一年級導師辦公室頓時一片死寂，每人都屏住氣息，不敢稍有大意，惟恐破壞了嚴肅的氣氛。根據經驗，當某位老師在處罰學生時，其他老師若對學生怒目直視，或保持緘默對老師做道義上的支持，均可達到古代公堂上兩列手握木棍的衙役齊聲吼出「威武」時的懾人氣勢，讓學生自然而然地感覺到他已怒犯天條，罪不可逭，而甘心受懲。

許阿財直楞楞地站著，手心忍不住抵緊褲縫，企圖將火辣的疼痛壓抑下來，但即使如此的不露聲色，依然逃不過林水男那雙明察秋毫的銳利眼睛。

「怎麼，怕痛啊！怕痛你還這樣！第五週了，你的書法、週記一次也沒寫！剛開始你說明天交，我還信以為真，特別准許你遲交，結果一禮拜過去了，連個鬼影子也沒看到。問你又說下禮拜一補交，我，我竟然還聽你的，以為你一定會交，你說，老師那裡對不起你了？寫個週記要你的命是不是，是不是啊！」

林水男激動得提高了聲調，許阿財在眾目睽睽下幾乎不敢將頭抬起，一顆豆大的眼淚盤桓在眼眶四周，久久不願掉下。

「問你話，啞巴是不是？說，為什麼不交？」

林水男的口氣似已緩和，我在一旁忙不迭的對許阿財使眼色，叫他開口。下課時間，很多女同學進進出出，都好奇地看著他。

「不會寫。」他終於囁嚅地吐出三個字，像是經過千辛萬苦的煎熬才煉出的三粒珍貴的藥丸。

「不會寫？笑死人，你說，那裡不會寫？」

「國家大事不會寫。」

「國－家－大－事，又不是要你編，抄報紙你不會呀！」林水男又怒從心中起。

「我家沒有報紙──」

「沒有？笑死人，那你不會到學校來抄其他同學的，學校閱報欄有三、四種報紙，黑板也寫著一週國內外重大新聞，你是不識字是不是？」

林水男用手推了推僵立不語的許阿財，宛如一座即將爆發的火山，燙熱的岩漿已開始慢慢湧出，感到溫度再度升高的老師們連忙低下頭去批改作業或看報紙，怕火山爆發造成事故，自己是目擊者，要負良心上的責任。

「我看你是存心要跟我作對，我告訴你，班上每一個人都交週記、書法，你也不能例外，這叫公正、公平，沒有人可以不交，我警告你，再不交你試試看！把手伸出來！」

糟了，我想阻止，但一見林水男目露兇光的怒容，我不得不識相地沉默在一旁。

咻咻咻！

許阿財眉頭一緊，眼淚終於忍不住滾滾滑落，滴在泥地上漫湮開來，變成淚的小花。他的表情很奇怪，大概是咬緊了牙的關係，整張臉痛楚地扭曲。我為自己的懦弱感到羞恥。我想起了那次導師會報時林水男對我說的一番話──

「你們剛從事教育工作，大多會認為打不好、不對，總以為

愛的教育方式才合乎現代潮流，其實，單單愛是不夠的，鐵的紀律才是管理學生最有效、最直接的辦法。我不知碰過多少次了，作業不交，罵他幾句，下次就交了，更頑劣的，拿起鞭子揍他幾下，包管你明天上課，作業簿好好的放在你講桌上，這不是蓋你，以前剛開始我也是好言相勸，也想用愛，可是愛得到作業準時交嗎？愛不到！不是忘記帶，就是在家裡，千篇一律的謊話，使我最後迫不得已採取鐵腕政策，遲交就揍，再不交再揍，他一定會交的。當然啦，你打要有技巧，第一要聲音大，以收殺雞警猴之效。第二要痛，不痛不癢，打了等於白打。第三，要不留痕跡，你不要打得一條條的血痕，家長看了會告到學校來的……」

　　是嗎？真的是這樣嗎？為什麼以前在學校，教授都沒講過這些呢？我感到一絲困惑纏上心頭。

　　「好，我最後再問你一次，什－麼－時－候－交？」

　　「…………」

　　「不講話是不是 ── 」林水男作勢將鞭子甩了甩。

　　「下禮拜一。」許阿財低聲地說。

　　「好！」林水男用力拍下桌子，放大音量以示兩人等於訂下生死盟約，不可更改。

　　「這是你說的，很多老師也都聽見了，下禮拜一，沒看到你的週記，你就小心一點啊！」

　　「好了，趕快回教室去上課吧！」我趁機拿起歷史課本將他帶出辦公室。一路上，他一言不發地蹣跚走著，或許方才的一幕使他驚魂未定，我輕輕拍了拍他的肩膀。

　　「許阿財，下禮拜一要真的交週記哦，不然倒楣的還是自己，知道嗎？」

「知道。」

「不會的就借別人的抄，你老師也說過，只要你交就好，寫得好不好無所謂。」

「好。」

「你家住那裡呀？」

「三湖。」

「哦，三湖，那剛好，今天老師正要去那裡訪問我們班的一個學生，可以順便到你家坐坐嗎？」

「好，不過──」

已經到了教室門口，他似乎已稍微忘了疼痛，臉色也平靜多了。一進教室，他就把課本拿出來攤開，眼睛透露出一份興致勃勃的期待。我記得他曾經告訴我，他最喜歡上的就是歷史課，因為可以聽好多故事。

我決定告訴他一個故事。

「你們知道，世界上最偉大的發明家是誰？」

「愛迪生！」有人頗具自信地搶著回答。

「不錯，愛迪生。愛迪生小的時候在學校裡唸書，功課很差，而且常常會問一些奇奇怪怪的問題，做一些奇奇怪怪的事，讓大人傷腦筋，同學也常常譏笑他。因為成績太差，學校的老師就通知他的家人，後來──」

我朝著許阿財不疾不徐地清楚說著，我可以感覺得出，他的眼神裡漸漸有一種奇異的光采。

「他的媽媽就到學校去帶他回家，是不是他的媽媽認為他很笨，不讓他唸了？不是，而是他媽媽認為學校的教育不適合他，所以就在家裡，自己親自教他，從最簡單的開始教起，經過細心

的調教，她發現其實愛迪生根本不笨，只是教的人方法不對而已。從此，她啓發他的思考，幫助他，終於他成了舉世聞名的發明家，而那些當年譏笑他的同學，甚至老師，卻都在使用或享受著他所發明的東西呢！像電燈、留聲機啦，那個當年被認爲智商不足的，最後成了大發明家，這除了他自己本身的努力之外，你們說，他最應該感謝的人是誰呀？」

「他的媽媽！」

全班幾乎異口同聲地回答，可是我發覺許阿財的嘴巴依舊是緊緊閉著，並且面色沉重地垂下頭去。

四、

「坐好，等一下抱著老師的腰，不要隨便放手，知道嗎？」

我踩動油門，準備瞞著林水男，私下到許阿財家裡看看，身爲他的歷史老師，我想，該有這份權利及義務去了解這一個所謂的「白痴學生」。

「三湖離學校那麼遠，平常你都是怎麼上下學的？」

我騎了將近四十分鐘的山路，忍不住問他。

「有車子，那種載貨的小客車，我們搭那種車，一天三十塊，每次載十幾個。」

「哦，幾點有車呢？」

「早上五點半、六點半，下午四點、五點，過了時間就沒有車了。」

我知道在這偏遠的鄉下，小孩要唸書，依然有很多是必須走上一、二小時的山路才能到學校的，碰到刮風下雨，安全性實在可虞。不過今天陽光倒很亮麗，只有少許撕成碎布條似的雲絮貼

在蔚藍色的布幕上，加上一路上風景不俗，讓我心中開朗不少。照後鏡裡的許阿財雖然也有隱微的笑意，但眉間依舊解不開的一抹陰鬱。

「你家中有什麼人？」

「爸爸、媽媽，跟一個弟弟。」

車子緩慢地隨著蜿蜒的小路迴旋著，最後好不容易看到了周圍一、二公里內唯一的一幢平房，我猜想，這就是他的家了。這種外觀毫不起眼的矮屋，除了客廳臥室是用泥磚砌成外，其餘沿著牆壁搭起的木棚，均是簡陋的違章建築，但這些木棚卻是他的一家人煮飯、洗衣服，甚至廁所的處所。我看了心中一陣難受，這早該是廢棄不宜居住的草寮，竟會是他的家。

「媽，老師來家裡囉！」

他放下書包，掀開往內室的布簾。我停妥機車，隨他進屋。幾張樸素的桌椅凌亂地擺著，客廳中央神案上兩枝燭火艷紅地燒出一室搖晃的光亮，黃昏時分乍見這對紅燭火，令我有種不實在的恐怖感覺。用目光飛快地掃過這些簡單的擺設，唯一一吸引我的，恐怕還是那神桌上用奶粉罐胡亂插著的一大束野薑花。夏秋之交，野薑花在溪畔、山谷漫天漫野地盛開，如火燎原，一發不可收拾。奇妙的是，這屋子四周正圍滿了叢叢的野薑花，大片的綠葉中，每一朵潔白的花都綻放出甜甜的香氣，使得空氣中流溢著一股沁鼻的馨香，這些生命力強韌的野花，增加了這棟破屋子些許富麗堂皇的氣派。街上曾有人紮綑著賣，五塊錢一大把，偶爾路過，我會買些回去插在花瓶裡。有時覺得這花便宜，品氣並不高，真的是「野」，難登大雅之堂，不料今天見到這麼多的花攏聚在一起，反倒讓我覺著一種從未見過的高貴之美。

隔一會兒，一個小孩掀了布幕跑出來，朝我鞠個躬，很有禮貌地喊聲「老師好！」，我猜想這是他弟弟，高興的摸摸他的頭。

「叫什麼名字啊？」

「劉明義。」

「劉明義？怎麼，許明義吧？」

「我是第二個爸爸生的，哥哥是第一個爸爸。」

我一時怔在那裡，不知要如何開口才好，想不到他們是異父同母的兄弟。

「嘻嘻，老師，什麼老師？老鼠是不是？阿財，你說什麼到我們家來？」

驀然間，我聽到一個女人接近歇斯底里的尖叫，似笑非笑，有一種不可捉摸的淒厲。然後，布簾被輕輕地挑起，我不由得集中所有精神注視，心也跟著忐忑不安地跳動，一雙屬於女人才有的細手從簾後伸出，隨著簾布一寸寸地減少，一張披頭散髮、面容枯槁的婦人很快地出現在我眼前，我差點瞠目結舌說不出話來，扶著她的許阿財臉色一陣白一陣青，像犯下滔天大罪的惡徒，正羞愧地將他的壞事向人透露。

「老師，這是我媽，她的這裡不太好。」

許阿財用手指了下自己的腦袋，我頓時領悟過來。

「老師你坐啦！嘻嘻，好少年英俊的老師哦！娶某了沒？嘻嘻……」

「媽，妳不要亂講啦！」

許阿財很快扶她坐下，這瞬間我也明瞭從他母親身上，我是不可能打聽些什麼。

「爸爸呢？」

「去八堵挖礦，還沒回來。」

「那你們肚子餓不餓？」

「等爸爸回來才有得吃。有時爸爸弄，有時買東西回來吃。」

我開始覺得有些鼻酸，卻又不願流於神色。這樣的家庭，這樣的孩子，我真不知該說什麼。

「阿財呀！快！衣服脫下來，快！」

他的母親突然站了起來，使勁地要脫他的衣服，粗暴的動作，差點把許阿財推倒。

「媽，等一下啦！」

「快點！脫衣服！」

她似乎費盡了力氣硬要把衣服弄下，拉拉扯扯之際，我忍不住別過頭去。好不容易將兩個小孩的衣服脫下，她才面帶笑容地抱著走出去，在屋外棚下用力搓洗起來，嘴裡還輕輕哼著一些不成調的曲子。

「阿財，爸爸幾點會回來？」

「大概七點吧！」

「那麼晚，老師還要去家庭訪問，這裡有二百塊錢，明天到街上去買本週記、書法簿，還有一枝毛筆，記得一定要寫哦。」

「老師，我不要，我不能拿你的錢。」

他有些害怕地連連搖頭，我不顧他的反對，硬將錢塞進他的手中。

「記得哪！我先走了，以後再來看你們。小弟，要認真做功課哦！」

我望著這一對兄弟憂鬱愁苦的眼神，胸中不禁感到一陣抽搐的疼痛。夕陽西斜，步出這種漸漸模糊陰暗的房子時，我還依稀

聽到他的母親正在愉快地洗衣服的歌聲。

「老師，你說愛迪生小時候也是很笨。」

「那不叫笨，只是還沒有發揮出他的聰明而已。」

「那你看，我可不可以也，也像他一樣，變成一個大發明家？」

「當然可以啦，俗語說：有志者事竟成，就是說如果你下定決心要做什麼時，一定要很認真，有恆心，不停地去做，才會成功，你只要肯努力，一樣也可以變成愛迪生的！」

「可是，老師，他有一個好媽媽，我卻──」

「阿財，環境的確可以影響一個人，雖然你媽媽不能給你什麼幫助，但是老師肯幫忙你呀，愛迪生小時候有沒有老師幫忙？沒有嘛，對不對？只要你想做什麼，老師認為對的，一定會盡量幫你的，知道嗎？」

「知道，謝謝老師。」

許阿財的眼裡又綻露出那日在課堂上聽故事時的奇異神采，彷彿一幅光明的遠景正展現在他面前，等待他去開創。我希望這一線生機不要再被扼殺掉，也衷心期盼能對他有所提攜啟發。

「老師，等一下！」

許阿財返屋裡拿出一把鋒利的鐮刀，跳到屋前草叢中，用力揮刀割下一束束的野薑花，有的盛開，有的僅是花苞，頃刻間，他已抱了滿懷跑回來，井然有序地將花擺在機車前的籃子內，使我那輛平凡的車變得光彩耀眼，我訝異得連連稱讚他的細心巧思，他有點靦腆地抓了抓頭，向我道別。

一路上，山風迎面吹來，一下子許阿財的家就消失不見了，但籃內野薑花的濃郁香味一陣陣撲鼻而來，我想起他笑中的無奈與淒涼，感到心情無比的沉重。

五、

　　星期一的早晨，我依慣例七點半到校監督早自習，當我踏進辦公室時，果然看見一本淺藍色的週記簿四平八穩地躺在林水男的桌上。我好奇地想知道許阿財會寫些什麼，趁著無人時，我偷偷地翻開，一行行歪七扭八、濃淡不一的墨跡乍然呈現，我不由得眉頭一皺，這樣潦草髒亂的簿子恐怕會惹得林水男心中不快。

　　國際大事：卡特與福特競選，卡特大獲全勝。

　　國內大事：吳鳳成仁五十週年紀念。

　　校聞：今天是開學第一天。

　　生活檢討：我跟弟弟去玩了，風很大了，有人把我們用了，弟弟哭完我們就回家了。

　　我看完忍不住噗哧一笑，這是幾年前的國內外大事？雷根都已當選連任了，他還在卡特福特，而且本週已是第六週，竟然還是開學第一天，真不知他心中是否另有一個時間表。

　　「糟糕！」我翻到讀書心得一欄，竟然是空白！我可以預見林水男必然會因此而大發雷霆，我有點替他擔心，但一時亦不知如何是好。

　　「啊，羅老師，早呀！還是你們有幹勁，準時上班！哈哈……咦，這是 ── 」

　　「哦，是許阿財的週記，你不是叫他寫嘛，我好奇就打開來看了。」我有些做賊被當場逮獲的尷尬。

　　「嘻，我說嘛，不打不成器，打了，他就乖乖寫了，怎麼樣，我說得沒錯吧！」

　　林水男又點起一根煙，十分驚喜的口吻向我得意地誇耀。他

從我手中拿去，拉出椅子坐下，慢條斯理地準備欣賞他一手調教的成果。

「混帳！白痴！」

果不出所料，他一看完，桌子一拍，倏地從椅子上跳起，隨手拿起手指粗的籐條便往一仁的教室走去，我幾乎連開口的機會都沒有，只好眼睜睜看他怒氣沖沖的離開。我突然有股深沉的無力感，壓得我心力交瘁，只得無言地呆坐著。我不明白為什麼學生一有問題，老師第一個想到的便是處罰呢？了解、開導、勸慰難道都不及一根鞭子的效力嗎？這些困惑在我心中翻攪著。

第二節上歷史課時，我看到許阿財整節課都低著頭，用手不停撫著紅腫的臉，瑟縮的身體還偶爾會輕微地顫抖，另一隻手則緊按著已被撕成碎片的週記簿，而課本也根本沒有翻開。我猛然記起羨慕愛迪生的他、他異姓的弟弟、神經失常的母親、及那天傍晚抱在他懷裡開得白麗耀眼的野薑花。我深愧自己未能盡到保護他的責任而不斷嚴厲地譴責我自己。

下午午休的鐘聲響後，一仁的班長跑到辦公室來報告說許阿財揹著書包回家了。

「逃學！這傢伙竟然敢逃學，真是愈來愈大膽了，非送到訓導處記過不可！」

在一旁的我開始厭惡起林水男那動不動就如野獸般咆哮的嘴臉，即使在罵人時也貪婪地一口接一口抽著煙，白色的煙霧充滿了濃厚的火藥味，似乎再猛吸一口，他所痛恨的世界就要在他眼前爆炸。

「我看，叫他辦休學算了，上課也不聽，有時根本連課本都不帶，簡直一點都不尊重老師，成績嘛一塌糊塗，把全班的總平

均都拉低下去，害你們班的英文比一愛低，都是他害的！」

　　坐在斜對面的英文老師也趁勢火上加油，置他人死生於度外，我立刻回瞪了她一眼，但是她根本沒看見，一個教了幾年書的人，早已深悉那些東西該看或不該看，這是經驗累積的高度智慧境界，我只有徒呼奈何。

　　一放學，我趕緊騎車到許阿財家，雖然途中走岔了路，且曾幾次猶豫不知該如何走下去，但最後還是讓我找到了他。他正坐在客廳裡，傻傻地玩弄一個青綠色的小柚子，在他手裡耍來耍去像個皮球。我見了心中不覺也有些慍怒，自己大老遠趕了一小時的鬼山路，好不容易來到了，他竟然若無其事地在玩，我還一直擔心他會發生什麼意外呢！我真是感到愈來愈深的困惑。

　　他走出來引我進屋，我正準備針對他今天的行為表示我的不滿時，才發覺客廳裡多了一個黝黑健壯、上身赤膊的中年男子，正坐在斑駁陳舊的籐椅上抽著煙。

　　「爸，這是老師。」

　　「老師哦，歹勢歹勢，那麼遠你也來，實在很歹勢！」

　　他父親作勢要站起，但隨即又坐下，臉上一付疼痛難忍的表情，而且口中輕輕哼了一聲。許阿財見狀仍是呆呆地站在一旁。

　　「你是怎麼啦？腳骨受傷是不？」我看他小腿上層層纏繞著白紗布，藥汁滲了出來，浸漬成一片陰暗黃色。

　　「呵，沒什麼啦，今天在礦場，入坑不小心給落石砸到，一點皮肉傷而已啦！」

　　「沒去看醫生？」

　　「看醫生，免了啦，這種地方，青草藥搗一搗，糊上就可以啦！」

他父親露出一口焦黃的牙齒不以爲然地說。

「哦，阿財，不曉得去倒杯水給老師喝呀，笨阿財！」

許阿財聽了趕緊拿個茶杯出去。

「我這個阿財啊，人是比較笨一點，老師，他讀書是不是很憨慢？一定是啦，小學就這個款，我也不能教他，沒法度，字那麼大，我不認識它，它也不認識我，唉！」

他抽口煙自我解嘲地說著，臉上倒還掛著一絲笑容。

「老師，喝茶。」許阿財悄悄進來。

「老師抽煙嗎？」

「不，我不會抽，實在不會，不是客氣！」我趕緊謝絕了他的客套。

「老師當兵了沒？」

「剛退伍。」

「年輕哦，這麼年輕就做老師，不簡單！像你這樣做老師最快活，也不用操勞，像我們礦工，拚生拚死，每一次入坑都不知還上不上得來，空氣又差！」

「也不能這樣講，做老師費精神的地方也很多，而且一個月才萬把塊，最近還有人主張要課稅，也沒你想的那麼逍遙自在啦。」

「實在，賺錢不容易。」

許阿財把柚子兩手輕輕交遞扔著，像在表演魔術一般全神貫注，技巧還頗熟練。

「對了，老師今天來是 ── 」

「是這樣的，阿財今天下午沒上課，也沒講一聲就走了 ── 」

許阿財宛若被人從後面推了一把，手上的柚子一咕咚掉在地上，他有點不安地低下頭，也不敢去撿。

「幹，這囝仔，我剛才已經揍過他了！我腳受傷才早點回來，想不到他比我還早！這個死囝仔，實在是，我告訴他，若不想讀講一聲，明天就免去學校了，跟我入礦坑挖煤去！他還直搖頭，說什麼不要挖煤，要做『愛你生』，什麼愛你生，愛我生，我對他說，阿爸就是不識字，不會想，才會年紀輕輕就去跟人挖礦，好了，到現在四十多歲了，挖出什麼名堂來！兩個囝仔，只會吃，讀書沒半撇！一個太太 ── 唉！」

他又抽口煙，欲將胸中的煩悶一齊吐出，濛濛白氣裡，我看見他那張遍歷風霜、瘦削刻苦的臉龐，在這一刻，我才發覺出他已略呈老態。

「阿財他母親是 ── 」

「這說起來話頭長，我第一個太太，幾年前去七星山內採箭竹筍，說想賺錢來貼補一下，誰知道遇到大霧，在裡面走來走去走不出來，最後摔落到山谷裡死了。說起來實在很歹命的一個女人，跟著我，也沒過什麼好日子，每天擔驚受怕的，唉，歹運啦！現在這個太太，是我一個好朋友的太太，我們從小一起長大，後來又一起挖礦，就好像親兄弟一樣，錢一起花，連衣服也借著穿，每天領了錢，去喝酒，喝得醉茫茫，嘿，真好，那段日子 ── 唉，這人命實在不值錢，說死就死，實在是，那一年，死了好多人，僥倖，八十多個！我還記得那天傍晚，我才出坑，就聽到裡面砰一聲，好大聲，我們在外面的人都嚇呆了！一大堆黑炭粉從裡面飛出來，跟著又一聲，整個礦坑好像地震，搖來搖去，有人在喊『裡頭爆炸了！爆炸啦！快打電話，快！』 ── 嘿，你想不到的場面，死了八十多個，白布蓋著，一具具抬出來，我那個換帖的燒得都快認不出來，幹伊娘，天公實在沒生眼睛，就這樣，他太

太，就是我現在的太太，那時候還是他太太，就從那時候起，人
就瘋了，時好時壞的。我為了照顧她和阿財，接來一起住，久了，
人講閒話，幹！乾脆我就要了過來，好有個名目。唉，真是天有
不測風雲，一點都沒說錯哦 ── 」

　　他激動得連腳傷都忘了，一隻手緊緊握拳捶著自己的大腿。
我只有沉默，在面對一樁過去悲劇的重演，除了沉默，我不能多
置一辭。許阿財目光呆滯地望向門外，一隻手無意識地撥弄著自
已的腳趾頭，不知他是否也感染了那個悲劇事件的哀傷，這些沉
痛的回憶，他脆弱的心靈是否承載得起呢？我忘了今天來的目
的，陷入了另一層難以言宣的悽愴中。

　　屋外，許阿財的母親正在沖洗衣服，瘖啞的歌聲斷斷續續地
流進來，但卻始終無法突破屋內那份凝重的悲愁。

六、

　　第六圈、第七圈、第八圈……我在操場上一邊慢跑，一邊心
中默數著。自來到這個沿海小鎮教書以後，每天清晨的慢跑已成
為我迎接一天生活的開始。在跑步中，我摒除雜念，僅讓思緒隨
著一上一下的步伐起落著。平時這種體能上的運動，我均能保持
規律而寧靜的心情，但今晨我卻覺得腳步有些凌亂，情緒也焦躁
不安，我很清楚自己心中掛慮著什麼，暫時想忘掉它，卻如鬼纏
身，怎麼也擺脫不去。

　　許阿財的二支小過已貼在公佈欄上。昨晚從他家回來後，心
情一直無法平復，在總務處看了下電視，正在值夜的林水男告訴
我這個他自以為明智而果斷的決定。我差點忍不住要指控他的不
負責任與缺乏教師應有的愛心等，卻在內心交戰中，最後仍讓維

持同事間和諧的力量所擊潰。我忿忿地起身到訓導處的公佈欄前，果見一張如死刑判決書的白紙上清晰地寫著：

　　查一年仁班學生許阿財，平日言行頑劣，不繳作業、逃學，

　　且有侮辱師長之嫌，經核定予以記小過二支，以示懲戒。

　　我難過得幾乎落淚，為這樣一個無辜學生的受重懲而不平，也為職權的濫用而感到痛心，從此這白紙黑字的記錄將永隨著他，而他也將永遠擦不去這代表罪惡的污點。

　　第九圈、第十圈——我鬆了一口氣，將速度放緩，到司令台前的台階上坐下歇會兒，汗水在背後冒出又滑下，黏膩膩的感覺使我覺得不舒服，拾起衣服便準備回宿舍去沖個涼。不料，在我宿舍半掩的門前有一束盛開的野薑花，正斜倚在門檻上。我猛烈的呼吸哩，忽然有了一股清新的香氣飄來，我大力的吸了一口，覺得精神抖擻起來，原本陰霾污濁的一天，似乎因這束花的出現一掃而空。我彎腰捧起，心中有一陣喜悅的欣慰，因為我知道送的人是誰。匆忙換個服裝後我快跑到一仁教室內，果然看見許阿財一個人坐在教室裡專心地看書，我輕輕敲下門，他竟像聽不到，我再重重敲了下，他才猛然抬頭，然後露出難得一見的傻笑。我走到他面前，他很快站起，我按了按他肩膀，示意他坐下。

　　「許阿財，嗯，你最喜歡什麼花？」我兩手放在背後，來回踱著步，故意不提送花的事。

　　「野薑花。」

　　「為什麼？可以告訴老師嗎？」

　　「我阿爸有時會跟我講，不要看野薑花到處都是，好像很賤，不值得珍惜的樣子，但是它的花非常潔白，而且有香氣，他叫我一世人做事都要清清白白，而且最好能放出香味給人欣賞，這樣

活著才有價值。從小我就知道每年的七、八月開始，就會有很多野薑花開出來，我一直很喜歡它。」

　　他一本正經地告訴我，我目不轉睛地聆聽著。他的神情，恍惚中，我似可感受到自他身上發出的一種近於美的東西，那是什麼我不清楚，但我知道阿財的生命將因野薑花的開放而重現生機，我莫名地覺得興奮。但緊接著一個念頭閃過，我的心瞬間又陡降下來。

　　「你知道，你已經記了二支小過嗎？」

　　「我知道 ── 老師，讀歷史能不能當愛迪生？」

　　「嗯 ── 可以，還是可以，不過除了歷史，還有數學、生物啦，都很重要。」

　　我未加思索即作此回答，雖覺有些不妥，但我認為這樣說對他是一種鼓勵。

　　「對了，老師問你，花是不是 ── 」

　　「嗯。」他略顯害羞地抓抓頭。

　　「謝謝你，阿財，你聽著，老師一直知道你並不壞，今天早上你把你心愛的花送給別人，就表示你知道愛別人，而愛，是人一生中最寶貴的。我知道在你的生活中，可能缺乏這種愛，但你還能把僅有的愛奉獻給別人，我要說，你這種舉動是很了不起的！雖然別人或許不了解一束花代表了什麼，但是老師知道，我希望你能把這份心意擴大出去，除了我，你是不是還有許多想送花給他的人？嗯，想一想，好嗎？」

　　我用一種充滿誇讚與鼓舞的目光將心中的期望傳給他，他若有所悟地點點頭。當我走出教室時，我忽然有種前所未有的舒暢感，不管他是否明白，我總算把我想說的表達給他了，我相信，

這會是一個轉機。

七、

不錯，這是一個轉機。許阿財的歷史已由鴨蛋升到了個位數，有時也能考個二十來分，如果都是選擇題，那可能有投機的成分，但有的填充題他也正確地寫出，我肯定他必有在唸書，我為這漸漸的轉變感到振奮。但出乎我意料的，在平靜幾週後，由於林水男對他一連串的誤解與斥責，竟將他的命運從此又推向另一個難以挽回的困境高峯裡。

那是第十週的第一天，剛開完週會，從操場回到辦公室，我看到林水男已怒氣沖天地拿著鞭子抽打了許阿財幾下，一條條隱微的血痕從他佈滿青筋的小腿上凸顯浮現，他的身體無法控制地開始顫抖，我感到不解，莫非他又犯了什麼錯？

「許－阿－財！你算算看你犯了多少條不應該犯的錯誤！上禮拜六竟然又偷跑回去，頭痛，頭痛就不用請假，自己要走就走，你以為學校是你家呀！上次的兩支小過，這教訓還不夠是不是？你知道禮拜六兩節國文課要寫作文，你就故意逃學，對不對？怎麼，我的課不想上，教得不好是不是？許阿財，是不是！」

林水男咄咄逼人的口氣，使他根本無法招架，除了低頭，簡直不敢隨便亂動一下。

「上我的課，不是打瞌睡，就是一張紙亂畫亂畫，喜歡畫圖呀，回家天天畫好了！每次問你，站著跟死人一樣，我不知道你的心都飛到那裡去了？還有 ── 」

林水男吞吞口水，把煙急急湊上嘴巴，好利用停頓的短短幾秒鐘偷空抽一口，以免煙癮發作。吊在半空中遲遲不肯落下的語

調，使人意會到更嚴重的錯誤還在後頭。

　　「班上儲蓄的錢，你為什麼一直都不繳？我不管你是什麼理由，這個儲蓄比賽是很重要的，我一再強調，節省你們的零用錢，少吃幾枝冰，少買幾顆糖，十塊二十塊的絕對會有，我不知道你是怎麼搞的，一毛錢都不存，全班就是你一個，存心跟全班、老師過不去！學校的儲蓄比賽，成績優良的，學校有嘉獎，郵局也有獎金，多好！可是每次都因為你沒繳，輸給別班——」林水男突然住口，像不慎洩漏軍機似的迅速瞥了其他老師一眼，發覺大家都忙著和學生談話或是埋頭批閱作業，心裡才放下一塊石頭。我假裝看週記，卻專心地聽著這些令人寒心的話。

　　「我再鄭重地警告你一次，不要再惹我生氣，不然有你好受的。你的週記又好幾次沒交，我可以睜一眼閉一眼，不跟你計較，既然你笨到連抄都不會，我只好認了！你的國文成績，我也可以先告訴你，一定是個位數！不過，你功課差我也一樣可以不追究，但是這錢不繳，叫我怎麼跟其他同學交代？我是大公無私的，我對你們每一個都一樣，絕不容許有像你這樣的特權存在！聽到沒有！」

　　許阿財唯唯應諾走了。林水男把煙蒂捻熄，從抽屜拿出一張各班學生儲蓄金額統計表仔細盤算著。這張表從那裡來的呢？學校並沒有公佈啊，大概是他自己叫學生去各班調查的吧！想不到為了考績、分數，竟施出這種強迫的手段，難怪他的班儲一直是全校第一。上週的導師會報上，校長還特別當面嘉許他，盡責、熱心、大力宣導全民儲蓄政策，功不可沒，實在值得全校同仁效法、學習，當時在座的老師們都用一種崇拜英雄的眼光注視著他，他臉上則露出一副謙虛但又難掩興奮的微笑。現在，我才明白他

用的竟是這種手段，太令我震驚了。

　　更令我驚訝的，是下午第一節下課時，在一仁教室門口所發生的事。那突如其來的事件，令我愕然良久，永難忘懷。

　　我剛從一愛上完歷史課出來，就見到林水男手中那枝粗大的籐條正一鞭一鞭地猛力抽打著許阿財的手心。我不知道那種打法是否僅止於「怒」而已，因我感覺到那不斷揚起的手勢中蘊含著一股「恨」意。很多同學都聚攏過來，探頭探腦地指指點點，紛紛低聲嚷著：

　　「大頭財又被打了。」

　　「笨阿財這下死定了！」

　　「想不到笨財仔也會作弊，考五十幾分呢，比我還高！」

　　觀望的人群裡，少許的同情中總夾帶著大量的戲謔與幸災樂禍，一場好戲的上演，他們爭相走告不願錯過。林水男見人多，乾脆更加用力地責打，好像逮住機會要給全班同學來個機會教育，口中兀自喃喃嘟嚷著：

　　「作弊！作弊，你也敢作弊！」

　　一聲作弊，一下鞭子，交織成富有規律的節奏。我再也按捺不下心中的不平，趕緊撥開人群，衝到林水男面前，將已在空中的手輕輕拉住。

　　「林老師，別再打了，會出事的！」我儘量口氣平和，但一絲憤怒仍不可避免地顯露出來。

　　「羅老師，我知道怎麼做，這種惡劣的行為若不嚴厲處罰他，將來還會再犯，我最痛恨作弊的學生，簡直是無恥！」

　　「說不定，他沒有作弊，他回家有看書啊！我知道，他已經開始用功了！」

「用功？笑死人，憑他，一加一是多少還要想半天的人怎麼用功？今天考的是絕句二首，除非他有背，否則不可能考到五十幾分，我剛才叫他再背給我聽，他根本不會，可見考卷上的答案一定是抄的！哼，老師不在，讓他們榮譽考試，還不知自重自愛！你說該不該打？」

「林老師，不然，我問問他，好嗎？」

我見他不吭聲，於是我轉頭看著許阿財，他已被這突發的事故嚇得心慌意亂。女同學聞風而來的愈來愈多，訓導處的管理組長也走了過來。

「許阿財，這二首詩你會背對不對？」

我兩手按住他的肩膀輕聲問：「老師問你，回去有沒有讀書？」

「有。」他很快地回答。

「有才怪！」林水男一旁插嘴叫著。

「那老師再問你，今天的考試是不是你自己寫的？」

「都是自己寫的，我回家有看。」

「老師相信你，但是有人不太相信，我們是不是背出來讓他聽聽？」

我明知道這是勝算不大的賭注，但事已至此，怕也找不到更妥當的辦法了。惟有如此才能取信於林水男及其他同學。

「只要背出來，大家就知道你真的是用功的，好不好？」

「我緊張，我背不出來 —— 」他的兩眼紅腫隨時要掉下淚來，我繼續安撫他。

「試試看好嗎？」

「我試試看，老師，我真的有背！」

大家都屏氣凝神地看著他那結結巴巴的嘴，如同期待聖誕老

人會從空中拋下禮物一樣。

「床前 ── 明⋯⋯」

「明什麼！」林水男又插嘴，他兩手交叉在胸前，像如來佛看著孫悟空怎樣也逃不出他的手掌心似的得意。

「床前明月光⋯⋯」

「很好啊，下一句呢？」我開始真正擔心起來，李白的「靜夜思」，短短二十個字，很多小孩都能朗朗上口，可是為什麼對許阿財來說，竟是這麼沉重的負擔呢？造物主似乎並不公平。

「疑 ── 是，疑是，地、地、地，上霜。」他頓一頓，眼睛望向走廊外高高的天空，深不可測的地方。

「舉頭、舉頭 ── 舉頭⋯⋯老師，我忘記了！可是，我考試的時候真的會背！」

「背不出來吧！羅老師，你別白費心機了！」

「我會的！我會背的！」許阿財突然有些激動起來。

「會背？你背啊！你背啊！誰不讓你背！」

圍觀的同學大聲笑成一團，管理組長面容嚴肅地一旁站著。

「我會背的！」他開始大聲喊了起來，我趕緊按住他的肩膀。

「林老師，要不要交給訓導處來處理？」管理組長終於開口。

「你們不相信我！你們都不相信我！」

「好，交給你，這種惡劣又死不認錯的學生，是該讓訓導處好好處罰才行！」林水男用一種大功告成的口吻輕鬆地說著。

突然間，許阿財像瘋了似地扭動身體，用力掙脫我的手，方才眼眶中忍耐已久的淚水汩汩流下，呼吸也重濁得像是氣喘的野獸，他兩手緊緊握拳，拔口大聲喊了句：「你們 ── 」然後一轉身跑進教室的座位上趴下痛哭起來，瘦弱的肩膀劇烈地抽搐，起

起落落像抽引井水的幫浦，久久不止。

　　第二天，訓導處公佈欄上貼出了許阿財記一支大過的公告。

八、

　　「各位同仁，我希望你們注意，這個竊賊實在太猖狂了！連續幾週來，已經有好幾位老師的東西遭竊，這是很嚴重的事情，值日夜的同仁，你們一定要負起責任，仔細搜查，不要在總務處坐著，電視一開就什麼都不管，這是很不好的。昨天晚上，小偷竟然跑到校長室來，雖然沒有偷什麼東西，只是把我冰箱裡國外進口的巧克力糖吃光 ── 」

　　會議室頓時響起了不大的竊笑聲，正渾然忘我的校長聽了心中頗不是滋味，但也沒辦法，只得推推眼鏡，繼續說下去：

　　「還有拿走我的一把傘。諸位想想，如果他真要拿東西怎麼辦？幸虧校長室沒有什麼貴重的東西，沙發嘛，從二樓要運下去，除非好幾個人，否則不可能。而且我一向節儉，裡頭的陳設很簡單 ── 」

　　底下有幾個老師迅速交換了眼色，用手帕掩住嘴吃吃地笑。我知道老師們一直和校長處不好，所以經常把他的話當耳邊風，不然就當作話柄，這次也不例外，一聽說校長室被竊賊撬壞大門，進去搞蛋一番的經過，都暗暗表現出大快人心的欣慰。不過，大家都一致認為這個小偷實在無法無天，必須儘快逮捕到他才行。

　　「總之，這件事已使得全校人心惶惶，對值日夜的同仁也是莫大的困擾，我希望大家不要掉以輕心。下面，請安全秘書發表一些意見。」

　　「各位同仁，這個小偷很聰明，二週來，魏靜玲老師的鋼筆、

林水男老師的收錄音機，音樂教室的錄音帶三十多捲，還有工藝教室的把手、電鑽等工具，甚至林文清老師的測驗卷也被燒掉一部分。尤其貴重的，是生物教室的顯微鏡兩台也被拿走，這兩台雖然舊了點，按時價還在二萬塊左右，所以當天值夜及管理特別教室的同仁，究竟要賠償還是有其他處理方式，是一件很麻煩的事，校長也很難做裁示。至此，我說明一下，那個小偷二十二日晚上到生物教室下手大概的情形。據我們研判，他先用鑰匙打開門後，因為不敢開燈，所以隨手拿幾本實驗報告紙在地上點火燃燒，好用來照明，然後，他幾乎把所有的抽屜、鐵櫃都打開。等我們發現去看的時候，那些抽屜、鐵櫃都還是打開的，可見得小偷的身上一定有鑰匙。既然拿走的是顯微鏡，我猜想，這一定是本校學生幹的。加上幾次的遭竊，包括訓導處的恐怕都有。這是很嚴重的事，雖然我還沒有向上級報告，但是這個小偷非抓到不可，太不把我們放在眼裡，幾乎每隔一、二天來一次，希望大家能密切注意。」

「我補充一下。」校長突然站起來，似乎聽了這番話才意會到事態嚴重，不再三強調不可。

「三年級後段班的同仁，希望你們配合訓導處管理組長，過濾一下你們班上平日行為偏差的學生，我猜測，極有可能是他們幹的。平日我要求各位同仁一定確實去做家庭訪問，尤其是幾個特別差的同學，一定要隨時掌握他們的行踪，我一直相信，導師如果肯多費點心注意一下，類似這種事情應該不會發生才對。再這樣敷衍馬虎下去，造成全校的困擾，嗯，如果將來查到這個小偷是那一班的，該班導師我們考慮是不是要怎麼處罰？」

此話一出，大家立刻議論紛紛。七點五十分升旗的鐘聲恰巧

響起，校長像找到下台階，趕快宣佈散會。

　　升旗時，我的眼光很自然的又注意到隊伍排在我們班前面的一仁。我飛快掃視一遍，找到了許阿財那孤獨的身影。自從二週前那件作弊事情發生後，他每天在學校幾乎不曾開口，除非必要，否則他真的已變成一個啞巴。除了歷史課我能聽到他的聲音外，其餘時間則根本等於在世界消失不見一般。

　　「問他話都不講，算了，反正問了等於白問，乖乖坐著不吵鬧，反而好。」上地理課的廖老師曾有一次在辦公室這樣說。

　　我心裡固然萬分同情他，但事情演變至今，我發現自己並不能發揮多大的影響力，在這些資深的老師面前，代課老師一向人微言輕，加上初執教鞭，總被認為缺乏教學經驗，因此每次的會議，我們只有默然聆聽的份，絕少會舉手發言。這種稍嫌自卑的心理，使我和許阿財有一種自然親近的感覺，但卻又無能為力。

　　抬頭看看天上飛過的鳥群，啁啾的啼聲劃破了長空的寧靜，有時我真羨慕鳥兒的自由自在，能遠離人類罪惡的淵藪。這段短短的代課生涯，我投身在教育這百年樹人的行列裡，不僅不能一展抱負，反覺窒悶憂苦，老師不獲尊重、同事間的競爭、行政人員的老大等種種壓抑，使我所能發出的微薄光芒更形黯淡，而漸漸有種心灰意冷的倦怠感。每天回到宿舍，望著牆壁上貼著的「我是教師」這首長詩——

　　　我是教師，

　　　我工作和孩子們在一起。

　　　他們來自許多家庭裡，

　　　有沉靜的、吵鬧的、萎縮的，

　　　有漂亮的和醜陋的，

有自暴自棄的，有雄心勃勃的，

也有富於天才的，

每個孩子都是不相同的，

在這世界上總有一個地方，

是他們立身所在。當他們要作最後的自我抉擇時，

我能夠，而且必須予以輔導。

我們必須一起探討，

我們將可能尋找到，

他們的優點，他們的缺點 ——

當我看著這樣富有崇高理想的詩句，血液會不由得一陣沸騰，也會在心中暗自決定做一個好教師，使下一代都能得到最好的發展，但是，當我滿懷理想要出發時，總會被現實撞得頭破血流，不是學生沒有回饋，就是同事大潑冷水，尤有甚者，是惡意的中傷。翻開報紙，我看到了教師私自在外補習，有的教師砧辱女學生，而尤令人氣憤的，當有人仗義執言校方不該強迫畢業生捐錢回饋母校時，竟遭到解聘的下場，難道說真話需要付出這些代價？雖然明知依舊有很多老師不計名利在默默耕耘著，但他們都獲得了應有的鼓勵嗎？我納悶著。每個月初我拿著裝有一萬多塊的薪水袋時，總覺沉甸甸的重量不止是血汗付出的代價而已，那裡頭也裝了一些無言的諷刺。

九、

「羅老師，值夜呀！」工友劉先生拿著手電筒走進總務處，興致高昂地說：「今天晚上會有很多老師來，我聽校長說，今晚要加強值夜，一定要把小偷捉到才行！」

「哦，是那些老師呢？」我好奇地問。

「好幾個。陳百益還特地在工藝教室刨了二根木棍，給你們值夜用，在寢室裡面，我去拿。」

劉先生四十多歲了，聽說要捉賊倒興奮得像個孩子，不一會兒，果見他手持兩根球棒粗的木棍喜孜孜地出來。

「這麼大，小偷看到就嚇死了。」我打趣地說。

「今天一定要抓到！不然連睡覺都不安穩，這兩天我都睡在校長室呢！」

「這麼早，才七點多，應該不會現在就來吧？」

「不知道，安全秘書說，大多在一、二點，昨天蔡老師值夜，每隔一小時就起來巡視一次，還是沒捉到，不過他說，有聽到聲音，昨天一定來過。我剛才去巡過了，沒有看到什麼。」

「休息吧！為了這個賊，快一個月我們整天被搞得雞飛狗跳的，真是，唉！」

嘟嘟嘟！桌上的電話突然響起，我趕快跳起來接。

「喂，ＸＸ國中。」

「喂，你那位？」是校長的聲音，我向工友使個眼色，他會意地點點頭。

「我是羅明輝。」

「哦，羅老師，我跟你講，現在我人在操場禮堂後邊，我待會兒從那裡巡邏過來，你呢，就先繞校園一週，然後從工藝教室那邊走過來，記住，不要開燈，輕聲地走，我們看能不能把他給逮到。」

「好。」我放下電話，拿起木棍、手電筒，向工友交代清楚後，便躡著腳步投入外面的夜色中。

　　倒有點像偵探辦案呢，我也微覺緊張和刺激交織的興奮心情，但是當我和校長會合後，兩人均沒有發現什麼蛛絲馬跡。

　　「這個賊很狡滑，我們不可以大意。」校長用充滿智慧的聲音很有經驗地說著，鴨舌帽加手電筒，像國際大偵探的架勢。

　　「你今晚值夜要特別提高警覺，這個賊太可惡了！害我們都睡不好覺，抓到了一定要先揍他一頓，丟掉的東西也通通要他賠，真是，太囂張了！」校長嫉惡如仇、慷慨激昂地說。

　　和校長走回總務處，裡頭多了林水男和二忠的趙老師，看樣子他們是來支援的。

　　「很好，你們兩位來幫忙，多跟羅老師配合，誰抓到了，大功一件。」

　　「嘿，我們一定會為民除害的！」趙老師拿起一根木棍空中揮舞著，作出比武的劍式。

　　大夥兒一時無事，便坐下看電視，但個個都豎起耳朵，摩拳擦掌著。

　　八點。

　　九點。我們在值夜簿上寫著：「巡視校園一週，無異狀。」

　　十點。

　　「羅老師，你和林老師二個到校園去看看，一個走一年級教室這邊，一個走教務處那邊，注意，腳步一定要放輕，手電筒不要打開，一人一根木棍，哪，拿去！」校長將木棍遞過來，也傳來一份不可失誤的託付。

　　「校長，我們把棍子拿走，等一下賊衝進來，你怎麼辦？」

　　「不要亂講，那有這種事！」校長笑了笑，不信邪的模樣，顯出胸有成竹的十足自信。

　　我很快地踏上這條白天不知走過多少回的長廊，林水男打另一邊去了。廊前種植的花草在夜裡只見一片模糊的輪廓，幾條流浪的野狗附近出沒地覓食，偶爾吠幾聲，襯托出大地的死寂。

　　一忠、一孝、一仁。我駐足佇立著，想聽聽是否有什麼動靜，另一方面，我忽然腦海裡閃過一個奇怪的念頭，就在這間教室的門口，曾經圍著一群人在嘲笑一個孤立無助、不被相信的靈魂，那鞭子劃破空氣的聲響，就是在這裡刺痛著那個人幼小的心靈──

　　「會不會是──」我心裡忽然有股沒來由的恐慌，簡直不敢再想下去。

　　「不會的，應該不會的。」我勉力安慰自己，或許，是那些三年級後段班的學生吧！三年級才有這種膽子跟學校作對。是了，是他們，跟他無關的。

　　我繼續往前走。過了一愛，便是個轉口，接著福利社和美術教室。上頭亮著一盞昏黃的照明燈，在夜裡顯得格外刺眼。唧唧的蟲聲伴隨著天上半圓的月，這是一個寧謐而安詳的夜。

　　將到轉角處，我停下腳步，一種警覺的本能使我自然地放慢腳步，我心裡盤算著，這一腳踩出去就踏進了光亮裡，這樣小偷一眼就看到，豈不是打草驚蛇嗎？握緊棍子，我小心翼翼地貼著牆壁，停一下，再悄悄伸出頭去──

　　許阿財！

　　我真的不敢相信我眼前所見到的景象，老天，這一刻我真希望自己是一個瞎子，不要讓我目睹這出人意料的一幕。一臉惶恐的許阿財已嚇得兩眼發直，目不轉睛地看著我。他的胸前掛著一個黑色的小背包，上頭插滿了扁鑽、起子、鐵錘，戴著灰手套的

手正拿著一把大型起子在撬福利社的鐵門。我一時愣住了，張口好久都擠不出一個字，他的手則依然放在鐵門上，忘了縮回來。他的眼睛裡充滿羞愧、不安與驚恐。蒼白的臉上冒出顆顆的冷汗，在燈光映照下，他像個沒有血色的游魂，無知無覺地浮著，浮著……

「怎麼會是你？」我差一點喊叫起來，但我的聲音抖顫得連自己都聽不太清楚。

「啊！告訴我，怎麼會是你？」

他的頭無力地垂下。

「難道是我看走了眼嗎？」

「不，老師，你沒看錯，但是我不明白，為什麼你們看我拿鐵鎚、起子，就斷定我是小偷，而看到我的考卷考五十幾分時，卻又不相信那是我花了二天二夜換來的？」

他的語調平和，沒有高低起伏，似乎只是自言自語而已。

「不要跟我說這些，我不想聽！你只要告訴我，東西都放在那裡？」

「都放在地下室的貯藏間裡，所有的東西都在那裡。」

我知道，捉住小偷，尋回失物是大功一件，但是，去他的大功吧！很多時候，當我該說話時都因為懦弱而退縮，今天，我依然要保持緘默，對我所見到的一切，在對與錯之間，我知道此刻不論選擇「對」或「錯」，都是錯。

「好，你聽著，今晚的事我當作沒看見，你趕快給我離開！快點！」

「等一下，羅老師──」

糟了！是林水男！死屍復活給我的震撼恐怕也比不上此刻我

心中受驚的程度吧！他露出狡猾的笑容，一手持木棍，一手提手電筒，燈光在地上射成一個光圈，定住不動。我感到今晚的月色竟是如此的寒冷傷人。

「我也可以不把我看到、聽到的報告校長，但是，許阿財我得帶走 ── 」

我望了望表情冷漠，宛如置身事外的許阿財，他的目光森冷，嘴角輕輕牽動著。

哈哈哈……許阿財突然仰天大笑，那聲音在月光遍照的寒夜裡，給人一陣狼嗥的淒厲恐怖，而在他軟弱但又狂亂的笑聲裡，我聽到林水男的高聲叫喊：

「校長！校長！我抓到小偷了！我抓到了 ── 」

十、

黑夜依舊籠罩著大地，我一步一步地走回宿舍。總務處的人聲嘈雜、燈火通明，令我產生一種異樣的感覺，像學校圍牆外的墓場一般，那裡的熱鬧也是另一個不真實的世界。那裡頭談判的聲音，正決定著一個孩子未來的命運，我依稀可以聽到 ──

儘快讓他辦轉學吧！

所有丟的東西要一一清點，該賠的，一定要全部賠償……不然，我們可以馬上送派出所。

家長應該好好看著自己的孩子 ──

我大概流了淚吧？不然風吹來臉上怎會有兩行的清冷？

我想起了那次家訪時，許阿財的父親告訴我的一個故事：

阿財小學時，有一次老師說要畫圖，畫什麼我的家啦、家後面有青山，前面還要有小河，我們阿財自小是在瑞芳的礦場邊長

大，三年級才轉到基隆。那個老師大概是在都市長大的，他走過阿財的身邊，發覺阿財畫的跟人家不一樣，河水用黑色蠟筆抹成一條黑色的小河，嘿，黑色的河，你看過嗎？那家呢，牆壁上也是黑漆漆的，當然啦，我們在礦場長大的，那有看過什麼清澈見底的河流，都也是這樣的，不過那個老師不明不白，就破口大罵說：「那有人家的河水是黑色的！要畫淺藍的！山是青的，屋子是土黃的！要變化也不能亂畫啊！」

我們阿財傻傻地就說：「我家門前的河水本來就是黑色的嘛！」

「誰說的！我不相信！」

「真的嘛！」

「我不相信！」

老師跟同學都在笑他，他一氣就一路哭著跑回家了。

唉，這個愛哭的孩子。

躺在床上，那首「我是教師」依然清高神聖地貼在那裡，只是我可以看出一句句的諷刺也正如冷箭般對著我。桌上花瓶裡的野薑花，即將凋零的花瓣，已微微泛些黃銹色的斑點，我想起了那個送花的孩子，曾經問過我的一句話：

「老師，喜歡野薑花還可以當愛迪生嗎？」

我突然翻身，將花自瓶中拔起，衝到門口用力撕得粉碎，然後使勁向外面的黑暗憤然揮灑，一片片，一片片潔白有香氣的花瓣瞬間成了飛舞的花雨，被冷風翩翩吹送著，一點一點地掉落在地上。

我頹喪地垂下手，將牆上的「我是教師」一手撕下，我知道，我的代課生涯將從此結束。

輯　二
散文・作伴

心　情

　　心情像海，高低潮不斷，也像酒，愈是濃烈，愈令人難忘。把心情當海欣賞，暗流伏湧下，真能擁有風平浪靜的幸福的人有幾個？把心情當酒喝，又有幾人識得酒中趣？熱辣辣的順著喉管燃燒，常常燒焦了記憶，卻也嗆出了淚。

　　二十歲的心情，是翻騰的海，五味雜陳的苦酒，我立在海風裡，任風吹亂我的頭髮並且一臉酡紅地，向遼闊的大海傾訴酒醉的感覺。不會忘記的，那年的夏天，我如何走過長長的寂寞，悄然拭去濕冷的水珠，在雨窗的倒影中看見我自己。

　　情感的作弄，一事無成的空虛，加上生活上點滴的不順遂，終於匯聚成巨大的海潮將我淹沒。我開始試圖逃開周遭的一切，就在生日的前一晚，重重關上社團的門，收拾書架上凌亂的書籍，把曾有的懦弱與不愉快，通通鎖進衣櫥內。我決定暫時離開，不管明天即將擺在我桌上的卡片與鮮花，或者充滿浪漫與喜氣的校慶，更不用說那陰晴不定的風風雨雨，台北多變的天空。我和摯友李君，懷著相同的心境，在大雨滂沱中，搭乘國光號，準備到那座南方古老的城市去，看鳳凰花，看靜靜的街道，而且好好想

一想，我的世界為什麼會這樣？

　　雨打在前座的車窗上，兩支雨刷忙個不停。這麼大的雨，實在不多見呢！有一頭柔順長髮的車掌，向司機無奈地抱怨著。大巴士裡，乘客只有四位，我與李君坐在最後一排，很意外地享受著急馳在大雷雨中的嘈雜與寧靜。李君興奮地抽著香菸，脖子縮進椅背裡，手上一台立體收錄音機，琤琤琮琮的「十面埋伏琵琶協奏曲」，楚漢兵馬正紮營對峙，鼓聲震天，戰爭一觸即發，轟轟的引擎助陣，大珠小珠落玉盤，嘈嘈切切錯雜彈，緊張的氣氛一下拉拔上九天，嘩嘩嘩直瀉而下，山崩地裂，琵琶弦斷。

　　不時有詭魅的閃電，憤怒地從天上直劈而下，微亮地映照著這輛馳往南方的高速大巴士。窗外飛逝的，是一片片濃烏的黑影，只是輪廓，看不見實體。我心裡想，台北遠了，那些令我心力交瘁的事也遠了，就像一隻疲憊的貓，蜷伏在雨夜裡，以碧綠的眼瞳，冷眼看這個冷的世界。

　　車過嘉南平原，雨勢小了些，但天色更暗了。我們在夜裡十點，到達李君在台南的家。濕漉的路面，該是下過一場雨，然而，我們並肩閒適地走在暗夜的街道上，卻能看見雨雲散去的明月，把柔光灑在府城一些古舊的建築物，及颯颯輕搖的老榕上。這是台南的月，台南的夜，不錯吧？台北看不到的 —— 李君用亢奮的語氣大聲告訴我，我朝他用力點點頭，心裡的陰霾，似乎一下子煙消雲散了。

　　第二天晨起，我們以一種新的心情，向一所滿是鳳凰樹的校園走去。啼鳥啁啾，紅花似火，陽光在草葉尖的露珠上甦醒，湖畔不時可見翩翩飛燕輕點水面，交織出一片典麗清靜的天地。沒看過這樣迤邐一路的火紅，偶爾風過，紛紛飄墜的小綠葉，如雨

如淚。深深吸口氣,覺得日子真好,沒有忙碌,沒有紛擾,只有平靜與適意,我不知道,這樣的生活,是否也會有哭泣與傷感,但我明白,受傷的心靈,將可以在這裡逐漸痊癒。

　　赤崁樓像夢一樣的聳立在我眼前,沒有耀眼的外貌,沒有現代化的文明,只有樸實古拙的紅牆綠瓦,斑剝的青石板路,和一頁沈痛的歷史滄桑。成長的歲月裡,赤崁樓的影子一直占據在我心深處,台灣剛有電視的初期,「赤崁樓之戀」連續劇的主題曲,曾經深深地打動一個六歲小孩幼嫩的心田,留下一抹永遠鮮明的色彩。再度輕哼著這首曲子,哀怨的情思裡竟也有一絲溫暖,畢竟,我十分慶幸自己能擁有這些美麗的回憶,並且,十幾年後的今天,親自站在這裡。

　　那個晚上,在牀頭台南廣播電台的頻道裡,我彷彿聽到了這首淒怨的「赤崁樓之戀」,天水般傳來,自遙遠的孩提時代……

　　坐上南下火車,我們離開府城,要去海鳥棲息的港灣,不是去看愛河、地下街,我們只想去看看西子灣的落日。熾烈的陽光當頭罩下,陰濕與霉氣都蒸散了。坐在長堤的水泥墩上,賣冰的小販起勁地吆喝,涼也 ── 涼也 ── 把酷熱的暑氣硬是給喊了下去。幾艘白色的龐大貨櫃輪,從外海緩緩駛入,引起人群熱烈的讚歎。暖暖的海風,從萬頃碧浪中吹來,海鳥聒噪地從船頂畫過。沿著中山大學蜿蜒的海岸向沙灘走去,看自己的影子一路拉得好長。坐在白沙鋪積的海灘,後面是這所正在創建、一切都顯出蓬勃朝氣的新校園,前方則是一望無垠的藍色海洋。李君脫了鞋襪,掬起海水猛烈地洗著臉,我仰臥在粗石礫上,把這身軀交付給南台灣靜謐的海岸。

　　自然便想起,藍天的心情,雲知道,大海的心情,風知道,

而我的心情呢？

　　這一趟南下之行，又該怎樣來料理自己的心情呢？

　　坐在高雄文化中心宏偉的建築前，這座冷清的溜冰場，兩個頑皮的小孩，正以笨拙的動作，試著讓自己也能輕曼地滑舞，以優美之姿。然而，一再地跌倒後，只好不情願地放棄了。猜想他們的心情該是沮喪的，沒想到，小孩的復原能力竟如此堅韌，搓搓紅腫的膝蓋，笑話盈盈依舊，並且很快地站起來，拿起一個黃色的小皮球，繼續開心地嬉鬧著。天真無邪的臉顏，在我眼前忽近忽遠，這些不解世事的孩子，正充分地沈浸在無憂無慮裡，他們不會了解有兩個黑髮的男子，正在微笑地看著他們，並且傷逝自己消失的純真。

　　難道，成長是一樁苦澀的事嗎？淚水與痛苦，是否便是成長的代價呢？一樣的我，不一樣的是心情。二十歲，我是該流浪，還是該面對？

　　回去了吧？李君淡淡地說。

　　是該回去了 —— 我把行李掛在肩上，走到場邊一個賣棉花糖的小販前，買了兩支，蓬蓬鬆鬆的棉花球，白裡透紅，像軟軟的雲。我們笑著送給了那兩個詫異的小孩。摸摸他們的頭，我內心有一股感激的情愫充塞著，是他們清澈的眼睛，使我看到了陽光，是他們銀鈴般的笑聲，使我看到了希望。燈火輝煌的夜，我們坐在北上的列車裡，決定把灰黯的心情拋擲給無盡的黑暗，等待明日清曉的曙光，照在我們的臉上。

那一夜，我們在淡海

海潮是不變的，千年以來，岸，是它的夢，恆長波湧的歸向。

而記憶，也是不會變的，褪色的記憶像凋殘的玫瑰，豔麗仍歸風雨大地。

因此，那一夜，我們在淡海的情景，便如高濺的浪花，直到現在還濡濕著我們年少的青衫翠袖。

濤聲的呼喚，是在月亮從海面緩緩升起以後。我們一行十五人，遠從市囂而來，要走向水天碧藍的圖景中。淡水河的暮色，已在遊人發亮的眼瞳中漸漸濃黑下去，長堤的風，吹開了一朵朵的燈花，夜來迷離璀璨的小鎮，依然清醒，一如我們年輕的心。

海水浴場已無白日的紛擾擁擠，入口處早已關閉，我們從一側的小徑迂迴前進，但是機警的海防部隊立刻溫和地勸阻。黑漆漆的，有什麼好看？老士官長含著笑意揮揮手，手電筒的光暈，映照出他蒼老的面容，和依舊硬朗的身軀。我們並不因此就氣餒，十五個人正好「七嘴八舌」，圍著他嘰嘰喳喳地懇求 —— 只看一下就好啦，我們專程從台北來的！還有，以前我們都沒有看過真正的海呢！拜託，拜託，老伯 —— 也許，是那一聲老伯觸動了他

心裡的什麼，也許是煩不過一群娃兒的糾纏，他看看兩旁崗哨荷槍的衛兵，苦笑地聳聳肩。好吧，一個小時，最多一個半小時，但是，安全第一，還有，天黑，我叫個小兵陪你們，帶路。

女孩都熱情地鼓掌稱謝，一個瘦高、有些斯文的士兵，滿臉靦腆地被喊來，士官長說，交給你這個神聖的任務，兄弟！

這樣的親切、友善，宛如父兄，如果不是那身草綠服，我們會以為就是鄰家的老伯嘛！直到我們隱沒在夜色裡，驀回頭，仍可看到他的手裡微弱的電光，在風中溫暖地輕盪著。

士兵姓廖，來自多陽光的南台灣，問他天天望海的感覺，他的回答在夜裡聽著很有點鄉愁的蒼茫：

「也沒什麼，剛開始看到漁火，會想家，這裡的空氣，很像我老家附近的漁港。不過，現在好像也習慣了，每天看海，覺得自己的心胸也跟著開闊起來……。」

是的，廣闊的海，開敞的襟懷，這不就是我們千里迢迢來看海的原因嗎？踩在柔軟的白沙上，腳步聲顯得格外沈重。手電燈朝地上投射出許多凌亂交錯的光束，充滿棘刺的仙人掌花，在鐵絲網畔盛開著黃色的花蕾，劍狀的瓊麻森然如戟，在乾燥的沙地上，擔任夜的守衛者。比劍鋒更銳利的，是從高處強烈照過來的大型探照燈，在我們身上迅速搜索，灼熱的光帶點野戰的味道，自然聯想起許多偷渡逃亡的畫面，驚懼的神色，探照燈宛似冷冷的槍口，兇狠的禿鷹，而我們，正是牠下手的獵物。這樣的刺激想像，雖然不切實際，卻稍稍滿足了都市冒險家一心追求的狂想。

這倒是很奇特的一次經驗了，一九八三年夏，我們在淡海。

在遮陽棚下，脫了鞋襪，坐在尚有餘溫的木板上，或者沙地上，用最舒適的姿勢等待，然後，便是海的事了。

　　沒有人捨得閉上疲憊的眼，十多雙眼睛一起注視向悄靜的海面，潮水漲湧，喧嘩得厲害，一波一波的像前塵往事。月華臨照下的海，是一疋銀練，海平線上閃爍如鱗。舉頭，是黑絲絨上汪洋的星宿海，天上人間，相互輝映成一個屬於金銀的世界。這樣的星海之夜，我們心甘情願讓一切的心情都溫柔地擱淺。

　　有人低聲唱起了「在銀色月光下」，新疆塔塔爾民歌，遙遠的一場舊夢，像燕子，展翅飛到青天上，朝著她去的方向，卻驚覺往事蹤影已迷茫，只有銀白色月光灑遍在那金色的沙灘上。故事是帶點缺憾的，但是歌聲中的情懷，卻完美浪漫得令人遐思不已。

　　從不曾守著一灘的月色，覺得自己是如此的富有。看一個個留在背後的腳印，那是歲月無法沖刷的。將腳輕放在清涼的海水裡，衝擊的力量使人感到一股生命的充沛，那是大自然的呼吸，正劇烈地喘息在海的胸膛，當細沙從趾間嘩嘩流過，那膩人的撫觸，像是人生一次又一次的偶然。

　　兩個女孩笑鬧著奔回，漾溢的青春臉顏，小鹿之心，猶不停蹄，難掩的一抹驚惶寫在眉睫，似志摩詩裡的海邊女郎，哀怨的韻。海，是否想告訴她們什麼？

　　一張屬於軍人剛毅的臉，隱隱流動快樂的溫柔。這樣的一次任務，是否會讓他在以後戍守的夜裡，有些不一樣的情愫呢？

　　我們向他道謝，他執意送我們上車。蘆葦搖曳的小路，被夜暗吞噬的樹影，流螢如線，這不是人間一場極美麗的相遇嗎？十幾雙深情的眸，在沙灘、月光、海風的流轉中，緊緊相依。

　　海潮的聲音漸漸退散，小鎮的燈火依然迷離地掛在風中，我們把那一夜淡海的風情，從此體貼地溫存在心底。

夢裡的木棉道

　　宿舍前的草坪上，有人輕輕彈著吉他在唱歌，是個聲音極富感情的中文系男孩，不知什麼愁苦困擾著他，哀哀怨怨地把「木棉道」唱了一遍又一遍，皎亮的月天上圓圓地掛著，讓人聽著不禁要興起許多塵封已久的記憶，心弦彷彿也隨之顫動。一陣涼風吹過，倚窗出神的我，竟發現自己的臉上不知何時已掛了兩行清冷。

　　不該這麼容易就感動的，都已經是碩一的學生了。然而，面對這樣一首曾經熟悉、喜愛，且經常在夢中浮現的旋律，我實在不能，也不願用偽裝的臉孔來漠視它，我寧願讓自己的情潮隨之起伏、澎湃，而至不可收拾，就像年輕的大一時候。

　　大一，我們曾在寶藍的天空下大聲歡笑，也曾在暗夜無人的角落悄然哭泣，年輕的心是一顆易感的心，愛藍天、愛海洋，愛一切美的事物。青春像一盤滿滿的五彩顏料，隨時都會潑濺出來，也像初夏燃燒一路的木棉花，那樣紅燦，那樣耀眼。

　　上讀書指導的慶萱師，有一回上課途中，突然摘下眼鏡，瞇著眼，低聲地像訴說一椿祕密般，告訴我們：

　　羅斯福路的木棉花開了，你們應該去看一看。長長的一路都是——

　　那個週末的黃昏，我們一夥人成群結隊地走在朵朵盛開的火木棉花下，托缽的花瓣朝向無盡的天空，我們熱切的笑臉仰望著一樹紅，整條街彷彿都亮了起來，掉在地上的，我們全都憐惜地拾起，捧在掌心，連同美麗的回憶，一起帶回去。

　　直到現在，隔了六年的時光往回看，我們仍認為，那一路的木棉花永遠是我們的，誰也搶不走。

　　也是大一，那位聲音略帶沙啞的校園歌手，在電視上唱紅了「木棉道」，也唱出了許多年輕人心中難忘的波濤。愛情、蟬聲、木棉道，成了那一季夏天的高潮。我想起一位已經三年不見的好友盧，在南方服役的他，大學時代曾以這首「木棉道」，自彈自唱，獲得校園內民歌大賽的冠軍，為他自己，也為那個夜晚的星空，增添了一道亮麗的光芒。我們在大三時因參加社團工作而熟稔，辦活動、畫海報，甚至協助沖印公司舉行攝影比賽等，兩顆相互欣賞的心一度極為接近地彼此照亮著。然而，過多的才華只給他帶來自信，而不是快樂。一椿感情的波折，長久以來啃嚙著他冷靜外表下，那顆脆弱的心。在許多人都返鄉的寒假，他仍獨自在賃居的小屋中度過，孤獨且不被了解的靈魂，像一顆孤星，幽微地發著冷光，溫暖不了他自己。

　　一個淒冷的多夜，我去看他，開門迎我的是一張憔悴的容顏。昏暗的燈光下，他蹲在地上繼續為外面的攝影公司畫一張兩百元的海報，桌上擺著一瓶飲了大半的洋酒，高腳杯中仍殘留著琥珀色的酒液，菸灰缸裡凌亂的菸頭像極了解不開的結，迷茫的白煙，纏繞著一室的苦悶。我無言地坐在牀沿，看他熟練地寫著廣告藝

術字體。那是一張迎新春大優待的畫稿，尚有一半未完成，他把水彩筆用力扔進玻璃杯裡，幾滴顏料濺在瓷磚地板上，駭人的血紅，突然間，他仰起臉，紅著眼對我說：

「這就是生活，錢賺得愈多，酒就喝得愈多，而酒喝得愈多，錢也賺得愈多，有意思吧。」

那個寒假，他的父親猝然過世，死在南島冷冽的港灣城市裡。

他再回到學校，已是開學後一週了。我在他五樓的房間裡陪他，積塵的吉他靠在一角冷落無人問，昔日意興風發的主人，曾經因它而在眾人面前做了一場精釆的演出，如今，主人似已疲倦。他仍是那副靜默的神情，怔怔看我，也看著這個世界。然後，從抽屜拿出一卷錄音帶，是電影「搭錯車」的原聲帶，電影剛下片不久，戲的結尾，女主角因喪父而含淚演唱「酒矸倘賣無」的一幕，曾令我泫然欲泣久久。他請求我播放，嘴角輕輕抽搐著。當女歌手高亢激越的吶喊在空中迴盪開來，我忍不住問他：

「還記得大一時唱的『木棉道』嗎？」

他愣了一下，迅即偏過頭去，眼角噙著淚，朝向黝黑牆壁的肩膀，壓抑不住地顫抖起來。

是的，沒有人會忘記，木棉花一路燃燒的明麗，也沒有人會忘記，木棉道上曾經流下的淚水，正如我此刻，因著這首遠遠傳來的歌曲，而感到眼前逐漸模糊一樣。曾經歡笑過，曾經哭泣過，我們的青春歲月，我們的歌，我們夢裡的木棉道，都已隨風飄散，不會再回來了……

背 影

一直還深深記得，那個在校園裡熟悉的背影，一跛一跛的，從斜日夕照中緩緩地向地下道走去，漸行漸遠，終至隱沒……

六年，不算短的流光，幾度花落花開，多少悲歡離合的故事曾經發生，多少愛癡怨嗔的心情如潮起伏，但隨著歲月這把篩子無情地淘洗，真能在記憶的河流裡，閃閃生輝的美麗石子，並不多，而婁師佝僂的身影，卻是六年來，心中一塊永遠沖刷不去的磐石。

大一，新鮮人的黃金生涯，我們以一種完全懵懂的心情來迎接，在聯考桎梏下封閉已久的心，正等待滋潤，期盼叩問，上我們大一國文的婁良樂老師，正是在不知不覺中輕叩我們心扉的第一人。

在文學院大樓的教室裡，我們開始在先民一篇篇動人的文章中，含英咀華，吟哦記誦，透過婁師親切的笑容、精采的解說，顢頇學步的我們，彷彿被一雙溫熱的大手牽引著，被溫煦如春陽的目光呵護著。二樓窗外的鳳凰綠葉，在秋風裡一點一點地飄落，但我們的眼界卻一天天地寬廣，中國傳統文化殿堂的巍峨端嚴，

也一寸一寸地在我們熱烈的仰望中升起。

那真是一段快樂的心靈之旅。從詩經周易，到韓柳歐曾，從孔孟荀墨，到陽明二程，詞章義理之學，為人處世之道，都在婁師滔滔的辯才中一一彰顯，完全釐清。我們不是善問者，但他卻是個善教者，薄薄的一冊《大學國文選》，他能上窮碧落下黃泉，蒐羅各方註解，不停地反覆推敲思考，總要求出個最允當的說法方肯罷休，我們的性靈在其中獲得了珍貴的啟發，旺盛的求知慾也得到最大的滿足，每一次的國文課，總像是一場酣暢淋漓的文學盛宴，使我們直呼痛快，回味無窮。但也因此，他原來就不算健壯的身子，在紛飛的粉筆屑中更佝僂了，兩鬢飛霜更是早已似雪，常令台下安坐的我們，油然滋生微微心痛的感覺。

婁師的雙眼因為罹患白內障，鼻樑上總掛著一副厚重的金框眼鏡，然而視力依然不佳，當他偏著頭，凝神注視著你時，你會誤以為他看的是別人。有一回他風趣地自我解嘲說：這是「折射」作用。我們聽了不禁會意地笑開來，但是笑容很快就凝凍住，因為我們都看到，一股淡淡的蒼涼，正寫在他滿布風霜的臉顏上。婁師是個自律嚴謹、一絲不苟的學者，課堂上他很少說笑，沒想到這個「笑話」會一直激盪在我們青澀的心田上，清晰地留存到現在。

常常，上課鐘聲未響，他已在教室外頭等待，提著那只灰舊淺黃的公事包，微笑地看著我們橫衝直撞地從樓梯口出現，我們總是相對赧然一笑，他的嘴角輕輕扯動，黝暗的長廊上，像踽踽獨行的哲人，正冷眼旁觀著擾嚷的人間世。遲到的人，從他那裡自然接收過來的，是一抹發自內心的溫藹諒解，如父如兄。

他走路的姿勢，因為矮胖的身材及那只沈甸的公事包，會不

由自主地左右搖晃，遠遠看去，彷彿一跛一跛地，蹣跚的老態。
有時下課後，我見他獨自一人，緩緩地踱步在人來人往的紅磚道
上，向地下道走去，斑白的髮，在陽光下爍爍如銀，我總會覺得
無言的感動及沛然而生的敬意。

　　從學長的口中得知，婁師以老兵退伍後，憑著不屈的毅力、
堅強的鬥志，及一份對文化、對歷史盡心的抱負，艱辛苦讀，高
齡考上國文研究所。在長程的跋涉中，他向自己的病體挑戰，向
困難的家計負責，一朝一夕，一點一滴，在淚水及汗水的交織中，
取得了博士學位。這象徵著學術研究地位的冠冕，戴在他的頭上，
著實當之無愧。在《管子》的探討領域內，他是個權威的佼佼者。

　　讀過鄭明娳老師發表的一篇有關追求學問的散文，其中曾提
到她與婁師兩人經常是圖書館最早報到、而且最晚離開的人，婁
師刻苦治學的工夫及精神，是她深深引為效法的風範。

　　從這些周遭的師友口中，婁師那木訥寡言，端正嚴肅，奮力
向學的形象，早已深烙在我們這些他親炙的弟子心上。然而，因
著一次偶然的交會，他傳遞給我的還有一份溫藹待人的可親，端
莊不苟的正直，和一道永不枯竭的濃濃暖流。

　　那是大一下學期的一個清晨，我與婁師約定八點在普通大樓
二一一教室相見。為了自己高中時代想擔任校長的壯志，及上大
學後日趨強烈欲走上寫作之路的理想，我正處於矛盾兩難的取捨
關口，舉棋不定的惶然，使我面臨極大的困擾。後來在另一位同
學的慫恿下，決定一起申請轉教育系。那天的相約，便是欲請婁
師在我申請轉系的成績欄上填註分數及簽名，其餘三科均已填
妥。當我如約走進教室時，發現他早已心定氣閒地在等我，手邊
一本攤開的古書，想是方才等待時所看。他穿著一襲淡青色的青

年裝，桌椅旁仍是那熟悉的老舊公事包。他抬頭看到我，馬上站起來，露出一貫樸質的微笑，我發現他厚重的鏡片裡，正透射出讀書人所特有的智慧與清明，一種洞明世事的澈然。我趕緊把申請書放在他面前，他才坐下。然後，從公事包裡取出了班上同學期中考的卷子，並且抽出我那張自覺寫得並不圓熟完整的試卷，上面赫然是紅色的「九十五」，我簡直有點不敢相信我的眼睛。他遞給我：

「你看看，有沒有什麼問題？」

迅速的瀏覽一遍，我的手竟微微發抖。

「我覺得，分數，好像太高了！」

「不，你寫得很好。」

他一口的斬釘截鐵，我一時不知如何以對，只好訕訕地立在一旁。

開始在我的成績表上寫分數。執筆的手有些乾皺，甚至輕輕地顫抖。然而，他不像其他老師隨筆一揮，阿拉伯數字及潦草的簽名便將攸關你一生的大事打發掉，他寫的是工整端正的「玖拾伍」，並且一筆一畫如刻鏤玉石般慎重、緩慢。我忽然想起他坎坷流轉的一生，及無數個夜晚苦讀的身影，內心宛如被重物撞擊般，感到一陣湧上來的難受。辛苦地簽完名後，我以為結束了這一場生命中極短暫的師生緣，卻不料他又彎下腰去，從公事包中拿出一個烏漆象牙印盒，打開，取出一方似已跟隨他多年的私章，準備在簽名下頭蓋上。然而，他沒有立即這樣做。他將私章緊握在手裡，抬起頭來，親切並關懷地問道：

「你，都決定好了嗎？」

是啊，我都決定好了嗎？這個我反覆思索過千萬遍，卻仍沒

有答案的問題，沒想到，竟會從婁師的口中說出。那已花白的頭髮，風霜的面容，及長廊上踽踽獨行的背影，我想起他上課時為我們苦心描繪傳統文學殿堂的情景，那麼急切，那麼殷憂，那麼自許，我不禁眼眶一熱，許多許多的憂慮、困擾，便像流水一般淌了過去 ──

　　我終於將那張申請書撕成碎片，向空中用力拋灑。

　　最後一堂課，同學們嚷著暑假要到老師家包水餃，他露出難得的笑容，爽快的答應了。也有同學說，二年級要選修老師的管子課，他還是含著笑意，定定地看著我們這群年輕、不知愁苦的小孩，在他面前笑著、鬧著……

　　八月暑假的一個早上，我去拜訪了大一導師黃慶萱教授。吃完午飯，我們一起步出他新店的家，準備搭車到師大。走著走著，他忽然想起什麼似的，轉頭問我：

　　「── 對了，婁良樂老師，是不是上你的國文課？」

　　「── 是啊，我們還計畫過幾天到他家包水餃呢！」

　　黃師一時噤了口，但最後他仍然語帶哀戚地告訴我：

　　「── 婁老師，前天，心臟病發，過世了……」

　　六年了，那樣溫熱的眼神，親切的問詢，那曾經融融泄泄的文二一二教室，以及那場永遠無法趕赴的聚會，一直深刻地貼在我內心最柔軟的角落，正如那獨自走在紅樓夕暉裡，提著公事包，一跛一跛的背影，也一直是我年輕記憶的河流裡，最明燦、美麗的磐石，對婁師曾經教給我的一切，我將永誌不忘。

讓花開在妳窗前

　　這是一首旋律極為優美的馬來亞情歌，大二時在復興山莊，班上一位馬來西亞僑生雷唱給我們聽的。歌詞的意思很簡單，表達的是一個年輕男子對情人的思念與祈禱，重複的主旋律加上雷細柔的嗓音，竟把這首富有異國情調的曲子，唱得婉轉動人，彷彿說中了我們內心潛藏已久的愛情故事。

　　後來，我們把這首歌錄下來，學著唱，但是無論怎麼模仿，那韻味總差了一截。這卷錄音帶我保存得很好，不過由於教書的忙碌與服役的奔波，一直無緣再去欣賞。直到早上整理行李準備回到母校的研究所註冊並搬進宿舍時，才又找出了這一卷塵封已久的記憶。當歌聲流瀉在靜謐的房間內，我竟按捺不住，有一股想流淚的衝動，因為，我突然憬悟到，即使我再回到那熟悉的紅樓鐘聲裡，迎接我的，已非昔日的陽光，和陽光下屬於我們這一班的笑語了。尤其是，我將到哪裡再去尋找像雷這樣可愛的女孩，和她天真無邪的歌聲呢？

　　在班上的僑生中，雷是相當特殊的一位，不只是因為她的美貌，而是她的性情與別樹一幟的笑聲。大一開學後的那段時間，

大家總有些忸怩不安，新鮮人歡樂的笑臉下，仍是一顆生澀、探索的心，彼此間很自然的會有些許的距離，所以那陣子，校園中我常看到她柔弱修長的身影，寂寞地走在人群裡。一只白色的女用背包，總絲伴著細碎的步子而輕輕晃動著。隨著時日的消逝，同學間的情感逐漸滋長，矜持與隔閡在天天見面的熟稔中早已化為無形。話多了，笑聲多了，我們融洽得像一家人。不久，我們也發現，家族中那個文靜的小女孩變得活潑了，她會跟你下馬威：

「 ── 我姓雷，家住馬來西亞霹靂州，厲害吧！」

雷與霹靂，實在不能讓人將她嬌柔的身軀聯想在一起。她說話時，豐富的表情，不標準的國語，常常使我們笑得東倒西歪。上台心得報告時，她會把「發現」唸成「發錢」，底下的人聽了笑，她在台上莫名其妙地跟著笑，而且笑得驚天動地，好像笑的是別人，把老師也逗得呵呵不已。有時，教授講的話，她聽了覺得好玩，也會忘情地笑開來，大家一聽她的笑聲，忍不住也笑成一團，好幾次，上課的進度便是因此而落後。

和她聊天是件愉快的事，可以把她當小妹妹，完全不必設防，她絕對仔細聆聽，不時爆出笑聲，會讓你充滿了成就感。也因此，她的笑聲連同人緣，傳得既眾且廣。

大二的暑假，她從馬來西亞寫了一封信給我，訴說她的生活點滴，有趣的文字描繪，令人開懷：

── 腰又痛了，每天晚上自己躺在沙發上捶，不然就一屁股塞進媽咪的懷抱裡讓她捏，很痛，但是很好玩。

── 其實，我應該住在柔佛州才對，我這麼溫柔，又誠實，唉！生不逢地，阿彌陀佛！

開學的第二天，她提了一瓶洋酒及一條洋菸，給我們五個男

生「分享」，我們樂得眉開眼笑，直說：

「 ── 沒看走眼，真是乖小孩，懂得孝敬我們！」

然而，小女孩終究是長大了，不管我們接不接受，大四那一年，聽說她成了戀愛中的女人，對象是一個正在服役的朋友。我們五個男生滿心的祝福，這樣善良的好女孩，是應該有個理想的歸宿。快樂與幸運，我希望上天永遠賜予她。但是，事情的發展卻出人意料，開始發覺她開朗的笑聲減少了，她的眼神幽幽怨怨，不專心，也不知望向何方。再遲鈍的人也能感受到，她並不快樂，難道，愛情來得不是時候？還是上蒼又導演一齣作弄人的戲？我們擔心，怕她脆弱的心無法承受，我們懷念，她曾經的無憂無慮到哪裡去了。

有一晚，我在宿舍三樓的窗口，看到她和男友激烈地爭辯，互不相讓；聽說，常常她歡歡喜喜地走出宿舍和他見面，卻不到十分鐘，又看到她面色如霜地回寢室。許多許多的不愉快，清楚地寫在她的臉上，她，已經不再是那個喜歡唱「讓花開在妳窗前」的女孩，也不再是想留在台灣教書，而不斷擔心自己國語的女孩，更不是曾經和我們打打鬧鬧、無拘無束的小妹妹了。

大四下學期，她和他分手時，起了爭執，一場劫持的衝突，使男的遭到扣押，這場美麗的夢幻滅得令人措手不及。最後，在法庭上和解，她撤銷了告訴，同時，也撤回了曾經付出的感情，和無數身心俱疲的日子。我們看著她憔悴、哀傷，卻無能為力。

畢業典禮時，我們五個男生送了一束玫瑰花給她，告訴她，這個世界還有我們，我們永遠都是一家人。她的眼眶紅紅的，但是沒有淚，一直到她的身影沒在登機室的茶色玻璃後，向我們不捨地揮手，我們都沒有看見她哭過。

　　飛機畫過天際，留下一道白色長線，我突然想起她大一時，肩上掛著的背包，那輕輕晃動的白繐子。

　　幾年過去，聽說她到了倫敦，繼續唸書，但是，這一切好像都隔得很遠、很久了，曾經熟悉的面容、笑語，不知何時，竟被我遺忘了，直到這個早晨，無意中發現了這卷錄音帶，並且將按鍵緩緩按下，雷的歌聲才讓我再度沈浸在往日的歡笑與悲哀裡。

　　讓花開在她的窗前吧！倫敦的天空，泰晤士河畔的青草地，我此刻，只有這個願望而已。

美麗的輪迴

　　這該是一場命定的幸福吧！我穿著草綠服，立在紅樓「止於至善」的拱形門前，以一種感激與顫動的心情，看自己的名字被工整地寫在長長的榜單上。門前圓形的噴水池四周，七里香若有似無的馨芳飄浮在這六月的初夏季節裡，鳳凰樹蟄伏一年的綠意，正醞釀出點點熱情鮮耀的火紅，在陽光下搖曳成串串的金黃。我該如何來訴說內心那期盼已久的喜極欲泣呢？對這古老的紅樓，對這悠揚的鐘聲，乃至於我繽紛多彩然已漸漸褪色的記憶。我曾多次在夢中流淚驚醒，只因我留戀的一草一木、一人一事，突然又伏擊我多感的心靈。我也曾不斷的告訴自己，總有一天，我要再回來，回到我四年成長的初生之地，回到我歡笑淚水交識的往日情懷中。

　　此刻，我怔怔看著眼前成真的美夢，我不禁要對那一天蔚藍的晴色千里，深深感謝。我，終於回來了。

　　這或許是一種無藥可救的戀舊情懷。當我決定撳下這場「回到過去」戰爭的按鈕時，支持我的動力，竟是那一幕幕已被時光壓成碎片的記憶，雖然再怎麼拼揍，也不是以前完整的那一張了。

摯友陳君在信中質問我：「為什麼那麼固執，非要回到母校呢？」
而我卻只能夠默默無言，無可奈何地將這些難能可貴的關愛，一
一婉謝了。我的理由竟然是：只為了一份情感，一種難以忘懷的
留戀，和紅樓鐘聲裡我曾經走過的天光雲影，花樹清景。這是多
麼牽強而又單薄的「理由」，然而，正是這種心情，我燈下苦讀，
趕考應試。夢與詩的桃花源，我是忘路之遠近的漁人，在離開多
年之後，不能忘情地再度問津，而我不是劉子驥，是那跋涉在茫
茫雪地裡多年的外交官，終於在失去的地平線上，尋到了夢寐以
求的香格里拉。

　　時移事往，許多的故事會沈寂，會湮沒，但是，對我那黃金
歲月裡所留下的每一幅畫，流光的嬗變，只會使它更明晰，更美
麗，煥發出更迷人的光彩。

　　怎能忘記大一時，屬於新鮮人的浪漫與恩寵呢？河濱公園的
迎新，揭開了璀璨生活的序幕。學長送來滿是註記的「大學國文
選」，乍看之下，很為他的用功折服，他嘿嘿笑幾聲，才透露事
情的真相：這本書已經傳了五代，你是第六代！我傻眼了。學姐
請吃飯，系上男生少得一點也不可憐，反而個個是寶，三個學姐
寵你一個小男生。慢慢的，你開始了解什麼是「教授」，以及「翹
課」。沒有晨考週考段考月考抽考，於是你成了「東南亞」、「大
世紀」的常客，龍泉街也開始出現你拎包水果或排隊等自助餐的
身影，一切彷彿是那麼自在、無憂，閒閒走在日光下，天天都有
新鮮事。宿舍裡六個人一間，當你沈浸在「秋蟬」那哀愁的氣氛
時，另一個人可能正在唱「浪奔！浪流！萬里滔滔江水永不休──
──」；當你正為了《狂風沙》中關八爺的義蓋雲天而熱血沸騰時，
兩個坐在角落的馬來西亞僑生可能正用馬來語談著有趣的話題。

世界是這麼大，卻也這麼小的濃縮在一間寢室裡。

興致來時，趴在窗口眺望女生宿舍的燈火，可以打發掉許多無聊的週末之夜；開始有活動了，寢室聯誼，在冰果店裡男生女生各坐一列，大眼瞪小眼，不安的手把吸管扭得暗自叫苦。結束後回到寢室，狗熊變英雄，那個女孩如何如何，評頭論足，談了足足三天三夜。突然有一天，班代表宣布，下週開始期末考，頓時人心惶惶，交頭接耳，於是開始有人請吃飯，宴無好宴，借一下筆記抄嘛！結果是，龍泉街的影印生意，如股票市場的走勢上揚，創下一學期來的最高點……

大二開學的第一天，男生都覺得過去看走了眼，沒想到班上的女生個個都如花似玉，經過一個暑假，女大七十二變，燙髮、化妝，襯上耀眼大方的新衣裳，這才讓我們五個男生懂得了「野花哪有家花香」的道理。也在此時，開始有外校男生來邀約班上女同學郊遊、烤肉，及參加舞會等，但是，保守的系風，這些活動並不會激起我們太大的漣漪，反而是在課業方面，大家似乎都已開竅，或者說是逐漸找到自己的方向，於是，書一本一本地買，也不管生澀黃熟，一律囫圇吞下，看得過癮之至。

我還記得好幾次，把伙食錢忍痛交給了書商，餓著肚皮喝開水，依然看得津津有味。書的魔力，開始在國文系學生的身上起了神奇的變化，書籍泛濫成災的情形到處可見，只是個人災情不一而已。記得有一位司徒學長，書桌及牀鋪都讓給了書，從大一起，他就睡在一張摺疊的躺椅上，人稱第二座系圖書館，藏書之多，令人感佩，因為我想，那不知是餓了多少餐才換來的。然而，坐擁書城之樂，只怕是那些天天山珍海味的富賈們不易體會的吧！此外，圖書館、演講廳，也是我們追求知識的另一扇窗，只

要願意打開，陽光與風都會進來，而智慧的芽苗便是這樣培育而成的。至今，我仍記得圖書館歐風的建築內，一冊冊凝聚先人無數心血的結晶，曾經伴我度過許多個不眠的夜。

　　似乎註冊的日子，最易讓人驚覺時光飛逝。上課時，你發現班上的每個人都是那麼可愛，校園的景色也突然間成為你筆下讚歎的對象。開始喜歡一個人靜靜漫步在花徑小道，聽音樂教室流瀉出來的鋼琴奏鳴曲，也會偶爾寫張小卡片表達你對別人的關切，像是成熟，像是長大，但一切又是那麼朦朧不真切。「聲韻學」的反切上、下字表，背得我們叫苦連天；詩詞習作則讓我們在翰香紙柔中，細細體會一個詩人的心情，李杜蘇黃，全成了鄰家的朋友，熟悉又親切；文學史伴著綿綿蟬聲，把我們帶進唐代山水中；莊子文心、左傳禮記，使我們的視野心胸壯闊大開。還有望幽谷的逍遙遊、復興山莊的共剪西窗燭，芬芳的友情如醇酒般，令人陶醉。西瓜盃排球賽、甘蔗盃躲避球賽，無名目的青春在烈陽下揮騰，每一球都結結實實地打在我們歡樂的胸膛，留下美麗而甜蜜的傷痕。

　　一到大四，在毫無防備之下，你突然成了家族中的大家長，社團學弟妹口中的「老骨頭」，走在校園裡，耳邊響起的盡是「學長好」，於是恍然大悟，這是杜鵑花最後一季的絢爛了。腳步不再悠閒，心境不再年輕。有時在一燈熒然下，你會為自己的空無所有而驚出一身冷汗，有時思考著浩瀚的歷史洪流，你會感到自己的渺小且汗顏不已，讀書，不再是為成績，而是給自己的良知一份交代。待朋友，除了相知相契，更多了一份敬重與砥礪。不必去細數，也能知曉鐘聲響了幾下，不必走過去，也彷彿能嗅到瀰漫在空氣中的梔子花香。

　　教學實習課，讓我們懂得身為一名教師的責任，及如何面對學生。在金華女中的三週試教，我們和那些活潑天真的小女孩，建立了融洽而難忘的「師生情誼」，從她們熱烈的大眼睛內所流露出的神采，我們終於肯定，紅樓四年提供給我們的，是紮實的自信與高度的熱誠，憑此，我們知道，昔日不解世事的少年，已是一隻羽翼豐滿、能獨立飛行的巨鷹，既高且遠。從前被人寵愛的大孩子，現在將站在講台上，扮演一位傳道授業解惑的好兄長。然而、當有了這份茁壯的勇氣時，我們卻沒有勇氣來面對四年同窗的一朝分離。畢業旅行時攜手共遊的快樂，已是道別的前奏曲，我們在青苑、大湘園、良友、地下餐廳，一次次的聚會，一回回的話舊，卻如何也挽不回那已注定的各奔西東。不捨的目光難掩揮手的淚影，紅樓小徑上也不再有我們齊吟詩詞的歌聲，多少的往事，都在鳳凰的火紅繽紛中，化作淚，化作祝福，化作一闋永遠傳唱的長干行 ——

　　是的，永遠傳唱，這樣的歌聲，在我的心海裡愈來愈響亮，愈來愈清楚，紅樓四年的笑聲，仿似有一股魔力，在召喚著我。教書的時候，一有機會我便回去，走走看看，像個滄桑的旅者，對著紅樓夕影發呆，即使是在南島服役，休假時若能搭車經過，我也必定會投以最深切最熱烈的凝望，向我美麗的紅樓，逝去的似水流年……

　　如今，我又再度站在紅樓的面前，縱然人事已非，縱然深深明白，昔日悲歡離合的故事將再上演，但是，我早已虔誠地願意接受這一次美麗的輪迴。

長干行

君家何處住？
妾住在橫塘；
停船暫借問，
或恐是同鄉。
家臨九江水，
來去九江側；
同是長干人，
生小不相識。　　（唐・崔顥・長干行）

　　當學生證上蓋下第七個戳印，我才猛然驚覺自己已經大四。曲曲折折的一段路走過，後頭再看，只感前塵往事，物換星移。很多的東西一旦失去，就再也不會回來了，像歲月的痕跡，你只能在記憶中去尋找。

　　也是在大四，才珍惜起周遭的人事物。看著一張張活潑有趣的照片，班刊上一則則只有我們才懂的笑話，或是走在熟悉的紅樓鐘聲裡，輕輕唱起我們的系歌 ── 長干行，那一刻，我才懂得，

原來，思念朋友也會流淚。

於是，我寫下大一上學期因緣相會的發生，藉以獻給師大國文系七三級丙班的每一位同學，以及那段歡笑與淚水織成的日子。

一、

不到六時我便醒來，看看寢室裡其他五個人都仍好夢方酣，才安心地繼續躺著。成功嶺六週的軍事訓練，經常五點半便被喊醒，然後在睡眼惺忪中拉整齊線，摺棉被，捏菱角，折騰得昏頭轉向，且能邊弄邊點著頭，逮空檔偷偷闔起眼打盹。只是，此刻我是再也睡不著了！因為今天是第一天上課呀！「開始」總是令人興奮和迫不及待，像一隻小蝸牛，正準備伸出觸角，摸索向一個嶄新的世界，也像鳴笛待發的舟帆，正載著滿腔的狂熱與信心，駛向美麗而不可知的未來！

三號床位臨近窗口，我偎在枕頭上望向窗外，女生宿舍已浴在微亮的晨曦中。幾許曙光不安分地潑濺進這間小小的寢室——一五三七室。我按捺不住內心的興奮，遂悄悄下床，開始把桌面仔細擦拭乾淨，幾本學姊送的課本端正擺好，然後看著新貼在壁上的功課表，滿滿吸了一口氣，不禁生起一股大志來，是初生之犢不畏虎的勇氣吧！我暗暗立誓：這大學四年，定要好好地過！像新生訓練時的輔導員說的「仰蒼芎一番鷹揚，圓成你的江湖！」我總會做出點成績來的，我相信。

攤開《未央歌》，我愛看宜宜在去年我生日時寫的：「願將雲南的風雨，昆明的陽光，沙坪壩上美麗如歌的年輕歲月，一併送給你。」

未央歌的世界總給我一種藍天澄澈，乾淨如雲的感覺。是有

那樣好的一群人，在那樣偉大的時代，快樂而充實的活著。僅僅就爲了那人，那生活，我便不由自主地入迷了。

　　先是絢爛耀目蘭燕梅，像三生石畔的絳珠仙草植到人間，自生自長，麗質難自棄，有著幾分惹人憐愛的嬌稚，而其至情至性處，更是其他人所不及的。范寬湖的歌詞裡說：「你的美麗是天上的。」真是貼切極了。蘭燕梅的光芒是不自知然又無法掩蓋的，她的大家閨秀氣質，最是表現在舞「但丁神曲」時的風姿無限。鹿橋形容得好：「她手臂兩手在頭上向空中和緩地迴旋著，如同從天空不可見的地方接到了什麼，又如同攀到了空中伸下來的那一隻援引她上天堂的手。然後那渴慕的眼睛忽然露出了滿足，怡悅的光來……鋼琴又是幕起時的鐘聲，一場虛驚如夢，一場美景更如夢，大家欣喜愉快，不知如何是好……」她是每一迴旋，都有著盎然的生機，叫人如見春天潮濕地面上突然冒出的新芽，驚喜中又有分讚歎！

　　比之蘭燕梅，伍寶笙有如小家碧玉，但卻嫻靜淑雅無半點小家子氣。性情乖巧，人緣好，是個溫柔的大姊，照顧著弟弟妹妹們一天天長大。她的人是種安定的色調，從從容容的與人無爭，且總是在一片混亂後收拾殘局。至於小童，則有 B 型人的迷糊，不拘小節，彷彿頑皮的小弟弟，整天咧著嘴開心地笑，卻又一步一步安穩的走著。他對大宴說：「你是凡人，我是詩人！你補襪子，我不穿襪子！」叫人好氣好笑，奈他不得。也許就算打破碗盤，他也是吐吐舌頭的好玩。然而他是愛這個世界的，他養小白兔、鴿子、種花，與一草一木自然相親而毫無距離。其實，未央歌的世界原就是一個愛的世界，即便是活得很辛苦的大余，他的固執正經也是種愛，對家國時代的大關愛。

　　我最心喜的，便是那昆明十月的陽光與走在藍天下，一個個
意興風發的年輕學生，他們輕快而踏實的步伐。一切一切都是單
純的美好，一如窗外漸漸甦醒的晨光正一寸一寸地照進來。

　　二號床的國仔翻了下身，猛的醒過來，我朝他笑笑，他怔了
一會，恢復清醒後，才回我赧然一笑。

　　班上只有四個男孩子，這在國文系是常有的現象。一年級的
新生都被分置在宿舍的五樓，我和國仔同一班也是室友。他來自
高雄，有一頭自然捲的短髮，笑容中仍帶著三分的幼稚。初初給
我的印象，是豪爽且有一顆熱心腸。新生訓練時，我臨時找不到
白襯衫可穿，他就從衣櫃裡找出一件跟他身上一模一樣的白襯衫
遞給我，有些不好意思的說：「工廠的制服啦！」我向他道謝，
他很快的說：「不謝啦！」然後抓了抓頭，又有些不自然地開口
道：「哦，對了，叫我國仔就可以了，以前他們也是這樣叫我的！」

　　他說話有閩南人慣常的腔調，但他一直試圖避免。鼻樑上一
副五百多度的近視眼鏡，使他看起來，書卷氣多於江湖氣。他似
乎頗有幾分才情，一把吉他斜斜倚在書桌前，幾本詩集凌亂地擺
著。

　　他醒後不久，其他人也紛紛起床。大家似乎仍存有成功嶺上
的機警。隔壁一五三五寢室，突然有人唱起「成功嶺之歌」，七
點鐘不到，整間寢室鬧哄哄地直敲直吼：「國旗在飛揚，聲威浩
壯，我們在成功嶺上 ── 」配上口令、動作，極富戰鬥氣息。然
而這樣擾人清夢的舉動，卻沒人制止，反倒引起了大家的共鳴。
太熟悉的歌聲了，嶺上每日都得唱上好幾回的。雖然在嶺上巴不
得早早結訓，但一旦變回了老百姓，卻又不禁懷念起軍中生活的
點點滴滴。曾經詛咒過、汗流浹背過的日子，都成了記憶中的一

分美好，而每每要拿出來回味咀嚼一番。

　　於是，像共過患難的默契似的，每間寢室都有人在吼唱著軍歌。很多人拿著臉盆去盥洗，也是一路「雄壯－威武－嚴肅－剛直－」的打著數，把這一日的清晨喧騰得虎虎有生氣。

　　也許，大家都知道，今天 —— 民國六十九年十月九日，是我們進師大，第一天上課的日子。為這不平凡的日子，一切的胡鬧似都成了理直氣壯。

　　上書法課的簡老師也說了一些激勵我們的話。他說：「奮鬥未必能成功，但奮鬥的過程卻是可貴的，證明了自己一生是充實的，並未對生命交白卷！」、「得志了，皮包要能拿；失意時，鋤頭要能扛，方不失為好漢！」意味深長的一席話，句句是對我們的期勉。

　　然而，最吸引我的，還是班上一張張陌生的臉孔。每個人都有初臨新環境的拘謹不自然，但是生澀的笑聲裡，一股難抑的喜悅，滿滿的，不小心便要溢出言表。

　　開學的第一天，每堂課我都是如此偷偷地打量著這些未來四年的同學，而覺時光飛逝。

二、

　　很快的，我們幾個班上的「少數民族」，在「疾弱相扶持」的原則下，國仔、阿發、胖子李和我，便成了班上「女同胞」口中的「四大寇」，出生入死，形影不離。這是由於我們都是本地生，而且彼此志趣相投，才能很快混得廝熟。國仔喜歡余光中與楊牧的詩，阿發是建中校刊的編輯，胖子李則是高中起便向報刊發表小說，均對新文藝有一份熱愛。進國文系，都是懷了高遠的

抱負與理想。

常常，我們聊到深夜一、二點，或許是成功嶺上的糗事，或許是過去的感情世界，偶而也對班上的女同學評頭論足一番，但談得最多的，還是對文學的種種看法。有時興起，便關起門來，一壺濁酒，暢談文章千古事。國仔的酒量好，杯底從未飼養過金魚，胖子李也是仰起脖子，一乾而盡，毫不遜色。阿發則是一杯下肚，頓成「紅臉關公」，直嚷「酒逢知己千杯少啊！」

國文系學生愛喝酒，似乎已成了一種傳統，每個人多少都能喝上幾杯。系上許多教授也嗜此杯中物，也許是對詩仙的「斗酒詩百篇」心嚮往之吧！所謂「吾愛李太白，身是酒星魂。口吐天上文，迹作人間客。」能在詩箋上留幾點酒香，也該是極爲灑脫的雅事！

淵明以來，文人與酒便結下不解之緣。到了李太白，更是飲酒成了仙，理直氣壯得叫天地也奈他不得。他在〈月下獨酌〉中便豪興寫到：「天若不愛酒，酒星不在天；地若不愛酒，地應無酒泉；天地既愛酒，愛酒不愧天！」而〈將進酒〉中，則有詩人的另一番心境：「……人生得意須盡歡，莫使金樽空對月……烹羊宰牛且爲樂，會飲一須三百杯……鐘鼓饌玉不足貴，但願長醉不願醒。古來聖賢皆寂寞，唯有飲者留其名……」這豁達的感悟，總令後人淺斟小酌中，低吟不已。想來李白也是不寂寞的。

教樂府詩的汪老師，便是系上喝酒出了名的。有回上課提到喝酒對他而言是：「人家都說，喝酒傷肝，但我若不喝酒，我會傷心！所以有機會，我還是要喝！」這也是強大霸道得一如李白。汪老師說著一口濃重的湖南口音，聽來備覺親切且能牽動起思念故國家園的深沉心情，有人便是愛聽他的聲音而專程來旁聽的。

而我也真是喜歡他口中樂府詩的世界，那是一個活潑風光的人世，清揚而安穩，如陶銅上樸實厚重的線條刻痕。

「江南可採蓮，蓮葉何田田。魚戲蓮葉間，魚戲蓮葉東，魚戲蓮葉西，魚戲蓮葉南，魚戲蓮葉北。」

兒時唸過的課文，如今再讀，熟悉中又有遙遠的童年記憶。操場上盪鞦韆，相思樹下粘蟬，河裡捉螃蟹的日子，曾幾何時，都成了心中一幅幅褪了色的版畫，模糊不清了。似水的流年，如戲蓮葉間，一逝而永不復回。唸完心中一驚，久久無法知覺自己已是個坐在知識殿堂裡的大學生了。

〈上邪〉讀了，當下動容得泫然欲泣。如此一篇偉大的愛情誓言，濃烈而不浮誇，純情極了！「上邪！我欲與君相知，長命無絕衰。山無陵，江水為竭，冬雷震震夏雨雪，天地合，乃敢與君絕。」可想見一女子貞烈莊嚴地向著她的愛人盟誓，一字一句肺腑中掏出，帶幾分嬌羞，幾分期盼，但更多的是對自己的自信與對愛情的堅定不移。這情是絕對的高亮亢烈，可對天地日月而無愧。

汪老師是個性情中人，偶而讀了會心，自己會呵呵先笑起來，那一刻，他就成了一個老小孩，成熟中有幾分天真稚拙。一首漢樂府：「有所思，乃在大海南。何用問遺君，雙珠玳瑁簪，用玉紹繚之。聞君有他心，拉雜摧燒之。摧燒之，當風揚其灰。從今以往，勿復相思。」他念著念著，老愛在「拉雜摧燒之」上頭打轉，笑笑地說：「真是傳神啊！」幾句話便道盡千年來世間年輕女子曲折的心事。朝思暮想的意中人在遠方，於是將雙珠玳瑁簪用玉纏繞，小心翼翼地藏進內心密密的相思，想著千里迢迢要送給他，忽然聽說他竟有二心，便立刻翻臉，拉之，雜之，摧之，

燒之，再往風中一揚，把這恩情來斷絕！一場轟轟烈烈的愛戀，就此隨風揚灰，還諸天與地，不再相思！我讀來不覺心酸，反覺熱鬧好玩，這才懂得了原來千年前的先民們，也是和我們一樣的。

　　還有一首長長的〈孔雀東南飛〉，是和國仔在宿舍六樓的陽台上背的。陽台上有九重葛牽牽扯扯攀在鐵架上，我們搬了椅子，鐵架旁靠著。午後的陽光會從細縫中金碎碎地篩下來，一點一點在字裡行間跳動著。乾乾涼涼的風吹來很舒服，我們背背停停，一下子跑去看師大路底下熙攘來往的人群、車輛，一下子支頤托腮望著好遠好遠觀音山起伏的稜線發呆，不然就是啪啪啪衝下樓去，提兩瓶黑松，再驚天動地的衝上來，然後拿起吉他唱「秋蟬」和聲。累了，倦了，才拿起書來，孔雀東南飛，五里一徘徊。十三能織素，十四學裁衣，十五彈箜篌，十六誦詩書，十七為君婦，心中常苦悲⋯⋯然而闔起書本，我是一點也不悲苦的，因為有陽光，有風，有歌，有朋友，而且日子又正當年輕！

三、

　　我和宜宜看完「東京假期」出來，西門町已是一片車燈人海，廣告招牌上的霓虹燈，紅綠藍橙變化多端，夜裡燦燦亮亮的很耀眼。坐上十五路公車，隔著車窗往外看，我們都有一種恍如隔世的感覺，自然的想起了片中熱鬧繁華的東京街頭。那是一場怎樣的戀愛啊！一個王子，一個遊覽小姐，兩人偶然的邂逅，自然的生活在一起，並肩走在瀾漫的陽光下，走著走著，有一首歌悠悠渺渺地揚起⋯⋯波光激灩的海，富士山頭燦紅的落霞，離離青草上的追逐、相擁，每一日，每一刻，都如紙窗上映現著的幾株櫻花枝影，真實而美好。只是，這一樹恣意綻放的櫻花，卻因街旁

電視畫面偶然的一瞥而繽繽紛紛地一刻落盡！原來這愛著、戀著、也學自己穿起和服的男人，竟是英國領事館正急尋的皇家王子，這一瞬間才知是場夢！一場沒有結局的夢！當兩人再度相逢在東京街道時，只能淡淡的互望一眼，依然如昔地唱起七天前相識時的那首歌，一任窗外東京夜晚流麗燦爛的燈光無聲地眼前閃過。是唐明皇與鳳姐的故事吧！「一瞥驚鴻影，相逢似夢中。」比起「櫻花戀」，這要感人多了，「櫻花戀」中馬龍白蘭度的一句「莎喲哪啦」是有缺陷的圓滿結局，流了血的。而「東京假期」則叫人看後喟惜中更感知一分美，雖只七天，卻讓人想到一生一世。

　　宜宜低聲哼起片中的主題曲，黏膩深沉的嗓音，我聽了格外心傷。是想起我們之間的事吧！高三起我們就熟識，只是一直淡淡的，像老朋友。後來同進師大，男女生宿舍只有幾步之隔，但彼此間也沒多大變化。我深知自己愛戀著她，她給我勇氣，一種快樂的希望，第一次我懂得什麼是為別人而活，如何去關心一個自己心愛的人。可是，當我們相處時，卻都是閒閒的聊同學、功課，談家庭中的瑣事，甚少談到我們的感情，她似乎避免扯入這話題，而我也從不敢想肯定什麼，深怕一旦說開，反使我們既有的友誼結束。一年多來，我就是把這樣的一份猶豫與痛苦埋藏在內心深處，在每回見了她之後，在每個想念她的時刻。

　　認識宜宜，是在高二的校刊編輯會議上。我擔任社長，她是編輯委員。編輯委員共有三十幾個，然而偌大的會議室裡，我一眼便注意到她。倒不是因她外表美麗出眾，而是有一股莫名的氣質，眾人擾攘裡，我獨見她如一株潔白水仙，默默地生長著。後來在校刊辦公室工作，她負責校對，也總是抿緊了嘴，安安靜靜

地坐著，一篇篇文章手裡翻著看，臉上一派溫馴柔靜。每回抬頭看她，只覺驚艷而不敢多看一眼。副社長閒聊時對我說：「噯，怎麼樣？宜宜很有氣質的哦？」一臉急切地要我認同，我偏是不動聲色地「嗯」一聲，彷若事不干己。

　　她在的日子，整間小屋都開朗亮麗了起來，我會仔細盤算著如何動腦筋去買點零食來「犒賞」大家 —— 其實是獻殷勤。但她若有課不能來，我便悵然若失，提不起勁來。這轉變使我困惑，我不知自己是否已「愛」上了她？否則為何她的一言一行如此強烈的影響著我？這疑問盤旋在我心中，但我不曾認真地去深思，因為高中時的奮鬥目標只有一個 —— 考大學，其他的均屬次要，這是每一個老師再三強調的。尤其是，談戀愛，老師們更是如臨大敵，深惡痛絕地說：「碰不得！」否則「下場」必然可以預見 —— 落榜。於是我有點後悔，不該認識她，她使我平靜的生活起了波動。隨著校刊工作的結束，我決定暫時擱置這份遙不可及的感情。

　　但是，班上同學小周，頻頻向我打聽她在校刊編輯室的情形。小周是班上第一名的高材生。我由於編校刊，又兼學藝，成績老落在十名外。尤其是數學，導師知我工作繁忙，從不阻止我不上課，於是一學期下來，連 Sin，cos 都常搞混。而宜宜則是女生好班中的佼佼者。每次月考後，我拿著週記簿要送到老師辦公室的途中，總會看到成績公佈欄上，她的名字高高在上地掛著，而旁邊則是小周的鼎鼎大名，櫥窗玻璃內相互輝映，光采奪目。那時我會感到自卑。如赫塞在《車輪下》書中的一句話：「他覺得自己好像是個初戀的青年：實踐著偉大英雄的行為，卻沒有能力履行日常的無聊乏趣的功課。」每每我要低下頭疾疾走過。

　　小周的動機愈來愈明顯，他甚至拿宜宜回他的信給我「瞄一眼」。升高三的暑假，我慎重地幾經考慮，決定「不能坐視這種情況的發展」，遂燈下伏案，認真的寫了一封信，希望和她做朋友。不料石沉大海。我不氣餒，再投第二封又杳如黃鶴，我開始陷入自己一手造成的痛苦漩渦裡。整個暑假過得額頭喪氣。到快開學的前夕，我痛下決心，要好好用功讀書，也許，功課可以使自己在情感的挫折中掙扎出來。於是一個人搬到樓上的小閣樓中，開始「懸樑刺股」。只是，開學後出任班長，使我的計畫又受到阻礙，第一次月考下來，還是慚愧地不敢走公佈欄前的走廊。

　　後來，在幾個知心好友的「面授機宜」下，我又鼓起了勇氣試圖接近她。聽說她到一個數學老師家補習，我也和班上幾個同學去報名；同學情報來源顯示，她放學經常留在圖書館唸書，於是我也早早便去佔位置；好幾個寒風刺骨的冬晨，我走到她家附近的站牌下等她，半小時的路程，風吹雨打的滋味並不好受……次數多了，情勢便有轉機，也許是我的一片癡心打動了她吧！我們很自然的在一起。我是司馬昭之心 ── 路人皆知，但在相處時，我們都純是討論功課，互相鼓勵。為此小小的進展，我已深感滿足而專心準備功課。不久，我便和她、小周鼎足三分天下，閃閃發亮的玻璃窗裡一起接受其他同學羨慕的眼光……

四、

　　康樂股為了增進同學間的情感，提議玩「小天使」與「小主人」的遊戲。每個人抽籤，抽到「小天使」的人一學期裡要暗中照顧「小主人」。這遊戲有個原則，就是絕不可洩漏身份。大家聽了都興致勃勃地暗暗期盼能抽到自己心目中理想的對象。我抽

到的是宇珍，一個來自北一女的乖女孩，高高瘦瘦，有一頭長髮，是班上年紀最小的。回到寢室，幾個男生顧不得什麼原則，立刻湊在一塊，得意地說出自己抽到的「小主人」是誰，然後開始策劃一連串的「陰謀詭計」，準備好好「照顧」小主人一番。

　　胖子李點子多，想到發行一份「天使快報」，由我們四個臭皮匠聯合執筆，每週一張，向我們的小主人「傳情」及「達意」。此構想一則別出心裁，二則磨練文筆，立刻四票無異議通過。當下回到各人寢室埋頭寫稿，一人一篇。第一期快報的標題是「為少數民族請命！」建議班上的女孩們能賦予男同學們投票時，擁有一人三票的權利，並請勿「欺負弱小」。晚上熄燈後，各人拿著稿子到地下餐廳討論、謄稿、畫插圖，最後並舉行小小的「殺青儀式」──每人一碗陽春麵，雞爪二隻，豆腐乾四塊。大碗的蛋花湯四人喝。第二天早上拿去「印刷」──其實是影印，再用信封小心裝好。下午上課時拿到教室去，慎重其事地交給小主人們。由於是集體的方式，她們並不知道究竟誰是誰的小天使。這「天使快報」一問世，果然轟動，女同學一時交頭接耳，議論紛紛。過了二天，班長怡樺鄭重宣佈：我們──國一丙的女孩子，絕對尊重男同學的意見，這立場是嚴正而無庸置疑的。至於一人三票的請求，因於法無據，礙難照辦，請男同學們務必要諒解……班長唸著手上擬好的演講稿，自己忍不住笑了起來，我們幾個寶貝更是底下格格偷笑不已。其實是好玩的心情，並不是真想爭些什麼，勞駕她們如此發表嚴正聲明，反倒自覺不好意思。

　　這獲得的初步回響，我們認為滿意，決定持續出刊，並假成都川菜館隆重舉行「創刊酒會」。四個人煞有其事地舉杯互祝「輝煌騰達」。酒足飯飽後，一路唱著歌兒回宿舍。

其後陸續出了四期，分別是「自我介紹」、「樹立國文系的新形象」等，篇篇精彩，「印刷精美」，於是在大家的要求下，擴大篇幅，最後而有班刊的產生。

這段「篳路藍縷」的心路歷程，其間草創的欣喜愉悅，只有親自走過的人才知曉。我慶幸自己能有這麼多的好朋友，共同讀書，共同生活。佛家說：「今生偶然的一個照面，不知前世有多少香火因緣。」我心悅誠服地領受。仔細尋思，這個小小的班級，有的人來自中部，有的南部，更有的從香港、澳門、韓國、馬來西亞遠渡重洋，迢迢至此，在未來的四年內，朝夕相處，筆硯相親，這之間真是有大緣份在！所謂「同船共渡，五百年修」，前生的約會，今生來赴，怎能不好好珍惜這難得的千里相會呢？

五、

班上又多了一個男孩子。我們叫他大龍。

上中國通史課前，被慈惠上台做自我介紹。他有些戰戰兢兢地先在黑板上用一種獨特的字體「畫」下他的大名，台下頓時有人竊竊私語。我朝胖子李聳聳肩，他皺皺眉頭，臉上一絲不解的苦笑。仔細觀察一番，十足是個四肢發達的魁梧大漢，很令人納悶他那一手纖細的字。

他謹慎地朝台下看看，開始說明他轉系的經過。原來還是美術系的呀！叫我好生詫異他粗獷外表下竟也有一顆縝密的心。他好不容易如願考上美術系，卻因色盲而體檢沒通過，故轉到國文系。他說了幾句後，逐漸口若懸河起來：「我覺得國文與美術的關係非常密切，像書法啦、國畫啦，都需要文學的素養與薰陶，才能掌握其中的精神、意境……」兩隻手上下生動地比劃著。直

到老師進來才在掌聲中匆匆下台。老師倒也風趣,劈頭就說:「怎麼,鼓掌歡迎我是嗎?」大家嘿嘿笑了起來。

中通老師姓王,一個年逾五旬的慈祥長者,寬頭大耳的全是福相,極難得的有一副悲天憫人的心腸。一回提起「愛愛養老院」,說到施院長當初是如何的節衣縮食、胼手胝足地成立養老院,一家人不分晝夜地照顧孤苦無依的老人時,眼眶中有晶瑩的淚水在打轉。尤其提到一些高中女生犧牲假日,去陪他們聊天,解除老人們心中的寂寞時,竟一時哽咽得說不出話來,揚揚手,背過頭去面向黑板,久久。那時每個人都被老師的神情感動得低下頭去,下課後依然陷在感傷的氣氛裡。我心中一片慌亂,像小學五年級,校長屆齡退休,司令台上說著說著掉下眼淚來,我們只能怔怔看著,惶惶然不知如何是好。也許是一向習慣了偽裝自己的感情,一旦碰上毫無掩飾的真情流露,便要手足無措了?

晚上高中的死黨吳從板橋來,因為開學後就很久沒見到他,我高興得打開話匣子,滔滔不絕地說起大學生活的趣事來,可是校園裡走走談談,發現全不對勁!他失戀了。

坐在禮堂前的台階上,他激動得語無倫次,臉紅紅的,看著很嚇人。一支煙左手右手無意識地換來換去,偶而想起來,猛猛吸一口,又狠狠地吐出大片大片的煙霧,像是直要把心中的愁苦、悲憤全給嘔出吐出!我訥訥的不知如何安慰他是好,覺得說什麼都是多餘,只陪他一起坐著,看地上飄落的黃葉風一吹嘩嘩地漸漸遠去。天上一輪明月大大圓圓的,照著我們台階上扭曲變形的黑影子。

我們一起到在師大附近租屋補習的阿鍊、傳富處。

高三時,我們一群死黨,唸書在一起,生活在一起,有人功

課退步就群起而「鞭策」之，有樂事就一起捧腹大笑，所以即使是在聯考的壓力下，我們依然擁有奢侈的朋友之情。如今，風流雲散，天各一方，再見面，竟是如此！他們兩人聽後也不勝唏噓，然而一如林花謝了春紅，是怎麼都無法挽回了。

阿鍊到外頭提了半打啤酒，一些小菜，四個人無言地喝著。吳一杯一杯的猛灌，我們也不阻止，此刻，真能夠大哭大醉一場，也該是種幸福吧！世間情之為物，原是可以讓人生死相許而終不悔的。

屋裡昏昏暗暗的燈光，讓人覺得一切是那麼淒涼與無可奈何。傳富那台破舊的收音機裡，一個女歌手正用沙啞的嗓音幽幽唱著「抉擇」，轟隆轟隆的雷雨聲中，我看到吳編織了二年的美夢被無情地打醒！幾點濁黃的苦酒從他嘴角輕輕滑過，落在地上紛紛碎了……。

六、

十月了。雲層高高濶濶，風涼涼的撩著人，天空一片光亮明淨。是秋天，是秋天呵！鄉愁的季節。

國音老師定也感知了秋的流轉，否則怎會一反往常，突然眷戀地說起那往日祁連山下的故事？青海青，黃河黃，更有那滔滔的金沙江，雪皓皓，山蒼蒼，祁連山下好牧場。這裡有成群的駿馬，千萬匹牛羊，馬兒肥，牛兒壯，羊兒的毛好似雪花亮………雪花亮啊！放羊的小孩，飛馬上長鞭揮舞，奔馳成翩翩少年，黃昏的大草原上縱情地放歌……唱著唱著，那一日，敵人打到了我的故鄉，我便失去了我的家園、家人和牛羊………是秋天呵！青海、北平、南京、上海，一路沒命地逃，越過了長城，渡過了長

江，而家鄉的爹娘啊，還在山水的那一端………而後也是秋天呵！夜身忽夢少年事，鄉愁總是在夜裡流進不眠的夢中，落絮飛花，燈殘被冷，夢中重返金陵，重返那陰山旁、黃河畔的千里草原上……

　　我定永不忘，那回讀《異域》時心中的激盪澎湃，一頁頁快快的翻，快快的翻，我要快快看到反攻大陸的那一刻，那神聖美麗、每一個中華兒女都可以棄生死於不顧的一刻！

　　國音老師畢業於國防醫學院，但寧願放棄高薪的工作去讀台大外文系、師大國文系，而致力於教育工作及藏語的研究。他待學生如子女，有個女孩上課一直咳嗽，他會開張藥方悄悄的放她桌上；期中考卷上他會寫一些親切鼓勵的話，讓你覺得分明是封溫馨的家書；學生吃素食麵，他更是極力勸阻，處處為我們的健康著想。也因此，每回在公眾場合出現，他獲得的掌聲總是最大最多。聯誼會每年都以他的名義舉辦一次躲避球比賽，只因我們都是真心地敬他、愛他呀！

　　他上課頗風趣，常常「恐嚇」學生，其實嘴硬心軟。有一次他要我們回去唸書，若上課問到不會的，便要叫到講台上去跪，並且「絕不客氣」！按照優良的傳統，男孩子優先。當下聽得我們幾個得寵的男弟子心驚肉跳。下次上課前，一個個先到教室去把講台上清洗打掃一番，候他大駕光臨。當然，他問了。果然，我們也不會。這下他反倒為難了，對我們搖搖頭說：「表現給女孩子看看嘛！」然而阿斗還是阿斗，他只好說：「男兒膝下有黃金，跪不得的！」把我們唬得一身冷汗。

　　一回提到閩南人常把「我」字念成「ㄛˇ」，詢及國仔以為然否？國仔不思索便胸有成竹地說：「『ㄛˇ』就不會！」大家

笑成一團，老師只有一旁哭笑不得。這些趣事，相信好多年後，我們仍會記憶猶新的。

　　結束笑聲不絕的國音課後，女同學們便要開始裝得道貌岸然地準備上另一堂課——英文。理由無它，蓋老師是單身教授也。偶而提起孤家寡人的寂寞，她們聽了心裡便怕怕。上課時，男同學總坐在最前面一排，一聲「起立」後，五個人與老師大眼瞪小眼。第二排是無人的「安全地帶」，第三排後才有藝高膽大的女孩坐著。其實他人蠻好的，而我們也非存心如此「排拒」他，說穿了，都只是一種好玩的心情而已。大一的新鮮人，都還是稚氣未脫的小孩，愛把芝麻小事也渲染得嚴重起來。有男孩對她們殷勤些，總要心裡猜疑個老半天。

　　倒是男孩子與他「私交」不錯。下課後常陪他走廊上聊天，而他也會語重心長地告誡我們：「人還是要結婚才應該，一個人的天空總還是有缺憾的。當初都怪眼光太高，今天才過著獨來獨往，看似瀟灑、其實內心空虛的生活。」這番苦口婆心的提醒，我們聽了心裡是完全安然，畢竟，我們還年輕，二十歲都不到呢！婚姻，是件太遙遠也太累人的事，我是寧願自己不去想它的。

　　但是，我還是會想起宜宜。走在潮來潮往的人群裡時，我總是只想到她一人，想和她並肩攜手走這一生的長路。一天的傍晚，和她坐在沙崙海水浴場的沙灘上，滿天燦爛的紅霞，我輕輕抓起一把細沙，再從指縫間無聲地漏下，波波潮水一上一下地刷洗著無垠的海灘，來了又去，去了又來。在蒼天與海風中，她的長髮飄起，定定望著迷濛的海天一線。我不知道那一刻她在想什麼？海告訴了她什麼？她是否會想到愛情、婚姻？還是什麼都沒有，只是看海面上花花粼粼的閃著金光，天上一群群鳥呱噪呱噪地飛

來飛去？我不知道，自己能否在時間之流中抓住一粒細砂？我不知道，真的不知道。

七、

　　明天期中考，國文及國音口試。我端端正正地坐在書桌前看「豳風七月」，唸了一會，忍不住又把書架上張潮的《幽夢影》拿下來。這雖是一本「閒書」，然而閒得真有味道，原是可以風吹那頁看那頁的，可是一讀得起勁，便實在捨不下。像以前讀《密西西比河上的生活》，夢中便有河上嗚嗚不斷的汽笛聲，伴著童年一個個彩色的憧憬，使人忍不住想丟開一切，也學馬克吐溫，做個密西西比河上冒險的掌舵人。

　　《幽夢影》中，每於張潮言後，必有「好事者」或評或感之語，唇槍舌劍，你來我往，鏗鏘殺出一個熱鬧別致的天地來，讀後每每要人學金聖歎的道聲：「好！」如張潮說：「人須求可入詩，物須求可入畫。」龔半千便接口道：「物之不可入畫者，豬也，阿堵物也，惡少年也。」真是張潮的心腹。又有個石天外後面急急說道：「人須求可入畫，物須求可入詩。」也是不讓前人。最妙的是張竹坡，偏不老實，要把話給倒過來說：「詩亦求可見得人，畫亦求可像箇物。」反得也自有令人有會心處。又如：「春雨宜讀書。夏雨宜奕棋。秋雨宜檢藏。多雨宜飲酒。」知雨者莫若是。「善讀書者，無之而非書，山水亦書也，棋酒亦書也，花月亦書也。善遊山水者，無之而非山水，書史亦山水也，詩酒亦山水也，花月亦山水也。」畫中有山水，山水皆為書，方為真善讀書，真善遊山水之人。好玩的還有：「雨之為物，能令晝短，能令夜長。」、「痛可忍而癢不可忍；苦可耐而酸不可耐。」、

「蛛爲蝶之敵國，驢爲馬之附庸。」、「求知己於朋友易，求知己於妻妾難，求知己於君臣則尤難之難。」諸如此類，所發者皆未發之論，所言者皆難言之情，寥寥數語，便道盡人生百理，實不能不佩服作者之才分及其感悟之深刻。只不過，像這樣一本活生生、有趣味的書，還是有些人視之爲「玩物喪志」，文章小道，而此類文章尤不足觀，我是每見人露鄙棄之神色，心中便不禁要爲他難過，想他一生是有好多事不能懂了。

　　晚上熄燈後，大家仍在走廊上各佔一角，繼續「衝刺」。小小的走道，熱鬧得像市集。其中最具特色也最緊張的，莫過於在準備國語語音學的僑生了。飲水機旁的燈光下，認真地ㄅ、ㄆ、ㄇ、ㄈ唸著，呵欠連連，一副苦不堪言的模樣，很令人同情。同寢室有一馬來西亞僑生阿保，還有香港僑生阿彬，一點了，還在外頭「奮鬥」。

　　記得剛開學那段時間，熄燈後，大家躺在床上聊天，我總愛央他們講僑居地的事。因爲打從小時候第一次自己走路去上學的「壯舉」後，我便覺得自己勇敢得可以像這樣走遍世界。那時心裡想著的，是好遠好遠的台北。隨著年齡漸長，我的心願也不斷改變。國中很嚮往劍橋，可以躺在暖暖陽光下，康河旁的青草地上，看大人小孩騎著單車悠哉悠哉地逛著。這是受了徐志摩的魔力所致。接著想去羅馬，因爲有奧黛莉赫本、葛雷哥萊畢克在那兒。後來只想去美國，因著「小巨人」中的一句話：「只要風吹草長，天空有藍色，土地就永遠屬於他們的。」當班上的韓國僑生送了一些艷紅的楓葉給我時，我又改變心意，想去韓國看楓紅層層。一直是這樣，想到處亂跑，浪跡天涯，像三毛。

　　阿保會告訴我們馬來西亞的很多事，聽來十分有趣。他說：

「馬來人最大的特徵就是皮膚黝黑，眼睛圓大，一般皆爲雙眼皮，牙齒潔白。夜晚就寢甚少蓋被，早上起床就洗澡。他們嗜好親自製作以水果爲原料的馬來糕、咖哩、沙爹、沙拉、某某查查等，都是馬國聞名食品。記得好幾年前，英國女皇來訪，久聞沙爹（牛肉烤火）盛名，特地在那兒大事舖張，品嚐其美味，致使當地留下了沙爹美名。」

「馬來人待客熱情處很特別，逢年過節送食品給相識的華人好友時，若以紙張膠袋包裹，則表示不必以禮回之。若以大盤小盤、大鍋小鍋裝於大籃小籃中，則須以禮回之。到他們家作客，若以飲食招待，必須嘗之，否則會被認爲不賞臉而生氣。」

「馬來人另外有個嗜好，就是養貓、猴子、養馬來鬼、下降頭。養貓常摟抱在身上像洋娃娃般的疼愛。養猴子可以幫忙抓頭蝨，爬樹採椰子。養馬來鬼及下降頭，是屬於女巫、魔師的專長，他們專找得罪主人的仇敵。馬來鬼養在瓶子裡，專門利用來偷錢，記得報上曾拍下他的照片，身體像小孩一樣胖嘟嘟的，臉孔則像妖怪，兩根長牙露出在外，會跑會跳，變化莫測。據說偷來的錢，主人得馬上花了，不能藏留，否則對主人不利。馬來降頭陷害的對象往往是仇敵或情敵，一張照片或那個人使用過的東西都可以做爲施降之用，很恐怖的喲！」

我們縮在被窩裡，聽了心裡直發毛，想到許多恐怖電影中的魔法，不禁鬼叫起來，但仍不放鬆地問阿保：還有沒有？還有沒有……

阿彬則是愛談香港的電視劇。唸書時也是一台小收錄音機，羅文的「小李飛刀」百聽不厭。以前對香港的印象，是鄧麗君的「香港之夜」。歌聲裡，港口有點點閃爍不定的漁火，霓虹燈燦

爛繽紛地點綴這顆東方之珠，一對對情侶香江河畔拍拖著訴說情衷，很令人神往的情調世界。可是阿彬口中的香港還有另一個世界：由於港島地狹人稠，一屋難求，往往一家人吃飯、睡覺、唸書都是在一個個鴿子籠式的房間裡。他說：就像我們寢室這麼大而已！我聽了訝異中有份悵然，想自己倒也天真得可笑。

　　走廊上的喧嚷隨著夜深漸漸沉澱下來，國仔已在床上呼呼入睡。他們二人還沒進來。我覺得好睏、好累，也睡了。真希望夢裡能跋山涉水地飛過劍橋、羅馬、美國、香港、馬來西亞……就是不要夢到明天第一節在普二一七教室的國音考試。

八、

　　盼了好久，我們的小主人終於來信，邀請我們聚餐。我們樂得眉開眼笑，奔相走告，總算這數月來的「默默耕耘」有了「實質的回饋」。

　　十個人佔了稻草人餐廳的一角，吱吱喳喳的七嘴八舌，套句廣東話是：「口水多過茶」，嘴巴都精疲力盡了。有個大發現，我的小主人與小天使竟是同一人──宇珍，這真是「姻緣天注定」──她們說的。

　　第二天我們又收到她們送的圍巾，寢室裡別班同學都羨慕死了，直說：「哇！你們班的女生對你們不錯哦！」聽來心中暖暖的很是得意，圍巾繞在脖子上久久不願解下。阿發說：「早知道有這一天，當初就該多照顧她們些。」

　　由於寒流來襲，天氣極冷，光是圍巾不夠，我和國仔、胖子李便在師大路上買了棉襖。第一天亮相，女同學便說：「這些男生，愈來愈國文系了。」

師大路一向攤販雲集，形形色色的人都集中在此，所以時常有很多「超水準的演出」。偶而路過，常會忍不住駐足觀看。有一個大拍賣的中年人，留著兩撇小鬍子，天生的喜感人物。一手捧著花瓶，一手則誇張的將鐵尺高高舉起再狠狠往桌上「啪」的一聲，然後朝著你，一臉正經的問道：「喊下來！幾百萬！」惹得圍觀者大笑不已。我們常常在吃飽飯後去聽他「演講」。一隻寶劍賣了一千三百五，他還直呼：「我在中山北路賣二千呢！」國仔看中一個望遠鏡，一百五成交，回到寢室，喜孜孜的用它從窗口繼續看大拍賣，邊看還邊喊價呢！

還有一個賣成衣的年輕小伙子，英語、日語、台語都琅琅上口，夾雜著生動有趣的廣告詞，四周總是站滿了人。他頗曉得心理戰術，喊出一個響亮的口號是：「我愛師大！不愛台大！」師大人來買打七折，台大人八折，淡江則是九折。在競爭激烈的師大路上，始終是響叮噹的金字招牌。有一回他似無限委屈的說：「上次中視的『六十分鐘』訪問我，說我是『超級攤販』，又說經濟都是被我搞壞的，把我批評得一文不值！各位 Ladies and gentleman，各位衣食父母，此話當真嗎？」他的嘴巴張得老大，驚訝的表情，好似真有那回事。不過，這些噱頭使他的生意興隆倒是真的。

這一陣子，國仔的心情很是低落，據說是為了班上的絮。也不知是有心還是無意，開學至今兩人蠻有得聊的，可是最近似乎變得疏遠了。也許是彼此都未曾真心地打開天窗說亮話，以致曲曲折折的橫生枝節。絮來了一封信，是因輾轉得知國仔的情緒欠佳而「來函致慰問之意」。然而不知是落花無意，還是流水無情，國仔顯然有著深深的困擾。晚上在寢室與胖子李聊天，扯到這間

題，最後竟激動得將吉他往牆上奮力一砸！弦斷琴毀。我們都愣住了，他卻說：「這沒有什麼，沒有什麼。」

　　以後的幾天，他的情緒一直起伏變化著，抽煙、喝酒、沖冷水，這些不尋常的舉動，看了很令我們難過，卻又無能為力。但是，我們也都相信，事情總會過去的。寫完日記，他忽然抬起頭來對我說：「人不會天天都在喝酒的。」他深陷的雙眼中有一絲堅定的神采，我當下便深信不疑，深信明天起，他將又是個全新的人，比以前成熟、更謹慎，在感情的收放之間。

　　我們陪國仔去看東南亞的「養子不教誰之過」，娜妲麗華、詹姆斯狄恩主演，很沉悶的調子，看完心中總覺有個結無法解開似的。回來的路上，發現有一家地下撞球場，便進去敲幾竿，大龍技術好，左右開弓，狠而有力，就是不太準，母球子球經常一起落袋。國仔也是連連失分，最終以胖子李的「技藝超群」，一直維持零分而獲勝。離去時，他還興致高昂地說：「下次再來挑一次！」不料甫出店門，竟碰上教我們論語的謝夫子，這下尷尬得臉上陣陣熱紅不知如何是好，趕緊拔腿就跑。胖子李殿後，一路直嚷：「等我一下啦！等一下啦！」大龍邊跑邊回頭朝他說：「都是你啦！」說完跑得更快。

　　回到寢室，胖子李大嘆「人心不古」、「交友不慎」，對大龍說：「如果系運你跑得這麼快就有金牌了！」大龍不好意思的對他一直傻笑。

九、

　　從阿姆坪烤肉回來後，同學們的情感融洽得一如手足。男孩子若心情煩悶沮喪，女孩子便會送來慰問關懷的卡片；女孩子有

困擾不如意，我們也會「聯合開導」。有人問起我們班的女孩子
如何時，我們總是絞盡腦汁地想出一大堆讚美之詞 ── 只要他不
「心存不軌」。當然，幾個男孩子在其他班的女孩中享有良好的
聲譽，也是她們的「口碑」所致。大家都把這個班視同自己的家，
付出、參與及關心，所以在一年級甲乙丙丁四個班中，我們班的
和諧與溫暖一直是其他班所羨慕的。例如馬上就要舉行的系運，
雖然天空總因多風凜冽而被凍成一塊塊的寶藍色，但參加大隊接
力的人依舊認真不懈的練習接棒、交棒、起跑速度等，沒有人缺
席。

　　星期天早上，練習完跑步後，我和阿鍊、傳富到輔大找吳貴
良。他領我們「遊園」，中美堂、情人坡、圖書館走走看看，又
帶我們到他租住的小屋，聽音樂、聊天。高中同學碰面，談得最
起勁的，永遠是高中時代那「一千零一夜」的故事，如數家珍，
總也不厭。其中最令他們津津樂道的，是我和宜宜的事。打趣欽
羨的話語使我無言以對。在他們的想法裡，我和她該是「出雙入
對」、「大勢已定」了，卻不知我們最近已很少見面，而且距離
愈來愈遠了。

　　也許是進了大學，眼界一寬，生活的多彩多姿使情感的世界
也變得遼闊起來。我和宜宜正逐步走向分岔的兩條路。說不上來
那種感覺，好似聯考一結束，我們的關係也顯得不重要了。聯考
的壓力使我們聚在一起，從事共同的「任務」，一旦「任務」完
成，彼此間的「交易」便算圓滿結束，自此可各奔東西。我不知
道是否真的如此，但最近她的來信中，總有意無意地希望我多交
些朋友，多一些選擇的機會。當然，這句話出自任何一個人的口
中均是正確不疑的，但她在信中如此鄭重的表示，於我，便覺有

不尋常的意義了。我開始無法逼迫自己不去擔憂，猜想與急切的想獲得一個肯定。是分是合，是聚是散，或許，該有個答案。

　　從輔大回來，我寫了封信，託人轉交給她。此後的心情宛如等待判決的囚犯，寢食難安，漫漫長夜的苦候著。夜裡睡不著，我便起身倚在五樓陽台的欄杆旁，孤獨得像一個不被了解的悲劇英雄。師大路上音塵滅絕，弦月寂寂，孤冷的寒光照著踽踽獨行的人漸漸消失在遙遠的黑暗裡。校園裡幾棵高直的蒲葵樹，剪影在墨黑色的建築物與陰灰的天空背景中，讓人有種曲終人散的寂寞感。我的腦子裡像被掏空似的一片空白，好像什麼都不存在，只牢牢記得一個字：等。無止境的等，天荒地老的等。

　　二天後，我的桌上靜靜躺著一封信。

　　我坐下來，瞪視著雪白信封上熟悉的字跡，一筆一劃仍是稜稜角角的充滿自信。眼前自己的名字，一下子變得恍恍惚惚起來，疑是另一個人與我不相干。

　　我拿起信，走向六樓陽台上我經常獨坐的地方。其實，我早該知道信中的內容會是什麼，只是我一直欺騙著自己。但即使如此，面對它，我的手依然不停的微微顫抖。我覺得自己像是一個自殺者，正準備拿起匕首往心窩上刺下。

　　陽台上風很大，吹來極冷，鐵架上幾件衣服濕嗒嗒的吊著，風一來拍拍作響。瑟縮的九重葛，無力地攀附著，隨時會掉下來的樣子。我一字一句的看著唸著，冰涼的風一刀一刀無情地割著我的臉，割出一道道深深的血痕。

　　不知道看了幾遍，但我看完了。我咬著嘴唇，抬起頭看看天，看看雲，真是荒謬呀！這樣乾冷的天，竟也有這樣一片乾淨的藍色。不過，我是愛藍色的，它總叫我想到離去的背影。像高中時

候，我總是看著宜宜上台領獎的背影。

對面的女生宿舍，有人在練習吹笛子，不知怎的一個高音老吹不上去，嘎的一聲就斷了。

斷了。

但我不哭的。想想，一切似乎也沒什麼，緣來緣去，前世的喜與淚，在今天裡都還清了。此後人生的漫漫長路，只有自尋路向天際分飛！就當這是一場夢吧！在年輕的大一歲月裡，曾經恍惚做過的一個夢吧！

明天是系運，國仔、阿發、大龍、胖子李，還有那麼多的好同學都在，我要跑一千六百公尺的接力呢！也許今夜我會枯坐到天亮，等待明天第一顆晨星的甦醒，也許明天在起跑線時，我會很累很累，但是，只要棒子交到我手中，我還是會奮力地向前衝去 —— 。

誓

　　為了尋訪妳住的小島，我便乘著一葉小舟出海去了。

　　在人海裡漂泊張望，一座座冰山小島浮沈起落，天意般擠壓在一塊，有的摩擦受損，有的溫暖發熱，然後，時間一到，各自拾起行囊，又匆匆趕渡不可知的地方。來去之間，往往換來的僅是美麗而蒼涼的一個手勢而已。或許，這就是妳、我所處的世界，一個屬於風霜過客、孤獨旅人的世界。

　　所以，我出海去。

　　只為妳住的島上，沒有冰山冷漠，沒有懾人的寒氣森森，更沒有猜忌、憂傷與邪惡。有的，是離離青草上蝴蝶的追逐飛舞，跳來跳去的小松鼠骨碌碌的靈活小眼。還有，藍天白雲下，溫暖的海風與陽光。至於輕拍海岸的浪花，則早已濺成妳朵朵的微笑，帶幾分玫瑰花紅的璀璨亮麗。那是航海冒險家眺望已久的新大陸，是流浪者歇息的處所，也是我心中日日夜夜，亙古不變的思念。

　　如同張愛玲的好友炎櫻說的：「每一隻蝴蝶，都是一朵花的鬼魂，回來尋訪牠自己。」我相信妳住的島上，除了妳，一定還

有我。

　　雖然，浪盪顛簸的小舟上，一枝禿筆、一把斑駁的老吉他和幾疊寂寞的書，加上對妳，對朋友，對家國的一份熱愛，便是舟上僅有的一切，看似一無所有，幾近貧乏得可憐，然我卻始終自覺滿心富有豐盛，活得理直氣壯，因為深信傾盡我所有，足以為妳的一生點燃一盞燈，一盞長恆不滅的燈。

　　於是，如同夜星的高掛，我升起一帆小小的希望，出海去。

　　尋訪妳住的小小的島。

多情的海岸

這海，該是屬於我們的。

中角一過，我便習慣地換檔加油，以一種脫韁野馬之姿，愉快地前進。不論什麼季節，何種心情，北海岸的旖旎風情，總令我驚奇。

喜歡有風流動的日子，在風中出發，迎向朝曦或落日，那青春的壯烈焚燒是讓我深深迷戀的。當我接受一路風雨的挾擊，臉被寒流吹裂，衣衫啪啪作響，我奔向妳的心境始終明朗，迢迢遠路，莊嚴的喜悅恆在我的想念裡。

想念的海岸。路標上的里程數字，是我們熟悉的「15」。愛情十五里，妳常笑是流星般短暫，我卻滿心虔敬，因為這只是個啟程，未來的路無限，萬千風景仍待我們領受，而擁有一段美麗的路程，一個聰慧如妳的女子，夠了。

跳石，多麼有趣的地名，沿岸盡是大小奇狀的黑石，經年風霜，粒粒稜角分明，間或幾艘破漁船的殘骸夾雜其中，紙屑紛飛，很是荒涼。偶爾有婦女小孩，在石縫中彎腰撿拾螺貝、石花，海水拍石，濺起叢叢浪花，暗藏的危機常令我們提心吊膽，或許這就是生活，但年輕如我們，除了一份無奈，又能懂得什麼？

　　將近草里，我們的心頓時活躍起來。忍不住偏頭向這座只有幾十戶人家的小村落熱切張望，是一種歡愉的期待，那個教了兩年的學生。去年夏天，他每隔三、四天便會從橫山老家裡摘一束睡蓮送給我們，淡紫粉紅、雪白純黃，十支紮成一束，遞過來的是一雙天真的大眼，傻傻的笑。找了一個涼爽的午後，和學生三人共乘一輛機車，來到他家前面的水塘，目睹上千朵睡蓮絕代的風華，四周竹林春稻圍繞，畦畦相連，水流潺潺，仿似紅塵之外的桃花源。脫了鞋襪，入池採蓮，老練的動作，滿足的表情，這個農家淳樸的小孩，便一直讓我們深深惦念，即使他已負笈到台北求學，每回路過，總不忘對那驚豔不已的蓮花，投以多情的想念。

　　是甜蜜的往事串成了一段愛之路，還是不渝的愛鋪成這段多情的海岸？妳輕攬我腰微笑，不言一語。風在耳畔流過，我們正向前。

　　值班遲歸的夜晚，沿海路燈灑下微弱的光亮，暈染一路的朦朧，妳的叮嚀便響自耳際。小心騎，求的是平安。深邃的蒼宇盡處，一輪清美的月，妳的光使我堅定且勇敢。能成為妳身旁那顆最燦明的星子，我從此不怕黑夜。

　　不遠的海面，捕魚船放出誘魚的強烈燈光，一朵朵地蕩浮著，交織成張張溫柔的網，而網裡跳動的，是我們亮麗的年華，和屬於愛情的盟誓。

　　路標的數字愈來愈少，迎向前去的心情是步步踏實。十五里的人生，我們的海岸。這一路行來，回首俱是款款情深，此後前路所見只有豔豔金陽，無限的春風。

　　一站一程，有辛苦，有甜美。

　　路，愈來愈近。

野薑花與野百合

住金山四年，看多了山水清景，日日涵詠其間，對大自然的季節嬗遞，也跟著敏感起來。野薑花與野百合花的開放，漸漸變成我感知歲月更迭的方式之一，花落花開，常常令我驚喜、讚歎，卻也默默哀惜、傷感。

野薑花

總是在七月底八月初，山澗旁、小溪畔，野薑花便蓬蓬勃勃地怒放。夏日金陽豔豔，暑氣逼人，除了那一片湛藍的海水，叢叢綠葉花滿枝，是另一種清涼，視覺與心靈上的。

領略過四度野薑花的登場，每一次都仍是怦然心動。磺溪橋附近是連綿的笄白筍田，但是田中央卻奇異地雜生一簇野薑花，平時綠葉迎風，並不起眼，我日日騎車經過均不曾留意；豈料忽然有一天，車行過橋時，猛地一陣香氣襲來，濃濃膩膩，像是天上灑下的香雨，你被困其中，一時竟掙脫不開，忍不住放眼瞧去，天啊，百來朵花怎麼一夜之間全開了！如此之氣勢浩蕩，我被震懾過四次。

滿座衣冠似雪，我每次都自然聯想起這詩句。不是嗎？真像雪，水溶溶的雪。閒來無事，帶把鐮刀，戴著斗笠，走一趟山間河谷，割一朵雪花回家，鄉下人的快樂，大概就是這樣。

前陣子電視播出一齣有關野薑花的連續劇，據說造成都市人搶購野薑花的熱潮，許多花店都缺貨，一時間這輕賤的花竟洛陽紙貴起來。於是，我開始看到一些外地人到此來搜購，甚至僱人採割，洶洶之勢，宛如要將這些花一網打盡，不留活口。看到一輛輛機車後面捆綁著大批的花，呼嘯而過，我總有一種難言的淒楚哽在心口。

這種痛惜，恐怕也只鄉下人才有吧。

野百合

車經十八王公廟附近，偶一抬頭，竟看到山壁上開滿了野百合花。這樣一座香火鼎盛的廟，沒想到連花也不甘示弱，占領了整面峭壁，博取眾多香客人潮的仰望。

這種不動聲色的花海出擊，似乎有意要與野薑花別苗頭，但我更認為，野百合花的出現，是替野薑花做上檔前的宣傳廣告，它的一身白，喇叭形狀的花瓣，好像在大聲疾呼：連台好戲已經上演！

不過，野百合也有屬於她自己的丰姿。

五月豔陽天，當一朵朵星狀的小白花開始楚楚綻放，一年一度的海灘弄潮季也將揭幕。從金山沿線一直到三芝白沙灣，蜿蜒的濱海公路，一邊是碧波萬頃，一邊是翠綠山嶺，去年我曾從金山騎車到淡水，野百合花的蹤跡處處可見，清雅淡香一路伴我同行，那種賞心悅目的記憶，使我今年格外期待花季的來臨。

然而，我卻失望了。

公路兩側的花像突然大撤退一般，都不見了，只有高不可及的崖壁上才零星點綴著幾朵，寂寞又孤單地挺立在風中。一個蹲在堤旁石墩上曬魚的老婦人向一臉詫異的我解說道：「都被人採光了，一些都市來玩的人，看到就摘走了。」

我到石門附近的海園別墅一帶尋訪，赫然發現到坡地上的小野百合，每一朵竟都只剩下半片花瓣，仔細觀察，是被人硬生生扯掉的，一連幾十朵都是如此地殘敗不堪，而附近草地上有許多零散分布的飲料罐頭、菸蒂，及聚攏在一起可以烤肉的石堆，我想，答案也許就在這裡。這場浩劫的劊子手，曾經在這裡度過一段瘋狂的快樂時光。

因為這份快樂，野百合花被剝奪了她的生命與美麗。我不敢奢望，那殘餘的一半喇叭，還能吹出一首和諧清雅的樂曲。

我想，那些生長在崖壁上的花是聰明的，至少，她可以擁有一份自開自落的完整與幸福。

在野薑花和野百合的連台好戲裡，人類不知何時才能扮演一個純粹的欣賞者？

不捨的揮別

周作人在〈故鄉的野菜〉一文中提到：

「我的故鄉不止一個，凡我住過的地方都是故鄉。」

由於教職異動，我離開了居住四年的北海岸線上的「故鄉」。一千多個日子的生活起居，我承受了小鎮淳樸的人情溫暖，沐浴在海天的蔚藍與大地的青綠中，雖只是有如候鳥過境般短暫的棲留，但一份深深依戀的「故鄉情懷」早已植根於心，一旦闊別，實有萬般不捨。

今後，恐怕不會再有一個小鎮能讓我如此熟悉，如此感念，這裡的每一條街路我走過，每一位鄉人親切的笑容我招呼過，踩在小鎮寬闊的胸膛上，我聽到的彷彿是自己的心跳。每一片投下的雲影，每一朵激天拍岸的浪花，在束裝離去的一刻，都突然明晰起來，美麗起來……

那年盛夏，我分發到鎮上唯一的一所國中任教，偏遠的鄉間，一向缺乏升學競爭壓力，於是，我可以很自由地將所知所能用輕鬆的方式傳授，談笑之間盡量不留痕跡地將個人對生命、生活及對文章的看法，深入淺出地傳達，從孩子們亮睜光彩的眼神中，

我有一股點亮火種的使命感與滿足感。我誠摯地自我期許，要讓他們獲得都市孩子應有的教誨，而且不必犧牲靈魂之窗，戴上厚重的近視眼鏡。

　　金山，在淡水、基隆之間，算是沿線較大的鄉鎮，北望是碧波無垠的海洋，南行則是陽明山國家公園，在山海圍繞、得天獨厚的孕育下，孩子們都有一顆天真無邪、熱情好動的心。記得有一回學校舉辦「綠化美化競賽」，班上同學不分遠近，都攜帶自己心愛的盆栽來布置教室，有的雖只有一小株不起眼的黃金葛，卻是他照料多時的成果，有的則是趁爸爸不在，來回好幾趟，將家中所有盆景搬運過來，大株的桂花、松柏、茶樹，都一一擺設在走廊及教室前後，使我們那一天宛如置身蒼鬱的森林中，連上課說的話好似都有花草的香氣呢！

　　九月間，田邊水畔處處盛開著潔白清香的野薑花，於是，孩子們像是事先暗中約好，突然都捧著一束束用報紙捆紮好的花到學校，趁老師尚未來前，放在老師的辦公桌上。有的含苞，有的已綻放，使我們在踏進辦公室的一剎那，忍不住驚呼起來。他們的心思是多麼細膩呀，雖然才十三、四歲而已。

　　不上課的日子，我會騎機車四處兜風，跑遍小鎮每一個角落。金山青年活動中心不准騎車入內，必須停置在停車場，並且繳費，但我是識途老馬，知道穿過活動中心便是國中操場，操場邊有路直通鎮上大街，許多鄉人為了方便也借路而過。管理員判斷外地遊客或本鄉「在地人」的方法很有人情味，那便是看你是否穿拖鞋，若是則一定是當地人，免費路過，若不是則很可能要停車繳費。而我總是在快到收費亭之前，大剌剌地伸出腳來，晃晃腳上的拖鞋，管理員見狀，不僅不攔阻，反而會報以親切的微笑。一

雙拖鞋代表了多少會心的言語，彷彿成了通行證，這種彼此信任的坦蕩，或許只在鄉間才有吧？

義和照相館的李老闆，知道我客居外地，逢年過節總會熱誠相邀；陽金公路旁一畦畦莖葉交纏的蕃薯田，我偶爾路過，見鄉人在炎陽下採摘，一時好奇湊上前去觀看，幾句攀談下來，他們竟送上一袋碩大甘美的蕃薯，並且以農民一貫樸質的語氣說：

「若不嫌棄，下次自己來摘，有人或沒人在都免客氣啦！」

那樣親切的交代，完全真誠的鄉音，我一直相信，是山和海的啟示造成的。土地的豐饒，大海的寬闊，腳踏實地的鄉人從土地上勤力換取源源不乏的作物，每日對著天地山川，雨水白露，他們豈會無感？因此，鄉民勤勞、樂天、包容的習性便如此一代一代地遺傳下來。

兩年征旅生涯結束後，我再回到小鎮，發現街貌繁榮了，一家家新商店如雨後春筍般冒出，人多車增，每逢週日假期，甚至嚴重堵車，途為之塞。隨著小鎮的改變，我發現自己也成長許多。但不論現代文明是如何催化小鎮的改頭換面，孩子們的天真沒變，鄉人的親切依舊，七、八月交，野薑花漫天的香氣依然隨風撲鼻，這些不變的本質，使我在急速流轉的聲色誘惑中不致迷失了自己。

如今，我不得不揮手向居住了四年的小鎮道別，當我將衣物書籍及家具盆栽一一分類裝入紙箱時，我覺得沈重的，不是那些物品的重量，而是壓在心頭那份不捨的依戀，有太多的回憶裝不下，也帶不走。

其實，小鎮早在四年前就已經是我的「故鄉」了，我如何能將「故鄉」帶走呢？也許，將來我還會有許多的「故鄉」，但我

知道，再也沒有一個小鎮，能讓我如此熟悉，如此感念的了。

　　大卡車將數十箱物件及我，緩緩載離了這個北海岸上優美富庶的小鎮。炙熱的陽光射在灰白色的基金公路上，但卻有絲絲蕭瑟的涼意自我心中升起。

　　再看一眼吧！司機笑著說！

　　時速七十公里的急馳，小鎮如一幅山水卷軸嘩的一下便縮小、遠退成一線茫然，再馳過一個彎道，小鎮便在我眼前消失了。

　　我閉上眼，只聽得耳邊風聲呼呼吹過。

　　別了，小鎮。

　　別了，金山。

我們聽海去

　　收到你從彰化寄來的信，我的心竟興奮了好久才平復，教你一年，這還是第一次看到你寫一封完整的信呢。雖然只是一張十行紙，但是我可以想見，你是如何困難地在燈下一字一字地寫，用你那幾近失明的眼。也許你花了半天才寫好，而我只一分鐘便看完了，但是，我多麼為你驕傲啊！你帶給我的已不僅是字面的問候，還有我內心沛然不可抑止的感動，及一絲安慰的喜悅。

　　在啟明學校，每週四晚上兩個鐘頭的相聚，我陪你度過高三最緊張的一段日子。從其他同學師長口中，我知你是個勤奮上進的好學生，因此，為你讀報雖然只是我參加大學社會工作社團的活動，但我卻頗感責任重大，加上教育學院輔導系是盲生升學最佳的管道，而你也下定決心一定要考上，於是，我們像同船前進的水手，炯亮的汗水滴在奮力划槳的臂膀上。當放榜消息傳來，我們終於採摘到那枚垂涎已久的菓子時，我們擁抱、狂笑，在如願以償的笑容中，清清淚水卻在你翻睜的空白眼球裡打轉。我制止住你欲說的謝辭，因為，我深深覺得，你教給我的，遠比我給你的更多。施比受更有福，我們多年的深厚友誼便是見證。

　　在信中你告訴我，今夏畢業後將遠赴東瀛學習針灸與物理復健，詢問出國前是否能再見一次面？其實，在接獲你的信時，我便急著去看你了。記得你考上學院後，我曾帶你去新店遊了一趟碧潭。我們在空軍公墓聞過花香，在茶棚飲過香片，也小心地橫過危顫顫的吊橋，雖然你眼中的山水天地是模糊而失真的，但是嚴重弱視的你，依然顯得興致勃勃，四處張望，似乎想把所有的美景用心打量，收入腦海的記憶中。你不曾抱怨自己的缺陷，因為比起許多完全盲眼的人來說，你覺得已幸運太多。可惜那天你沒有將鍾愛的小喇叭帶著，否則船到江心處，若能聽你吹奏一曲，該是無上的美事吧！

　　碧潭一別，四年了。各自奔波的歲月，你固定在教師節與春節寄卡片給我，讓我知曉你的生活，敦厚真誠的心意在簡單的文字裡表露無遺。也許，是上天給了你缺憾，所以你總希望能對這個世界做到無憾，至少，我覺得有你這個學生、朋友，不僅是無憾，而且已讓我引以為榮了。

　　這次南下，我希望能帶你去海邊，因為海的平靜與洶湧，實是象徵人生的橫逆與舒坦，讓我們聽聽海的低吟與高歌，聽潮水擊石濺起水花的澎湃，聽海鷗飛過水面的長鳴，不必用眼睛，我們用心靈看，用感情來聽。

　　當然，我也想知道，你的小喇叭是否還是吹得和以前一樣宏亮？

春紅日日

　　有些花是不會老的，像日日春。

　　喜歡這樣的名字，彷彿有一份淡淡的豪氣，一種屬於花族永恆的甜蜜，在溪邊、小徑、屋簷下，或者無人注意的角落，輕輕地綻放。每天推窗，一簇簇五片花瓣的雪白桃紅，都像守著一樁祕密的約定般，在你喜悅的眼瞳中閃亮，你從不必擔心，有一天會失去它。日日春紅，正是它對世界有情的承諾。

　　有人認為，好生好養的花，品氣都是不高的，像扶桑、野薑花、夾竹桃，或者是日日春。其實，品氣的高低，在人不在花，一樣的碧水青山，一樣的春花秋實，在雅士俗子的眼中，可能是截然不同的顏色、風貌，對心田深處的撞擊也是因人而異。只要我們願意以虔誠的心來欣賞一株平凡的花，天堂的奧祕說不定就如舒卷的花瓣，慢慢地開了。

　　在南方服役的日子，營區內有一長列的花圃，滿滿的是日日春。天天晨起，弟兄們拿了耙子，鬆土、除草、拾掇落花，忙碌的出操訓練裡，這算是唯一富有詩情畫意的「任務」了。但不論落花如何掃聚成塚，那片桃紅織錦，好像絲毫也沒減少一份豔麗，

依然爛漫故我。甚且稍不留心，那一大片的雪白水紅便會氾濫成災，汪洋成生動誘人的花海。因此，每隔一段時間，必須狠下心來做「花屠」，連根帶莖剷除掉，只留下一小部分零星的點綴，雖然有點心疼，但卻又很放心，因為，不出一個月，這些活潑潑的生命又會頑強地出現在屬於它們的領海內。蟄伏的等待後，將是另一次驚心動魄的高潮。

去年的春節，溫度極低，瑟瑟冷風侵襲下，許多枝葉乾禿凋零，危顫顫地只剩枯瘦的灰白，無言對天。大年初一，有人來舞獅獻瑞，漫天的爆竹聲霹霹啪啪，爆出了紛然如雨的竹屑，嘩嘩地自空中灑下，灑在我們雀躍不已的肩上，和除舊布新的心版上。當竹屑緩緩飄落時，我突然被幾朵在酷寒中款款搖曳的日日春懾住了，這麼冷的天，呼呼的北風竟然摧折不了這些溫柔纖弱、不起眼的小花，在高樹被吹凍得奄奄一息時，這些小小的五瓣花，卻始終堅持它們美麗不變的丰姿。我不禁要為造物者的神奇，深深敬畏。

一年四季，日日春似乎總不隱退，一朵接一朵，一代傳一代，將祖先遺留下來的優良傳統，發揚得淋漓盡致。它們不與玫瑰爭豔，不與薔薇鬥奇，它們所追求的，是人間最後一點小小的堅持。

也許，是這樣一齣青春燃燒的傳奇，打動了我，才會使得我在眾多的奇花異卉中，獨鍾日日春。並且，願意把春花的無限心事，細細來推敲。

我很清楚知道，日日春紅永不殘，不管是在大地的錦繡花園裡，還是在我鮮活的記憶中。

浴火展翅

　　五百公尺障礙超越場。

　　如鷹的中尉測驗官正眯著眼看著我們五個野戰服的男子，緊握一面紅旗的手四十五度斜舉向冷冽的天空。考驗一下自己吧！中尉將哨子放近唇邊拋下這一句話。漫天揚起的黃沙，灰撲撲的土，四周的綠樹叢林如三山五嶽般遠遠綿亙。猛烈的衝刺即將展開，裹在草綠服下強筋力腱的血肉之軀即將如彎弓上的直弦疾射而發，這是略帶緊張的一刻，我低頭最後一次審視攜帶的裝備：鋼盔、S腰帶及水壺、刺刀、彈匣，並且將六五式步槍的背帶緊緊抓牢，貼緊我逐漸加速起伏的胸膛。

　　幾隻雀鳥停在散兵坑附近的土堆上，悠閒地踱著步。多日野外，遼闊的大地。中尉以熟練優美之弧姿使勁將旗揮下，尖銳哨音倏地劃破我瞠目的凝望，於是五個戰鬥互助的單兵頓時昂首、握槍，後腳跟狠狠一蹬，跨過石灰鋪畫的起點線，便如一支利劍的尖端嘩然刺向眼前崎嶇多險的征途！

過木欄

打綁腿的長銃帆布皮鞋突然顯得格外沈重，參差不齊的速度，冷空氣的流動中，五個小星點顫危危地晃動：鋼盔扶好！槍管移開點，頂到我的手臂啦！蕭錦塘別跑那麼快，等等我！不要一起跳，會撞到呀！瘦猴加油加油……汗水開始在喘息聲中湧動，浸濕胸背衣衫，十度低溫，我們炯炯的瞳仁溫熱灼亮。

橫阻在前方四十公尺處，漆黑的高低木欄，我們左手貼欄，右手握槍，輕而易舉地一躍而過！

爬　竿

十二秒。雙腳在木欄前的沙土烙下斑駁不整的足跡。路面起伏的坡度不大，冷風猝然猛烈地射擊我們缺乏磨鍊的面孔。一灘淺水在衝鋒前進的態勢下，飛濺成火花星散，陡然升起落下，雜著黃泥的污濁。十五秒。速度減緩，我將鋼盔扶正，仰臉伸手，以餓虎撲羊之勢攫住細瘦的長竿，雙腳迅速交叉夾緊，一縮一蹬，將自己奮力推向暗晦不明的天幕。弟兄濃重的呼吸傳入我耳膜，有訇訇喧嘩的刺激。體態寬廣的李胖子，臉孔痛苦地扭曲，嗯嗯哼哼的低吟，讓人捏把冷汗。眉緊蹙，手抓穩，交遞運動，汗水自一寸寸肌膚滲出，我們也一寸寸往上升揚。

廿五秒！終於攀至最高點，右手猛拍鏽黑的鐵桿，在鬆手垂直滑落前揚眉的一瞥，驚覺自己離天空好近！似乎一伸手即可掬滿那裸白天幕上所有的日月星辰！

圍磚牆

　　這是最困難的障礙。蕭和我試了兩次仍不得要領，趕緊實施互助。測驗官佇立一旁冷眼靜觀。兩人用手五指牢握成臨時跳板，李胖子吃力地踩，張開手臂，骨節崢嶸地攀在四十公分厚的水泥牆上。槍在背後隨著身體的扭動而來回搖晃，像一隻醺酣的醉鳩。兩分鐘了，三朵絳雲已陸續飄過，蕭平躺在高牆上，綠色的野戰服如一團烈火，轟然伸出手，我重重迎向它！感受到袍澤的溫暖情深，我順勢援引而上，劇烈的撼動撞擊我，那是厚重土牆的重量。用力吸氣將身一翻，木麻黃如一列突然湧出的伏兵出現在我的視界，瞬即又潰散不見，撲面而至的已換成顏色深淺不一的黃沙土坑。

　　兩分半鐘。受挫的腳步開始踉蹌，我拭擦滑入眼角的汗水，卻頭也不回地繼續持槍前進！

高跳台

　　微笑，在面對死亡的一刻。這是軍人壯懷激烈的本色。

　　天空厚積的雲層使陽光消失了熱力，只投下大片陰暗，雨絲竟濃密地颯颯飄落，快速而精確地濡濕我們身上剛被體溫烘乾的草綠服。緊握著槍，我在逐漸猛烈的雨勢中，自兩公尺的高跳台上奔躍而下！撲向壕溝，其餘的人隨後呼擁掩至，戰鬥蹲姿像一匹匹曠野中閃亮的飛狼。雨水自鋼盔邊緣成一水柱滴下，遮蔽模糊了我的視線。映入我眼簾的只有成列的木麻黃和堅硬灰白的花崗石，這是一種多麼奇妙的組合呀！想那八二三砲戰時四十七萬九千多發砲彈也轟不碎的花崗石，竟和脆弱的黃林合作，阻擋了

敵人一波波的攻擊，並予以致命的打擊。海濤猛沖的守備第一線，木麻黃是永不倒下的戍守者，而固若金湯的巨巖，則四十多年來護住了我中華正統的一脈相傳。清冷的槍管貼緊我微溫的面頰，聯想及我們年輕的心有時是軟弱的，像木麻黃易折的枝椏，在面對驚險、死亡的一刻，會遲疑，會惶懼，但是，歷史的使命及個人小我生命價值的拔升，使我們如蟬蛻變，稚嫩的雙手變得孔武有力，槍握得更牢固，殲敵的信心更堅定，甚至，在密密烽煙砲火中，我們依然能對永恆的生命投以軍人壯懷激烈的微笑！

我們深願像強頑不屈的花崗岩護衛著那張海棠葉的河山輿圖，亦願在中國的土地上，在壯闊的山嶽江河裡，如木麻黃以溫柔之姿遍插深植！

江山如畫，我們以大時代的英雄豪傑自許。

線　網

在疾速快跑通過獨木橋後迅速臥倒！五條籠罩在交叉如星的鐵絲網下的爬道乍然呈現，稀鬆的紅泥上積水泥濘，由不得你選擇，五名野戰服男子快速將槍自肩膀取下，扣緊上背帶環，標準的動作要領，右手抓槍，如深亮的拋物線，以全身的重量壓向紅河水灘，胸前膝蓋手肘一下子便淹沒在強烈的濕冷裡。

五十五公分迷彩的木柱等距矗立，「線網」二字勒在粗厚的泥柱上，蒼勁的筆力，給人一種悲壯的聯想。全副武裝的我們如一群散兵縱橫參差地匍伏在河牀上、沙磧裡。彎曲不一的溝痕，是前一波戰士奮進的成果。目光如炬，血在我們的脈管激烈滾燙，疲倦的肢體反射動作般交互爬進。雨水是猛烈的，落在身上發出剝剝悶響，刺痛的感覺滑向每寸肌膚。突然憶起在台中嶺上的那

個夏季，震撼教育場上不斷爆烈的喧天砲響，加上呼嘯穿梭的子彈自嗒嗒的機槍中激射連發，迸裂的泥土自空中撒下，我們如游龍般躍動，浴血作戰的感受如親歷沙場。四年後的今天，我接受政戰少尉的職前訓練，雖然沒有流彈飛砲的效果，但那貼身在大地上的踏實並無差異。蕭的草綠服已染成灰黃污濁，但掩不住追求勝利的亢奮。空氣中夾帶著雨水的潮味和我們喘息不已的熱度。

三分半鐘。雨，愈下愈大。

考驗一下自己吧！中尉測驗官如是說。

我將頭仰起，泥水因手臂的重擊而飛濺，最後五公尺，面對著更艱苦的地形，我沒有苟且的企圖，更不存蒼白的懷想，我是一名身著草綠服的革命軍人，在歷史的長廊裡，在有形無形的戰場上，我不屈的意志將因勝利而生，破蛹而出的陣痛將甘之如飴。

三分四十秒通過！大雨滂沱。五個擁抱過大地、淌流過汗水的野戰服男子，瞬間以迅雷之姿猛然立起，那隔岸江山浩蕩的海棠輿圖，那為求國生而死的大志，如終點的標竿，我們朝著前方最後四十公尺的衝刺路道，滿懷信心，挺直背脊，提槍快跑前進，如凌雲之鷹，展翅的巨鵬！

坑　道

　　走進坑道，便有一種走進歷史的感覺。

　　寢室在坑道內，常常我凝望著已用水泥、浪板裝飾的房間，聯想及我們正生活在巨大的花崗岩下，那心情是安穩厚重的，像在一位強者有力的臂膀下。

　　初進坑道，立時被那鬼斧神工的力量震懾住了。灰的花山岡岩壁上每一鑿痕都是前人用炸藥與智慧，加上血汗的澆灌，才成就出馳名中外的傑出巨構。花崗岩的堅硬阻擋不了人類不屈的意志，縱有萬般艱險，亦是靈魂的考驗，生命的完成。長長的坑道，我曾逡巡過許多次，每隔一段距離便亮著的日光燈，為坑道內奔波的弟兄提供了光明的指引，有時走著走著，一回頭，那走過的路已迅即消失在潮濕的黑暗裡，只見一圈微弱的光暈投射出一截短淺的空間，像無垠歷史中的一站，連接起兩端的黑暗。我喜歡在駐足喘口氣的當口，以一種虔敬懷古的心情默默回顧。

　　不能確知這坑道有多長，整個島上又有多少這樣的坑道，然而無可否認的，這些前人辛苦的播種，如今已蔚成一林濃蔭，為我們遮蔽住狠毒的太陽風雨。坑道，是島上的命脈，無數奔流的

血液在其中激湧。坑道精神，是無私的奉獻，不悔的犧牲。

　　坑道的分布是交叉如網，枝脈錯縱的。有一回，忘了帶手電筒，路況又不熟，以致迷失在其中，不知何去何從。不斷地摸索，寂然無聲的坑道，只覺得自己的喘息益加急促粗濁，直到另一種足音自遠處伴隨著晃搖的手電筒所發出的微光出現時，我才如釋重負，停止慌忙的搜尋。那時刻，我心中有股袍澤情深的感動，他用一支手電筒渡了我一程，雖是路不長，但卻帶領我步上正確的方向。

　　如今，不論是開會、送資料，抑或是去擎天廳看電影，我已能熟悉無礙地為自己選擇一條最近最快的路，甚至有時踽踽於黝深的坑道內，聆聽自己迴蕩在四壁間的腳步聲，一步一響，很紮實的敲在我年輕的心坎上，那在漆黑中藉聲音來意識自己存在的經驗，也成了記憶中難忘的享受。

　　路，總會到盡頭。

　　走完坑道，臨近出口處，常會有一種迎向光明的喜悅。我們的坑道口，有幾株高大古老的白楊樹，四、五月間，白花紛飛如雨，點點落在地上，宛似鋪了一層清麗馥郁的輕毯，讓人踩著也覺不忍。我最心喜的，便是踏出坑道口的瞬間，衛兵用一種堅定洪亮的嗓音朝著我喊：「敬禮！．」當我舉手回禮時，漫天花雨撲面而來，與我的黑眸美麗地撞擊，莊嚴地交接，有一陣清醒的香氣，也有一片燦麗的陽光在閃耀。

　　穿過坑道，彷彿歷史的春天就在眼前呢！

太　湖

　　喜歡太湖的心情是說不真切的，那是如燈下夜讀古詩，輕聲吟哦，無一處不是神韻；又如相思夢中的戀人，俯眉低首，顧盼蓮移，都是美，也都是情。

　　這番鍾情，怕也只能用「癡」來形容了。

　　夜坐湖畔，涼風輕拂，看天上星星一顆顆地閃亮在湖面，聽蛙鳴一聲一聲地增添四周的寂靜，這個時候，想想家，想想遠方的女子，銅鏡般的湖水彷彿便成了遙遠的記憶，瑰麗的夢。我不是愛寫詩的少年，但太湖的風，太湖的水，卻有如詩一般地深深吸引著我。

　　太湖有大小二湖，中有一長堤隔開，但堤下湖水相通，有調節的功能。雖說有分大小，其美並無二致。大湖波瀾壯闊，氣勢雄渾；小湖精巧秀麗，情趣幽然。兩湖相傍相依，交織成島上最令人心動的一幅畫。

　　東坡有詩云：「湖光瀲豔偏晴好，山色空濛雨亦奇。若把西湖比西子，淡妝濃抹總相宜。」他歌詠的是杭州的西湖，我拿來比聖島的太湖，一樣的湖光水色，不一樣的是心情。西湖已然變

色，沒有好的人世，可還有往日的丰姿？而太湖，包容了歷史的光輝，吞吐著島上軍民不懈的鬥志，她已不僅是一方靜靜湖水，而是中國子民日夜渴念的依歸。

想起孩提時的歌謠：「太湖船」── 黃昏時候人行少，半空月影水面搖 ── 這情景在島上的太湖是少見的，這裡沒有帆影，但是有人影婆娑，笑語如歌；有月影倒映湖心，熠熠生輝；堤旁水銀燈迷濛的光影，暈染得入夜後的太湖格外嫵媚動人。湖心中央有湖心亭，人工的小島，清曉或臨晚，霞光四照下，亭影昭昭，非常別致。這些四季晨昏不同的風景，使太湖成了外賓必經參觀之地，也是軍民假日遊賞最佳的去處。

我經常訝異於這座完全由人工合力開鑿的湖，何以那麼像一座天然的海？起風的時候，竟也湧起層層翻滾的浪潮，由遠而近，源源不斷，水花且常拍岸飛濺，使人震懾於她的激盪與浩邈。尤其是有霧的日子，八方大霧暗伏，湖面被籠罩在巨大的虛渺之中，若隱若現，潮聲連連，簡直是大海的聲音，令人嘖嘖生奇，心折不已。

這海，這湖，多少心情走過，她一直是不變的知音，陪伴著我成長，而我對她，不論是在初見的一刹那，還是在往後流轉不停的青春歲月中，太湖，將永遠是我念念不渝的癡戀。

回　首

最後一夜。

再度踱步在明德塘畔，讓自己單純地浴在輕柔的晚風裡。

障礙場已無白日揮汗如雨的吶喊，唧唧的蟲鳴在四野響起。舊機場跑道兩側的木麻黃，仍在月光下款款擺舞，偶爾揚起一陣喧嘩，絮絮的低語。

天壁的所有星星都湧出來了，幾朵小燈花開在西村古舊的屋厝裡，鄉野的所有風景都被描上一層淡淡柔柔的金邊。銀河流動，風仍然柔情萬千。

不敢回首，回首是千弦的琵琶雨，一曲令人落淚的楚歌。難回首，今夜的月光與雪色同樣柔麗。驀然回首，雲在青山月在天，這方池塘，明潔如天池。

一年十個月的軍旅歲月，一步一步地走，一步一步地發現自己，歡笑與淚水，其實都像春天，不論是晴，是雨，永遠好得讓人感激。

懷念復興崗的晨曉，薄薄的煙嵐升起，生命在微光乍射中甦醒，草綠色的亮度也在汗水中逐漸明晰，大屯蒼蒼，淡水泱泱，我們的軍歌宏亮，踢正步的步伐整齊，綠色的河流在操場上一寸寸

地移動，匯成了一條記憶的河，河的兩岸，花繁葉茂，美不勝收。

　　十二週的訓練換來一槓金黃色的軍階，及肩膀上保國衛民的大負託。帶著榮耀、責任與期待，我們各奔前程，迎向不可知的未來。猶記得踏出校門，走進車潮前戀戀不捨的一次回首，除了溫柔，還有壯烈。

　　離家百里，在南島的港岸，揮劍斬棄懦弱的少年情懷，登上龐大的五二三軍艦，從此挺身走上英雄路，我清清楚楚地知道，不是夢。航向那座神聖的島嶼，海上深邃的星空，一如今夜。

　　在這夜裡，思念是起伏的海潮，微微的感傷。離別令人落淚，思念使人懂得淚。那個我深愛的女子，在北島沿海的小鄉上，將自己耐心守候成一輪靜月。三百多封的魚雁往返，我們在海峽兩岸，用所有的感覺去傾聽。

　　聖島一年，演習、行軍、營測驗，從日暮到日出，從昂聲轉換成輕歌，太陽把我們曬得又黑又亮。射擊的槍聲不息，鋼盔尚餘陽光的熱度，這是一首音符最多最單純的交響樂。

　　用心的聆聽，全心的著迷，烈陽下浹背的汗水如雨，冬夜裡海灘低溫的戍守，甚至於暴風雨的天空，遠天奔襲而來的強烈閃電，都已是心靈上一抹炫麗的色彩了。

　　明天，我將脫去軍裝，重新登艦，揹著一年的行李，向料羅灣的落日揮別，回到我熟悉的繁華島嶼，以一種新的心情，新的面目，開始追求另一種人生。因此，在這莊嚴的登艦前夕，我思考著如何凝意志以成劍，如何向未來一路的荊棘，正確地劈擊。

　　今夜，美而圓亮的月，臨照著大地。

　　我是一名即將卸下軍衫的歸人，正一步一回首，發現自己，已然成熟，已然長大。

相　思

　　相思最苦。

　　彷彿仍是陽光滿眼的南方，我身著一襲綠衫，被吞沒在五二三軍艦龐大的船身中，再怎麼難捨也渡不過浪濤擊打碼頭白花花的一條天河，妳微小的身影被停格在港口外七月喧天的蟬聲中。從此，妳在北台灣沿海的小鎮上，把自己守候成最孤獨卻也最美麗的一顆星，而我，一個追風趕月，愛觀星象的少年，隔海隔山，迢迢千里遠路，從來不曾遺忘或錯失過仰望妳在的方向。

　　那樣的心情，算是相思吧？淡淡的酸，淺淺的甜，還有隨時會如潑墨般渲染開來的苦，把自己搞得悲喜不定，悵然若失。陪著月光戍守的夜，槍枝的準星永遠也瞄不準我心鎖定的目標，因為牽掛就像料羅灣上閃閃的銀光，不知何時明，何時滅。於是，走在太武山下，好似我們正騎車翻越陽金公路，木麻黃全成了一山雪白的芒草；聽自己的腳步聲迴盪在漆黑的擎天坑道內，也總會想起我們攜手走過校園的長廊；當碉堡外白楊花開始飛落，我知道如此又過了一個長長的夏，也知道妳住的小鎮山邊，野百合花一定遍山遍野地開落著。

　　相思，也許就是這樣，翻江倒海的聯想，最後仍是歸依到妳殷殷期盼的眼眸中。妳老愛說：共看海上明月，流淚也是幸福，而我總要告訴妳：相思始覺海非深，這海峽我們可以跋涉而過的。

　　如今，相思已變成我們一輩子白頭偕老的見證，回首那二年的牽腸掛肚，一路走來，也只剩下一份壯烈的盟誓，和一段繁花似錦的記憶。

　　那相思的苦，慢慢的沉澱，慢慢的發酵，不知何時，竟成了我最愛的一種甜蜜。

當時明月在

　　和朋友離開湖口老街時，已是燈火漸滅的暗夜。秋日風涼，抬頭可以見到墨色天幕上點點微明的小星。路上行人不多，偶爾有叫客的計程車駛過，少數幾間商家的廣告霓虹燈大半也已熄滅。

　　我們在街上拍了不少照片，爲的是製作一份田野調查的報告，朋友在地理研究所讀了三年，對台灣一些古老街道變遷的調查，是他準備撰寫論文的重心。台北迪化街、三峽民權街、大溪和平路、新竹縣老湖口的湖口街，都是他眼中極富研究價值的對象。因爲童年時光曾在湖口待過，我成了他的嚮導。

　　一路上，朋友旺盛的求知慾與虔敬的態度，令我深受感動。他爲了要和一位麵攤老闆探詢數十年前街道演變的印象，一連吃了三碗麵；走近一家曾經賣漫畫書、現在則是高級理容院的門口時，兇猛的狗差一點失控地朝他衝來，乍閃的鎂光燈顯然觸怒了牠。但是他依然成功訪問了親歷小鎮由落後變繁華過程的羅先生。

　　在閒聊中，我逐漸明白了這條街的身世。早在清同治十三年（一八七四），因基隆、新竹間的鐵路通車，並在此設站，老湖口快速發展。到了日據時期，鐵路改經現在的新湖口，老湖口便

沒落了。數十年繁華如夢一場，但它大致的面貌卻被完好地保存
至今，未隨時光迭遞而湮消。磚紅色的成列建築、拱形騎樓及屋
簷上洗石子山頭裝飾，依舊鮮明地在眼前，甚至於，那客家族群
特有的淳樸人情、寧和氣氛，也始終未變。

　　離開這條古意盎然卻又略顯冷清的街道，客運車載我們往小
鎮的另一端。途經火車站前熱鬧的街市，我看到較多的人潮在湧
動，夜市鼎沸的買賣聲，恐怕是此刻鎮上唯一還保持甦醒的喧囂
吧！再二十分鐘的車程，我們在圓山仔下車。這是滿載我幼年記
憶的地方，也是今晚我們落腳借宿之處。說「借宿」，內心總覺
哀傷，因為這裡曾經是我的家族聚居、茁壯、依存的根壤，如今
除了大伯一家外，親戚們不是搬到新湖口的大街，便是辭鄉遠赴
外地謀生，如同花粉一般，在風中飄散、落地，再生根。

　　大伯家在福興國小旁，須走上半小時路程，於是我們找了家
平價商店買飲料喝。商店就在我們下車的站牌附近，裝潢雅麗，
一個年輕人坐在收銀機前看著時下最新的院線錄影帶。這裡是整
個村莊最繁榮的地段。當我急切逡巡的目光突然望向路旁那株盤
根錯結、垂鬚冉冉的老榕樹時，一顆心頓時如飛地回到十幾年前，
我和堂兄弟們在樹下嬉戲的情景。記得當時，道路兩側都還是磚
造平房，最高的只有兩層樓而已，客運車駛過的柏油路面，也是
村子裡僅有的一條光滑路面，其他的都是碎石土礫鋪成的泥土
路，而這家商店的前身──店仔頭，正是位於大馬路與幾條小土
路的交集點，是村民寄信、打電話、搭車或聚會的唯一所在。我
的祖父便經常在黃昏時分，帶我到店仔頭去，他愛坐在店前的長
板凳上，與鄉人閒閒聊天，我則不時穿梭在店內大大小小的糖罐
子間，或站在銼冰器前，看老闆娘熟練地用湯匙舀著楊桃乾、蜜

餞、花生等四果。偶爾冰花噴到臉上，涼涼甜甜，有一股說不出的好味道。祖父有時斥責我饞，有時則掏出幾塊錢，買一碗讓我如願以「嚐」。那樣的記憶雖說已是生命中不會磨滅的畫面，但那甜甜涼涼的滋味，我現在確實已淡忘，甚至，不太能完全想起來了，正如這家店仔頭在村莊邁向現代化的腳步中被逐漸淘汰、拋棄一般。

　　不過，我倒是對今晚住宿的大伯家印象深刻。五年前一個冷冽的冬晨，祖父在客廳抽著長菸桿，呼出一口白煙後，安詳地睡去。辦法事的日子，我和家人便是住在大伯家。在父親帶領一家人到中壢發展後，我回湖口的次數不斷銳減，尤其開始投入激烈的升學競爭後，更是經常整年都沒再回去過。因此，我乍見由土塊厝變成兩層水泥新樓房的大伯家，不禁感到震驚。六十多坪的樓下，前院是花園，後院依然保有客家人一貫勤儉的習性 —— 養了雞、鴨和豬。五十多坪的樓上，則區隔了好幾間房，寬敞而舒適。我也發現一個有趣的現象，如電視、音響、冷氣機等，每層樓都有，連客廳、廁所、浴室都有兩個。這樣的空間與享受，實在是擁擠於大都會中的我感到羨慕的。當然，那些昂貴而精緻的電氣用品，並不是讓我吃驚的真正原因，而是我童年記憶中的大伯家，曾經是大片竹林野草圍繞著的土塊厝，牆壁斑駁不堪，雞鴨糞便屋內外都有，要上廁所必須走一段路到一處用木板、茅草搭建而成的「茅房」，沒有門遮掩，只能拿一塊用竹片刨薄編成的竹席權充「門面」，一邊上廁所，一邊手扶竹門，並且隨時留心是否有人「路過」。那種情景清晰如在眼前，但二十年後，眼前所見的卻彷彿另一新世界，時光流轉所帶來的景觀變化竟是如此之大，若非族人親切的鄉音依舊，我恐怕無法置信。

　　其實，我最相信的，，是這二十年來，大伯一家人必定克勤克儉、胼手胝足地付出他們的心力，與水旱蟲害拚鬥，把汗水滴在結實的土壤裡，而後，大地才回報他們以如此豐饒的收穫。

　　我們沿著國小低矮的圍牆往前走，大伯家在暗黑裡亮著的燈火，隔著一條小溪，遠遠已可望見。在橋上注視這條我曾經抓過魚蝦、赤身游水的小溪流，雖因乾枯而顯露出部分的河牀，可是河水仍然不絕如縷地嘩嘩流著，夜裡聽來像一首遙遠的歌。

　　水中一輪明月倒映，我恍惚又見到我的祖父、我的童年。當時明月在，往事一夢中，湖口老鎮在秋夜裡安靜地入夢，而我，只怕難以入眠了。

悟

　　我叫了一碗什錦麵後，找了一個位子坐下。

　　客人很多，好幾個正耐心地看著老闆慢吞吞地動作，我原想找張報紙打發這段無聊的等待時間，但那皺得亂七八糟而又油漬斑斑的三張報紙早已炙手可熱地流傳著。捷手先得的把它壓在碗下如獲至寶地邊吃邊看，就怕稍一不慎會被搶走。沒有報紙的虎視眈眈地四處盯瞧著。

　　我突然覺得人活著也真可憐，小時候，爭一塊糖；進學校，爭分數；在社會上，爭名奪利，凡是爭的事情，都互不相讓，等爭到了手，卻又發覺失去了好多，然後悔恨，然後醒悟 —— 但已晚了。或許，一般人所謂的「有出息」、「出人頭地」，指的就是搶得最多、爭得最高吧？

　　我怔怔看著對面那家門可羅雀的小店面，在油氣瀰漫的紛擾裡，陷入了沈思。

　　我意識到自己空著肚子等著麵時，視線已被那小店裡的一對父子吸引住了。顯然發怒著的父親，正在教訓著兒子。他的腰上繫著一塊略呈灰藍的花邊圍裙，拿著一個鍋鏟。一旁立正站著的

兒子，套著稍嫌過長的體育褲，低低地抽泣。我注意聽著他逐漸提高的嗓門：

「瞧你一身髒兮兮的 ── 不吃飯怎麼會長高 ── 」

做父親的完全是個彪形大漢，有著響亮的外省口音。瘦小的孩子和他對立站著，顯得極不相稱，使我想起卡通影片裡的巨人和小老鼠。

「人家不要吃飯嘛 ── 人家要吃麵 ── 」孩子哇地一聲又哭了起來。

「剛才問你怎麼不說？現在弄好了，不吃？怎麼行！想長高、想壯，就得多吃飯！」

嚴峻的父親直愣愣地站著，用手誇張地比了個身高的高度，額頭上隱隱冒出些汗。孩子卻依然不為所動地哭著。看得出來，做父親的已有點不知所措，滿臉焦灼地看著孩子。

「我把飯再熱一熱，吃一點 ── 」

「人家不要吃飯嘛，要吃麵 ── 」

「不吃算了 ── 有飯吃，還不知足，難道要求你吃不成 ── 爸爸以前打仗時，別說白米飯，有個硬饅頭啃，就是運氣啦！現在有飯、有肉、有菜，穩穩當當地坐著、吃著，你還嫌什麼？」

父親氣得坐下來，拿起筷子就把那盤炒飯扒了兩口，又挾了些菜，乾脆大口大口嚼了起來。

「你站好，看我吃。」

孩子低著頭，委屈地站在一旁看著。

我不加思索地便為這父親的舉動感到生氣，覺得真是霸道得可以，怎麼哄不成，就將孩子的飯搶來吃？年輕的我，有點迷惑起來。

前面位子的一個年輕人離座，他霸占了好久的報紙立即被旁邊的人抽了過去，我突然感到一陣好深的失望，生而為人的可悲吧？為什麼連父親也會在盛怒時搶自己孩子的東西吃？

但是我再望向那對父子的時候，我才曉得我誤解了那份人間至高至貴、純然無私的父子之情。

孩子已端坐在父親身旁，父親一面慢慢吃著，一面低聲說著話。不久，父親遞給孩子一雙筷子，和顏悅色地又說了幾句，終於，孩子乖乖扒了一口飯，父親連忙挾了一塊肉給他，語氣裡壓抑不下一股喜悅：

「對嘛！要吃飯，才會長大 ─ 」

我沒聽清楚做父親的究竟低聲向孩子說了什麼，但我突然懂得了那個父親魁壯身軀裡那顆溫柔的心。他不給孩子飯吃是為了給孩子飯吃，他的「奪取」，是為了給予，這是人性中最深沈、也最恆久、最溫暖的情感，而我卻無知地誤解了。

夥計把麵端放在我面前桌上，騰騰的空氣裡，我看到那對父子正高高興興地吃著。低下頭，我感到一陣熱氣衝來，眼眶不禁有些模糊。

酒　想

　　從老家帶上來的一罈葡萄酒，擺了五年不捨得喝，因著幾位朋友老遠的拜訪，一起鬨便開了。

　　酒香四溢醺然，一室烘暖暖的。窗外多雨夜，叮叮咚咚下得起勁。五年的舊罈，灰撲撲黯然無光，一直放在牀下角落，還是讓他們給嗅了出來。心想也好，這樣的朋友，這樣的黃梅時節。

　　所以珍惜五年，是因為母親。負笈北上讀書的第一個暑假，和母親兩人在老家走廊上摘洗葡萄，一粒粒飽滿豐盈，握在手裡沈甸甸的，很有一種踏實的喜悅。幾十斤的葡萄，只因我隨口說了一句：「葡萄酒，我喜歡喝一點。」便像芝麻開門般，一堆青綠出現在我面前。雖然只是葡萄，不是酒，但是一股深沈的感念已悄悄在心中釀造、發酵。

　　日曬、翻撿，糖與酒的比例，最後母親用力將油紙紮緊封口，我等著將蓋子旋上。立在母親微曲的身後，第一次發現，母親有了白頭髮。

　　總共是三大罈一小罈，我提了小罈上火車。我是喜歡喝點酒的，但這罈卻一直被我珍藏著。其餘三罈，在以後的兩年裡都喝

光了。母親後來再釀了一些，專盼我返鄉時喝。

常常，我躺在牀上，惦記著牀下的酒，也惦記著遠方的母親。

我沒有對這些朋友說出這罈酒的心事，一任他們用湯瓢撈著葡萄，紅著臉啜飲。

多年的老朋友，交情早已像醇酒芳烈。大學時，並不常一起喝酒的我們，偶爾聚飲，總是讓人記憶深刻。

記得一回，不善酒量的阿發，多喝了幾杯啤酒，竟然搖晃欲嘔，原想撐著回宿舍，不料在宿舍外的紅磚道上唏哩嘩啦吐了一灘，而且還蹲在路旁休息，我們笑他沒用，但都陪他馬路旁坐了一排。

第二天睡到中午才醒，我們出去吃自助餐。行經昨夜吐酒的地方，遺跡猶存，我們六人又笑又罵地拍他打他，他揉揉睡眼，立刻矢口否認道：

「開玩笑，我會，我會嗎？」

讀書時，七人天天在一棟宿舍，湊齊了一起喝酒，也只是那一次。畢業後，分發到各個不同的學校任教，想一起喝酒的心突然熾烈起來，幾番策畫邀約，總是缺一漏三的，沒想到在這樣的風雨夜，這樣的黃梅時節，他們竟然從四面八方趕來團聚一堂，不多不少，七個人，一罈酒。

他們可能有些醉了，竟怪我守「酒」如瓶，現在才讓他們嚐到「甜頭」，我笑了笑，沒有把這罈酒的心事告訴他們。

冷　暖

一個國中女生之死

下寮到中角。

三天三夜。

學生告訴我：海邊的風好大，浪也好大哦！

冷冷的岩石，濕滑的苔痕，石孔中四處奔竄的白泡沫飄來飄去。不時飛騰升起的一些水氣，在尖彎如鉤似的殘月映照下，灰濛的慘白一如魑魅。

在這個噩耗傳來的夜晚，我獨自來到海邊，抽著菸，企圖把自己完全放逐在海天遼闊的黑暗裡，無知無覺，更不會讓悲傷襲入，然而，忍不住奪眶而出的淚，依然滴在明知沒有一點回音的大海上。

據說，漁民們甚至已不敢出海捕魚，他們認為，打撈到屍體，是會觸楣頭的。

不錯，在這靠海的村子，打漁是他們唯一的出路。如今一個國中女生的死，他們少了三天的漁獲量。「淒慘哦！」他們喝著

米酒，瞇起眼望向時而平靜時而洶湧的大海，深深的感慨刻在一張張常年風霜，古拙而稚樸的臉上。

怎麼不感慨？她只有十四歲而已呀！才開始睜大眼睛，準備往前走去的當口，就因狂濤猛浪的激擊而失足落海，從此，永不再起。生命的完結，有時竟也是如此的輕而易舉。只是親人的苦痛，將錐心泣血，哀慟欲絕。尤其是丈夫負心離去，一手撫養三個女兒長大的母親，此刻僅能呼天搶地般喚著鍾愛女兒的名字，冀能向海神討回她一生寄託的希望。然而，幾度嚎啕，幾度昏厥，平日熱切招呼客人的聲音，如今僅剩下游絲般乾啞的啜泣。

青青的落葉，尚有大地的土壤供它安息，為什麼一個青春的生命軀體，竟然會這樣殘酷地在大海上漂流浮沈，三天三夜，從下寮到中角。

我能說什麼嗎？這幾天，教室裡妳的位子已然是空盪盪的冷清。妳生前的同窗好友，上課經常心不在焉地望向那個被擦拭得一塵不染的桌椅，似乎想不斷地提醒自己，妳還在，而且手裡正拿枝筆，攤開課本，在專心地聽講呢！但瞥後的目光，總是禁不住悲從中來，有幾次，課上不下去時，迴盪在我們心中的同是對妳的思念、悲悼與不平哪！

舞蹈比賽時，妳那嬌捷出眾的舞姿迴旋，竟會是個美麗的句點嗎？銀鈴般的笑聲，難道已遭浪濤淹沒嗎？那雙在晚上的小吃攤上幫忙維持生計、清晨四時起來寫字的手，此刻仍在無盡的深淵裡掙扎嗎？造化未免太作弄人了！我深嚐生命中欲哭無淚的酸楚滋味。

海風輕拂中的漁港，燈火一點一點地淡去，妳的同學、師長、朋友們都在不斷祈求著。茫然失神的母親，則枯守一盞飄搖不定

的孤燈，苦候奇蹟的出現。呼呼的淒厲風聲，來自妳葬身的地方，正吹寒著每一顆徹夜難眠的心。

夜已深，恍惚中，我們都看到最後一點燈光也被巨大的黑暗漸漸吞噬了……

七十二小時後，在討海人的驚呼聲中，他們發現了妳的屍體已被沖進沿岸嶙峋的礁石縫中。更令人悲憤的，是那雙曾經靈活清澈的眼睛，竟讓魚啄吃了一顆……

一個大學女生的等待

很久了，我還常常會想起在大林服役時，那個深夜所發生的事情。

我擔任衛兵長的職務，夜裡總要起來巡查幾次，以監督衛兵們服勤的狀況，保障營區內所有士官兵的安全。這個職務雖小，卻一點也馬虎不得。尤其是明天週日會客，人潮勢必擁擠，難免會有些疏忽，得事先防範點才行。

這秋夜將屆凌晨二時的氣候，雖不似冰雪寒凍，但一陣冷風颼颼吹來，依然讓人不自主地渾身打顫。口中吐出的白氣，像是要用手揮打才會散去。

「冷，真冷啊！」我和營門口的兩名衛兵打過招呼，忍不住把衣服拉緊些。

「長官，馬路對面有個女的，已經在那裡走來走去，快一個鐘頭了。」

我一聽頓時神經緊張起來，忙順著所指的方向看去，果然在營門前的公路對面，有個穿著長袖毛線衣，黃色長褲的女孩在來回逡巡著，肩上揹個女用的小皮包，不時仰起臉往營區張望，單

薄瘦削的身影在黑暗中顯得模糊而渺小。那瞬間首先閃過我腦海中的念頭是：會不會是名女間諜？那皮包裡足夠裝枝手槍和小型的照相機。但繼而一想，我又為自己的敏感多疑感到好笑，間諜會笨得在你面前走來走去，長達一小時嗎？

「大概是個神經失常的吧！八成是丈夫死了，或是跟別的女人跑了，可憐啊！現在世界上這樣的人太多啦，這種不幸的事總是常常會在我們周遭出現的，唉！」我不禁感喟地說。

因為那個女孩並未闖入營區的範圍，故雖可疑，卻也不便上前盤問，只得繼續密切注視著。

不久，那個女孩竟然慢慢越過馬路，向營區慢慢踱來。兩個衛兵見狀立即舉槍，將上了刺刀的槍口迅速對準她，她突然受了驚嚇，馬上露出一臉的倉惶失措，差點哭出來。我聽到聲音，急忙從休息室衝出，察看究竟，並叫衛兵將槍放下。這時，我才看清了這個女孩的面貌：二十歲左右的年紀，雖然眼神中有著驚魂甫定的不安，但那清麗的面龐和自然的氣質，在這荒山深夜裡，令人有種驚豔之感。我直覺地肯定她必不是間諜，只是個美麗的女學生而已。但是，為什麼會在這個時候，這個地方出現呢？我好奇地想知道。

「我是輔大歷史系的，我的男朋友在裡面服兵役，明天會客，我為了想早點見到他，特地從台北趕來，然後從嘉義搭車上山，中途應在崎頂站下車的，卻在崎下就下了，因為沒有公車，只好從那裡走路過來。我想，明天早上八點鐘一開營門就去找他，這樣我們就可以早一點見面。所以，我只好在外面等，走著走著，不小心過來了，真對不起。」

我差一點怔在那裡，她的這番話，頓時使我血液沸騰起來，

在這寒冷的山上，我感受到一股暖流正自我心沛然湧起。這樣一個心思細密的女子，竟然單身從崎下走到崎頂，她穿的是高跟鞋呀！三公里長的夜路，是什麼讓她如此勇敢，不懼風寒呢？

我撥電話到她男友的連上去查詢，證實有此人及這名女孩。我充滿羨慕的心情，意味深長地對他說：「有這麼一個女朋友，你應該感到珍惜和驕傲，如果是我，真不知會有多感動！」

真的，這個世界經常發生一些不幸的事，讓人悲傷、失望，甚至悲觀，但今晚的事，使我乍然體會到「愛」才是推動這個世界的力量，沒有愛，恐怕寒冷將長據人類的心中。

我領她進休息室遮蔽風寒，並沏上一壺熱茶，請她在此安心地等待，並且告訴她：

「本來我們的規定是八點鐘才可以開始會客，不過，我已向上級請示過，明天一早，六點鐘營門一開，就特准妳男朋友出來和妳會面，不需要等到八點，因為，妳已經等了一夜了。」

記憶風景

夢裡山水

觀音山是年輕時夢裡的山水。

二十歲的心情，神往川端筆下的唯美浪漫，赫塞流浪的歌吟，帶點憂鬱的追尋，於是自然便偏愛上北淡線古老搖晃的滄桑，和亭立在水湄靜美的女子。許多個星夜，我漫步在長堤上，看金波粼粼，海鳥低旋，漁人悠閒地抽著紙菸，笑談豐收的喜悅，而一艘艘定定泊著的漁舟，則安睡在觀音慈悲的護佑裡。

渡海觀日落，見巨大火球紅豔豔地墜海，燃燒成炫目的千里通紅，隨後倏地被吞噬，心情總是激動莫名的，想起三島說的：「美，是我的仇敵。」美的完成常讓一顆濃烈的心久久難平。

許多文學家歌頌過這個濱海的小鎮，而我只是一個虔誠的子民，一心深盼能在觀音漫天花雨的布施下，拾得一瓣小花，種在自己心中的一方夢土上。

喜歡車過關渡，出塵的觀音山宛似等待的女子，守候今生今世一場生死之約，我來看她一眼，求的是地老天荒。

每一次凝望，總發現觀音如一隻蟄伏的鳳蝶，要仔細盯牢，不然一眨眼，她便要化蝶乘風而去。

那時我二十歲，一直覺得觀音鳳蝶是一樁屬於自己的祕密，而日子正當年輕。

有陽光的日子

每回騎車翻越陽金公路，在金山筆直的路上，總會看到掩映在夕照霞光裡的美人山，嫵媚羞澀，溫柔地仰臥在大地的托承裡。

有陽光的日子，一路輕風鳥鳴，世界是潺潺的溪水，平穩流向前。滿山遍野的蘆花翻飛，讓人聯想及詩經中的女子，「蒹葭蒼蒼，白露爲霜，所謂伊人，在水一方！」這等質樸優美的詞語，拿來比美人山亦是適切。尤其在夜裡，襯著大台北隱約燦亮的背景，曲折的稜線便起伏有致地凸顯出來，令人興起一股無邪的遐思。

山的存在，是許多鄉人心靈的慰藉。

有時幾朵燈花悄然綻開，和四天亮起的星光相互閃映，美人山便如妝扮華麗的待嫁閨女，隔著紅巾，低眉注視這繁麗的人世風景，默默期待一個嶄新幸福的人生。山的風姿多變，但長久以來，我對她的思慕與仰望卻一直不變。

來回走動的雪

一方靜水，氤氳在晨霧乍湧的靜默裡。垂柳細綠，輕撩起絲絲漣漪，微微的熱鬧在醞釀。遠邊的天空蒼茫，雲層依然濃厚，薄薄的晨光凝彳湖上，如染胭脂，如風起時。

這面水鏡，人們喚她「柳湖」。

柳湖四周並非全是柳，松樹、楓樹、相思樹亦疏疏落落點綴其間。參差的嫩草環織成一片耀眼的綠意，和湖水天光依偎共存著。那年在復興崗上，凌晨六時，起牀號嗚嗚響起，我在牀上騰然躍起的瞬間，總會看到窗外那醉人的湖之姿。

有飛鴿，時緩，時快，很溫柔的姿勢，在朝暾中盤旋，像極了瑩白的琴鍵在手指間優雅起落。

累了，便迤迤然滑落，在湖畔輕靈地踱步，偶爾俯首輕啄，草尖上的露水便四方迸散，餐風飲露的悠閒怡然，完全是個小小隱士。白亮的身羽被陽光襯映得像雪，一朵一朵來回走動的雪。

忽然，不知什麼驚動了牠們，兩翼陡地鼓動拍擊，嘩的一聲紛紛飛起，掠過松枝，一點一點相銜的雪光倒映在湖面，畫出一道炫然的白弧，向無盡的天空直奔而去。

波起波落之間

像踽踽獨行於歷史的長廊，太湖靜觀著世事滄桑。天上的浮雲，在她心版上不停地變幻，卻都沒有留下什麼痕跡，宛如那時而溫柔時而無情的歷史。

面對歷史，人會覺得渺小；拋開歷史，人會覺得茫然。可知的渺小，比起無知的茫然，總還有個立足點。

風吹湖面，波起波落。無風無波，旋歸平靜。翻開歷史，亦是不變的「話說天下大勢，合久必分，分久必合。」

太湖一側另有一小湖，在水中央，泥塑的魚座口中不斷噴出四散飛濺的水花，那水來自湖，灑向湖，不增不減，但湖水賴以動，賴以清，是「化作春泥更護花」的款款深情，亦有「問君那得清如許，為有源頭活水來」的豁悟。

對湖水，對歷史，我均作如是觀。

杜鵑花海

杜鵑，是春天的眼波，突然意外的湧現，涓流，細唱，在人們措手不及下，流唱而成的一首情歌。當風一起，花海便以一種轟然澎湃的華麗，浩浩蕩蕩地氾濫了。

於是，雪白水紅，一濺上身，任誰都要歡喜，都要有情。蓬蓬花開，人們的心也跟著熱烈欲燃，那是蟄伏一個冬季後，難捺的瘋狂，到處都有她的蹤跡，如積雪覆蓋大地，初陽遍照人間，沒有人能視若無睹，也沒有人不感動駐足。走在殷紅花海裡，彷彿自有一股浪漫的氣氛，熾烈浮漾在每個人的眉眼盈盈處。

宋王觀說的：「若到江南趕上春，千萬和春在！」這滿園紛然的杜鵑，實在是春天花展中第一個報到的好消息，而且，她從不單獨登場，總是以團體報到的氣勢，讓人眼睛一亮，刮目相看！

是杜鵑，把每一年歲的開始，打扮成最動人的傳奇，把春天渲染成一條花的河流，這麼痛快地綻放，似乎，也只有杜鵑能夠。

考大學前的那個早春，二月冷雨天，我騎單車閒遊中央大學的校園，當一路的綠隨風消逝後，我在宿舍前的大道旁，看到了一朵危顫顫的杜鵑，昂然挺立，是那春天的第一朵杜鵑吧？粉紅的生命，好像傲雪的梅，在風雨中，獨自醒來，把滿身熱情化成枝頭一綻，那樣的執著不懼，倒真使人又感動，又慚愧。

我知道，當花季霸住了整條大道時，她必然已將柔弱的身子託給那風，以一種美的完成，無限美麗地凋落，為花徑添上一抹莊嚴的溫柔。俟落紅滿徑時，一季春意鬧枝頭的風光，也將漸漸在人們的記憶中褪去。

雖然，我曾因落花成塚而觸目驚心，為春雨的不解風情而惋惜，但我愛花惜花的情愫依然，不會因此而不忍去正視杜鵑必然的歸宿，因為我知道，在落花婉轉的身姿背後，第二季的殷紅已在悄然孕育，第二年的春天，這些花魂，仍將會如期赴約，掀起另一次更驚心動魄的花潮！

柔軟的心

　　昨天去看了一場電影 ——「禁區」，是描述一位大陸婦女帶著小孩偷渡到香港，投靠丈夫的悲慘遭遇。全片在香港實地拍攝，導演及演員都是香港人。這類型的電影，我以前曾看過幾部，都留下極深刻的印象。我以一種嚴肅的心情走進戲院。那位年輕美麗但是一臉風霜的女人正在黑夜的山嶺間驚慌跋涉，惶懼的眼神道出了無限的辛酸，淚水吞進肚裡，回首或前望，都是一片漆黑。星空下，孩子熟睡的臉，稍稍給她帶來一點安慰。幾次的驚險，都幸運地躲過了，我的心一直隨著惴惴不安，可憐的小婦人，但願她能一路平安。

　　她在黎明時沒命地奔跑在沒脛的野草間，恐懼早已使她忘記了飢餓，夾在孩子襁褓中的男人相片，是她這一趟亡命之旅所投奔的方向，也是漫漫長夜裡唯一的星光。我心沈重如深沈海底的鐵錨，怎麼也拉不上來。突然間，一聲槍聲，她嚇得躲進草叢，一隻血跡斑斑的飛雁倏地從空中落地，在她面前抽搐了幾下，便死了。然後，在她與孩子的面前出現了一位高大的英國人。是遣返？是如願？在凝靜的注視中，我的一顆心也快跳出來，幾秒鐘

後，那個英國男人終於開口：

── 跟我來。

我鬆了一口氣，為她的苦盡甘來而慶幸，懸蕩的心也不禁安然放下。小婦人在房間內替孩子洗澡，暫時的平安使她露出一絲欣慰的神采。在房裡，沒有吐著紅信的蛇虺，役有銳利如刀的尖草，更沒有港警交錯的探照燈，及狂吠不止的獵犬。她放下手上的肥皂，沈湎在未來夫妻相見的喜悅裡。但是，可怕的事發生了

── 房間的門被一腳踢開，一個面容猙獰如獸、身材魁梧的男人矗立在這對母子的面前 ── 是那個救她回家的英國人！尖叫、挣扎，無言的淚水，孩子嘶啞的哭聲，也挽不回一場人間最醜陋的強暴獸行，所有的希望在這個她以為平安的地方破碎，像一地細碎的玻璃，永遠也無法再拼湊出原來的完整了……。

故事到此只進行了四分之一，悲難尚未結束，偷渡者的血淚卻已流乾淌盡，我的胸口有一股撕裂的痛楚，為這對苦命的母子，為人類的醜行，也為這個悲劇的時代。我沒有勇氣再平靜地欣賞完這齣戲，離開，是我掩飾自己淚水最好的方法。

發現自己，年歲漸增，似乎心也變得脆弱了。當我還是個少年時，任戰爭慘烈的血腥在我眼前潑灑，我也無動於衷；瘋狂的殺人劊子手，我們可能視之為英雄；對許多悲劇，我可以冷靜，甚至於冷酷地旁觀，而認為這是人類社會的法則，早已命定，哀傷，是無謂的情感氾濫。

但是，二十五歲了，我竟然不敢再掀開書架上那本「南京大屠殺親歷記」，也不敢再讀「秋霜寸草心」，面對殘酷的畫面，我慌張地逃避，似乎，我的「抵抗力」愈來愈弱了，柔弱得禁不起一些現實的悲苦，和無助的眼神。

　　摯友林有一回開導我：

　　── 何必活得那麼累？看電影嘛，當然求得一時快樂，看看娛樂片，不花腦筋，哈哈兩聲，人生就是這麼簡單！

　　隨著人世的幾番經歷，在我日益茁壯的身軀內，這顆多感的心，已變得愈來愈不能接受一些醜陋的事物，我變得極容易受傷害，也極容易為一些不義的事而憤怒。是什麼使我的心變得柔軟？像玻璃一樣容易碎？

　　我不知道，但是我想，也許我該接受林的看法，哈哈兩聲，把人生看得簡單一點，這樣，或許我會快樂些。

淡水走過

　　一直覺得，淡水這個古樸、充滿異國情調的小鎮，似乎承載了許多詩人或藝術家過多的眷愛，有人將它視爲「永遠不渝的戀人」；有人說它是「年少時感情的小城」，這樣的深愛一個小鎮，如對一椿情感的盟誓，曾使得年輕的我感到一絲不解的困惑，而小鎮美如神話的魅力，也很早便根植在一顆純摯多感的心靈裡。

　　十八歲那年，我負笈北上求學，告別了成長的故鄉與至愛的親人，投入那五光十色令人目眩的大城市。課業的繁忙、情感的波折及淡淡的鄉愁，使我敏銳易創的心，面臨難以癒合的淒楚。常常，我渴望一雙溫熱的手，一個靜寂無人的角落，能讓我療傷止痛，肯替我保守屬於淚水的祕密，淡水，就這樣走入了我的世界。

　　那是一個陽光燦爛的日子，劇烈搖晃但卻富有節奏美感的北淡線火車，載我向古鎮緩緩前進。過午時分，車廂內的長椅上，只零星坐了幾個淳樸敦實的鄉人，用濃烈的地方腔音閒閒交談著。有時話斷了，便狠狠吸一大口紙菸，再吐出一臉的茫然。這種親切鄉土的感覺，令我有重溫兒時舊夢的驚喜。規律的鐵輪撞

擊聲，一波一波的，宛如阿婆蹲在台階上，輕拍兒孫的肩背，催人入夢。

然而，我是清醒的，我知道，它會帶我到遠方的，不是夢而是真實存在的濱海小鎮。我也知道，這將是一段美麗的旅行，明亮的陽光迎接著我，清冷的淚水將被蒸融。

彷彿揭開前世的記憶，一一印證眼前的光景，我發覺這濱海的小鎮，簡直是夢境的化身。沿著英專路，我走到這所以宮燈道、牧羊橋引人遐思的大學，立在鷺聲先生銅像旁，眺望整個淡水鎮、觀音山，及彎長的淡水河。有人說，這是欣賞淡水美景最佳的角度之一；但是，隔了如此遠的距離，朦朧的美並不能帶來真實脈搏的跳動。我決定走下山，走向巷道人家。

狹長的街道，據說每到假日，洶湧奔至的外地遊客常擁擠地造成交通堵塞，但在這靜靜的夏日午後，我倒享受了一路的冷清。龍山寺前，幾個面容滄桑的老人，靠在紅柱旁酣然熟睡，微閉的眼，沈重得像他們曾經輝煌的昔日吧！從小巷進去，古老的教堂以巍峨之姿俯向我，哥德式的七彩小窗，高高的塔尖，給人一種異國風情的奇妙感受。兩旁蒼翠的巨樹，青石板小徑，傳遞著我清脆的跫音。荷蘭與西班牙式的古老建築，爲小鎮繪上一層浪漫的色彩，與過往歷史逐漸暗淡的光芒。那位渡海來台的傳教士，憑著對世人的愛，對教育的執著，在此留下了許多供人追思的遺跡。淡江中學內，他的墓園在鬱青的草地上，一位親切的老師無限仰慕地告訴我：「當年馬偕博士創辦這所學校，是先蓋體育館，再闢操場，最後才興建教室……」

穿過市場左側的小巷，整條淡水河便如巨幅的畫軸，毫不保留地攤展成一片醉人的旖旎，讓人眼睛爲之一亮。向晚的長堤下，

有老人在織補破舊的魚網，專注的神情，像補的是數十年海上流轉的歲月，把一頭烏絲織成了浪花如雪。

　　遠處一列日本式的房子，磚砌的小紅牆，紫藤花伸出牆外。他們每天推開窗子，可以看到淡水河，河的盡頭是一片發亮的海，能如此幸運地擁有一方自己的海，實在是難得的幸福。

　　渡船頭，則是我深深愛戀的地方。碼頭雖已陳舊，但仍是許多小船靠岸的港灣。從淡水鎮到八里鄉，短短的航程，渡口便是銜接兩岸的手臂。買了票，坐上對我而言尚屬新鮮的渡輪，瑰豔的海在夕照下閃爍如星。倚在船尾的欄杆畔，望著船過而激起的波浪，鹹鹹的海風溫柔地吹起我紊亂的黑髮。紅日將西沈，觀音山巨大的影子逐漸轉暗，定定舶著的幾艘小舢舨，也已模糊成起伏的小黑點。淡水，愈來愈遠 ──

　　我忽然覺得，許多懵懂激情的少年心事，已隨著滾滾的潮水飄向不可知的大海那一端，遠遠的，漸漸的，消失在無垠裡。而且，我又發現，此後，淡水小鎮，竟也成為我情感的小鎮，不渝的戀人了……

老人，小孩與海

他的一切都是老的。即使是手上因拉著繩子、拖曳著大魚的創痕也沒有一個是新的。他一個人划著一隻小船在墨西哥灣大海流打魚，整整八十四天沒有捕到一條魚。

但是，他有一双眼睛，和大海一個顏色，堅毅、愉快，沒有戰敗過。還有一個小孩，對他說：有許多的漁夫，也有幾個偉大的，但最好的漁夫是你。

我想，孤獨的老人是不寂寞的，不管在漁村或在海上。漁村裡，溫暖親情的世界，他像個慈祥的祖父，在小孩的身上看到了自己的過去。無人的海上，他是個與驚濤駭浪搏鬥的勇者，藉著強勁的對手——那條大魚，他懂得：一個男子漢，可以被毀滅，但不可以被屈服。所以，一個能夠忍受痛苦與失敗的人，是不會也不怕寂寞的。

記得有位小說家曾寫過一篇文章〈誰來與我乾杯〉，一開始便是：

「誰跟我乾杯？」

那時候總是有一個人會說：

「我。」

要找一這可以乾杯的人多不容易，而找到了又是一件多麼幸福的事！在武俠的世界裡，天下第一劍永遠只有一個。成功與失敗之間沒有妥協。於是，最好的對手，也是最好的朋友。杯酒飲盡，劍鋒相向的一刻，彼此仍是真心敬重愛惜著對方。只有敬畏你的對手，不輕視他，才能打敗他。一如老人與魚。老人說：「這魚也是我的朋友。我從來沒看見過，或是聽見過這樣的魚。」其實，大魚便是他自己。如果沒有這一條大魚，這個勢均力敵的對手，老人將只是一個老死在小漁村裡的平凡老人，無力地走完一生。

故事的最後，老人終於殺死了他的兄弟 —— 那條大魚。他雖已精疲力盡，但這一段漫長的路程他跋涉過了，一場艱苦的仗他打勝了。因此，縱使他的魚在返回的途中被其他的鯊魚吃得只剩一副骨骸，他也不悔地知道自己並未失敗，更非一無所有。結果往往不是最重要，過程才是真實可貴的。至少，小孩是那麼深信老人捕了一條大魚。

當讀到「小孩看見老人還有呼吸，又看見老人傷痕纍纍的手，他哭了。他悄悄地走出去，想拿些咖啡來，一路上還一直哭著。」我不禁要為這老人與小孩間這份篤厚的情感心動落淚，這是多麼高貴的人間至情啊！小孩靜靜守在熟睡的老人身邊，他相信，他一直深信，老人並未曾老去，也未曾屈服，他是一個最好的漁夫，他只是疲倦了。

我在小孩的眼淚中看到了純真與善良，在老人蹣跚的步履中見著一顆不屈的靈魂，而在《老人與海》一書中，我更肯定了人性的尊嚴與希望，那是人類生活及勇氣的來源。

香江微雨後

　　飛機從八千呎的高空開始往下俯衝時，暖融融的陽光還在機翼上閃跳著，我感到機身晃動了幾下，突然間雲氣水霧模糊了我正凝視著的小小圓窗，一整片疾速飛竄而逝的黑影將我們稍許驚訝的歡呼聲緊緊裹住。艙內座椅前的一小塊螢幕上，正顯示著艙外的高度、溫度與航行的里程。不久，雲層漸漸流散，天光又微微亮起來。貼窗鳥瞰，發現如潑墨畫般淡染的南中國海上，瞬間綴上了點點星羅棋布的島嶼，在高空中看去，宛似溪流中的幾粒褐色石子，正靜靜地躺著，任水從身上嘩嘩淌過。然後，這條蔚藍色的河水逐漸地縮小，陸地的面積陡地增大，當一幢幢摩天大廈聳立在眼前時，我知道，香港到了。

　　走出啓德機場，朋友熱切的目光迎我上車。在往九龍灣的路上，只見滂沱而下的雨水，正洶湧地吞噬這個島嶼上的每一條街巷。我有點奇怪，方才高空上的陽光竟給我一種遙遠而不真切的感覺。的士內的音響正播放著一首粵語歌曲「為自由」，年輕的司機一面睜大眼睛駕駛，一面熟悉地哼唱著。

　　第二次來香港，發現有什麼不一樣嗎？朋友看看司機，轉頭

笑著問我。我知道他指的是什麼，只是沒想到他會如此迫不及待地連客套的寒暄都省略。幾天之後，當我走遍香港澳門許多地方並接觸到一些原不相識的人之後，才逐漸體會出朋友內心焦灼的那份急切。

在淘大酒樓數百人群聚的飲茶聊天聲中，隨時可聽見一些時而憤怒的責罵與時而無奈的歎息，對他們來說，飲茶依然是生活中不變的習慣，但是很明顯的，六四事件已成為交談的主要話題，那場鎮壓雖已在刻意的粉飾下，彷彿恢復平靜，但事實上，民主的火種正熱熱烈烈地在海外燃燒著。和大陸毗連的香港，在那風雨飄搖的關鍵時刻，頓時成為傳遞火種的轉運站，許多民運領袖就是從香港逃到其他國家，而許多冒險探訪的珍貴資料，也是透過香港才傳送到無數關切中國民主運動的人眼前。

朋友告訴我，現在的香港人幾乎人人都想盡辦法要移民，如果允許大家自由選擇的話，一九九七之後，肯定香港會成為荒涼的孤城。我翻開這裡的每一份報紙，都可見到醒目的投資移民的廣告，如想移民加拿大，必須擁有加幣二十萬以上，或具有兩年行政管理及生意經驗，才有可能被批准。至於澳洲，也須自備百萬資金。當新加坡聲明歡迎港人投資移民後，前往填寫表格及登記的人大排長龍，手續費二千港幣，依然炙手可熱，這僅是遞表，批不批准根本是未定之天，但是，只要有機會，誰都不願放棄的。此外，有些國家需要技術人員，而且按照各門技術給分，積分愈高，愈容易被批准。針對這項條件，在一所中學教英文十餘年的朋友很感慨地說：很多國家都將教師列為不給分的行業，還比不上會修水喉、會縫紉的。他正慎重地考慮希望他的太太去職業訓練所學習烹飪或縫紉，只要拿到證書，移民的分數就高一些。面

對這種現實無奈的處境，知識，竟遠遠比不上技術，實在令人痛心。

離開酒樓，回到他幾年前開始分期付款購置的家。不到二十坪的空間，雖然布置得整齊而舒適，但仍顯得侷促，然而在此地，這已經算是好的居家環境了。我去看過所謂「廉租屋」，只是一個房間，根本不算一個房子，卻是一家大小生活起居的場所，除了廁所是封閉的，其餘均一目了然，客廳就是臥室，餐廳其實就是晾衣場，至於鐵窗上擺列幾罐小盆栽，便算是這一家人所謂的「庭院」了。那種擁擠與不便，超乎我的想像，但他們習以為常。相較之下，朋友房子就顯得寬敞些了，至少還有兩個房間。

我問他，房價貴嗎？他說每月尚須付款兩千元，市價現在可值八十萬。折合台幣有兩百多萬，在台灣或許可以買下一層氣派而有三房兩廳的高級住家，我告訴他，他聽了開心笑起來。我又問他，貸款什麼時候可以繳清呢？他立時有些沮喪地對我說：

「一九九七·」

我們相視大笑，這笑，實在有很多難言的辛酸在裡面。

他的兩個小孩正沈迷在任天堂遊戲中，那是日本人設計的「三國志」第二代，孫權、劉備、曹操，正在率兵廝殺著，聲色效果均屬上乘，令人不禁好奇而欲一窺究竟。他們藉著群雄逐鹿中原的歷史故事，學習謀略、判斷與用兵，這場距今約一千九百年前的戰爭，帶給孩子們許多的歡笑與滿足。然而，就在兩個月前發生的那場軍隊屠殺人民的「戰爭」，帶給中國人的卻是無止境的哀傷與悲憤。

我躺在牀上俯瞰窗外十樓下的商場，以及更遠處的燈火迷離，每一幢大樓都亮著千百盞燈火，一格一格地亮燦著，幾十幢

大樓林立相接，簡直像是星河的倒影。我一直認為，香港是一個混合著夢與謎的傳奇都市，每個人從尖沙咀堤岸望向港島燈火輝耀的夜景，一定會懷疑自己是否置身於幻境，也一定會產生許多瑰麗而神祕的夢想。雖然明日太陽升起時的命運並不能確實地掌握在自己的手中，但是，在夜裡，在朵朵暈黃的燈花裡，他們都會做著屬於自己的夢。

第二天清晨，我搭地鐵到沙田的中文大學，一位甫自中文系畢業的朋友帶我四處參觀，很顯然的，他是一位好嚮導，因為他知道我所為何來。在新亞書院前的言論廣場上，微風細雨正冷冷地吹拂著這座位於山頂的學府，他告訴我六月的中文大學是如何的沸騰：學生不上課去靜坐示威，大字報和標語貼得到處都是，當北京的學生開始絕食時，他們就已經有同學在新華社門前絕食聲援。六四慘案發生以後，許多父母才知道自己的孩子也去了北京，因為有許多同學都是偷偷地到天安門去支援，卻瞞騙家人是去東南亞旅行，或者去上海、杭州遊覽，直到槍聲響起，才知道自己的孩子全去了天安門。

那天下午，他約了幾位同學，在家裡的客廳將一位大學老師交給他們的許多珍貴的第一手照片，加以整理、編目並裝訂，由於這些學生被槍殺的圖片過於殘酷恐怖，無法在香港出版，為了不讓這些歷史的見證就此埋沒，他們只好設法寄送到外國的圖書館去收藏。看著他們一臉的沈重與嚴肅，我內心既感動，又心痛，都是正在求學的孩子，為什麼肩上就已經揹負著如此龐大的負擔？當廣場上的血已冷，淚已涼，誰知道仍有著千千萬萬顆熱騰騰的心仍在搏鬥著。這是一種多麼自然而神奇的民族情感，將大陸、台灣、港澳及海外無數的學生的心都緊緊地繫在一起，這種

堅固的凝聚力，是子彈坦克射不穿、輾不碎的。在跑馬地舉行的全港市民「黑色大靜坐」，近百萬人參加了集會與遊行。一位住在北角的同學說，那天他準備出門去參加集會時，沒想到排隊的人群竟長到接近他的住家。據說，這是香港開埠以來聚會人數最多的一次。

同樣的，在澳門大三巴牌坊前集會抗議的人潮也高達二十萬，那也是澳門有史以來最大規模的環市遊行和集會，參加人數已超過澳門總人口的五分之二。我在東亞大學的校園內，仍看見當時懸掛至今的布條標語。在拱北古關閘入口處，我看見解放軍正逐一檢查人民出入的證件及物品。去年我來此時，總會有許多人在外頭央求替帶電視機進入大陸，攜帶一台可賺兩百元葡幣，足以在珠海、灣仔飽餐一頓並購買物品，但是今年這些人卻明顯地少了很多，因為遊客已大都止步不進了。

在澳門路環市區一座譚公廟前的海堤上，我坐著望向對岸大陸的橫琴鄉。這裡的雨據說已下了快一星期，但我並未撐傘。有漁民在岸邊打撈魚蝦，泥沙淤積的結果，使得漁民可以直接走入河中，距離如此之近，走著走著，彷彿一下就可走過去了。

澳門與香港的水都是來自珠江，想起那首纏綿的民謠「我住長江頭」，在香江，在濠江，數百萬人共飲著珠江水，從珠江頭流到珠江尾，此水何其長，但是如今，我也不得不喟歎：此水幾時休，此恨何時已？

晚清愛國詩人黃遵憲曾經在香港登高臨遠，面對山河之異，而有「山頭風獵獵，猶自誤龍旗」的哀慟，如今滿清割讓的土地就將收回，按理是歡欣鼓舞的大事才對，沒想到卻造成香港人內心的恐慌而紛紛移民，這到底是歷史的命運作弄人，還是香江的

災難猶未已？

在天安門廣場上，一場驚天動地的暴風雨剛剛歇息，而香江微雨之後，究竟何去何從呢？每一個地鐵車站出口都放置有任人取閱的「香港基本法草案」不能給他們答案；如雨後春筍般設立的投資移民公司也只能給極少部分的人答案；而流連在賭場、酒店中眼眶紅腫的賭客們，更是不知明天是有陽光，還是依然下著雨？

我搭乘噴射船從澳門回香港九龍灣的朋友家時，已是傍晚時分，才一進門，兩個小孩便拍手大叫，很得意地對我說：「蜀已經被魏滅掉，我們快要統一中國囉！」

朋友和我相視而笑，這笑，依然是苦澀萬分。在任天堂的遊戲中，最後稱霸中原的可以不必是魏，可能是蜀，也可能是吳，因為那是遊戲，布陣錯了，重來，計謀失誤，重來，但是，真實的歷史命運卻不能回頭，它必須謹慎，因為一步走錯，可能萬劫不復。

如今的香港，正好像一艘不得不向前航行的帆船，不知航向，也不知目的地，但是卻又一定要啟航，這種感覺，實在驚心。

離開香港的那天清晨，天空依然灰濛，過午時分，想是又會有一場驟雨。在八千呎高空俯瞰下，港島一下子就縮小得看不見，南中國海浩瀚無涯的蔚藍色很快就淹沒了我的窗口。機身又在巨響中震動，不久衝破了雲層，明麗的天光開始灑在銀白色的機翼上。

香港有什麼不一樣嗎？朋友在機場握別時又再度問起。

我閉上眼睛，彷彿又看見了香江點點的帆影，如星的燈火，以及隨處可見，一路怒綻的洋紫荊花，當然，還有這場似乎下了好久好久的雨……

後　記

一、

　　我第一篇正式發表的作品是 1982 年 7 月 18 日在《中華日報副刊》上發表的小說〈生日禮物〉。那年我在師大國文系讀大三。從高中開始，我就大量閱讀現代作家的散文及小說，直到大三那一年，我才開始提筆創作。此後五、六年的時間，我沒有停歇地在稿紙上耕耘，畢業後到金門服役時出版了第一本小說集《青青校樹》，退伍後進入師大國文研究所讀碩士班，碩二時出版了第一本散文集《青春作伴》，彷彿是個文藝青年般，我的生活重心始終在文學閱讀與創作上打轉，心念專一，就想在寫作上闖出些名號來。但隨著學位論文的寫作，以及進入《中央日報副刊》後開始大量寫人物採訪稿，以個人抒情敘事為主的寫作就漸漸少了。1990 年代出版的兩本人物報導作品《域外知音》、《生命風景》，正是生命轉向所留下的軌跡。這一轉向，好像就沒有回頭了。編副刊，寫採訪稿，讀書教書，寫論文，奔波於工作與學術上，直到 1997 年正式離開報社，1999 年進入政大任教，我幾乎

很少再寫純文藝的創作了。

　　因此，在我的生命史中，1980 年代就顯得別具意義。那不僅是我留下美好回憶的青春歲月，同時也是我此後不斷書寫的起點。那段消逝的時光，成了我生命中最甜美的一段旅程。魯迅寫過《朝花夕拾》，弔唁昔往的輝光，那種心情，如今的我也漸漸懂了。既然是「夕拾者」，除了頻頻回首，恐怕也別無他途。

　　收在這本書中不多的小說及散文，是我當年曾經走在文學創作道路上所栽下的幾朵小花，如今再度撿拾整理，無非也是想為自己的過往留下一點痕跡，以供來日頻頻回首，想見曾經有過的花開花落。

二、

　　1994 年 7 月，承時任幼獅文化公司總編輯的陳信元先生邀約，將我的小說及散文挑選集結成《讓花開在妳窗前》一書出版。這也就是這本書的前身。能有這樣的機會將已經在書海中淹沒的作品再度賦予新的生命面貌，我格外珍惜，於是就從《青青校樹》、《青春作伴》中刪去一部分覺得不適合的作品，分成兩輯集成一冊。當年出版時為該書寫的序言〈純真歲月中的美好〉，如今再看，覺得還是很真實地記錄了自己從八〇年代走來的一些心情，大致來說，當中的心境似乎至今也並沒有太大的改變：

　　　　年過三十以後，對胡適「略有幾莖白髮，心情已近中年」
　　　　的感觸，總有一種去日苦多的深切同感。雖然應該「做了
　　　　過河卒子，只得拚命向前」，然而，日子在我手中流逝得
　　　　越多，回首從前的次數也不免多了起來。

　　　　尤其在重讀書中的這些篇章時，更讓我恍如昨日的思緒頓

時飛到眼前來。這些二十幾歲階段的作品，不論小說或散文，都曾經烙著我一路跋涉而行的清晰履痕，也都如影隨形地陪伴我成長。在情感波動的起伏中，我因此而幸運地得到一絲喘息的機會，擁有一方休憩閒夢的心靈角落。

事實上，我在「社會化」程度日益加深的同時，我時常警惕自己單純、天真、浪漫的可貴，「校園情懷」的必要，而這本書對我的意義就在此。當然，這與我一直沒有離開過校園的經歷極有關係（即使在軍中服役，我仍兼任教官的工作）。從大學讀到博士班，從國中教到大學，校園生活中的美好特質一直是我眷戀不忘的。從這本書中，正可以看出我年少時的一段美好時光，不論悲喜憂歡，都已嵌入我的記憶深處，牢不可拔。

我深知時光是不會回頭的，但過去這段純真歲月中的種種美好，卻是使我在三十以後拚命向前的無形鼓舞。

十年花落花開，我純真的年少早已走遠，小王子在暗夜裡仰望星空，看到玫瑰花的心情似乎也已失去，但是，幸而有這部「少作」，使我青春歲月中的美好記憶被生動而真實地收藏著。

兩年前，我在台中省立圖書館演講，講完之後，留有一點時間供聽眾發問。我記得很清楚，有不少穿高中制服的學生來聽講，其中有一位問起我〈檔案〉這篇小說是如何寫成的，表示他很喜歡。那一夜坐夜車回臺北的途中，我不禁想起那位高三學生生澀的話語與揮動的手勢，彷彿多年前的自己，而〈檔案〉中的主人翁也曾經走過這一段聯考壓力下的艱苦掙扎。我不知道他是否也正為跨越聯考這一

人生大關而苦惱、不安，但時隔多年，相似的心境竟透過
小說感動了他，這一點毋寧是讓我深深驚訝的。

我因此而知道，文學是有其頑強而久遠的生命，或許自己
都已經遺忘，但當年筆下的人物還一直活在那裡。

這本書是由小說集《青春校樹》、散文集《青春作伴》二
書挑選組合而成。感謝所有曾為這些書付出過心力的人，
更感謝幼獅文化公司總編輯陳信元先生，讓這在書海中沉
浮多年的作品有一個新而且好的歸宿。

成長的路上，我不能說是坎坷，但我終究還是要用「艱難」
二字來下註腳。正因為艱難，因此格外珍惜。

寫作的路也一樣。

三、

成長與寫作的路同樣艱難。十多年過去了，這句話依然讓我
深信不疑。

有人「悔其少作」，我卻覺得應該要「惜其少作」。因為「少
作」儘管可能最幼稚、最不成熟，但它往往也是最天真、最質樸、
最本色。《青春一九八○》是我一個人的記憶、想像與追尋，是
我微不足道的「少作」。但因知其艱難，所以總有一份難捨的珍
惜。聽雨客舟，競逐名利，在來去匆匆的日子裡，對過往的每一
次深情回眸，其實都是對現實生活難分難解的一種沈澱、釐清和
返觀自照。儘管我很少重讀這些作品，但偶然翻閱，常會覺得昔
日水遠山長的遼闊風景在眼前一一飛過，而讓自己陷入某種混雜
著感傷與清亮的難言情緒中，彷彿舊時的月色，抬頭忽見，只能
是怔怔惘然，猶疑如夢，飄渺如歌。

　　那確實是一段如夢如歌的日子。我努力編故事，認真聽別人說話，在稿紙上一個字一個字寫了又改，改了再寫，在孤燈下忘了已是夜深。退稿的失落，出書的喜悅，冷熱煎熬著一顆多情易感的心。從師大到金山，從金山到金門，再從金門回到師大，那些年的心事流轉都在這些文字上烙了印。我自己是覺得幸福的，因爲有這些故事與心情留了下來。第一輯「小說‧檔案」，多寫校園故事，以及對生活現實的觀察與想像，其中也有對前人作品的學習與模仿，或虛構或真實，都已成爲記憶中塵埃滿佈的檔案了；第二輯「散文‧作伴」，則是以抒情敘事爲主的生活隨筆及生命感悟，是生命軌跡的真實刻痕，也是與青春歲月作伴的幾抹剪影。

　　時光飛逝果然如電，總在一瞬間。但在翻閱這些作品的時候，又覺得這些文字似乎留住了時間，讓記憶定格，讓往事如在眼前。這一刹那的錯覺，使我突然領悟了寫作真正的意義。至少對於我，青春，愛戀，成長，夢想，我已然遠去的一九八○年代，所有美好的，哀傷的，都在這裡了。

　　　　　　　民國一百年的最後一天寫於百年樓